국립익산박물관
특별전
Special
Exhibition

전북의 고대 성곽

Ancient Fortresses of Jeollabuk-do

古代 城郭

주최

국립익산박물관
군산대학교 가야문화연구소
원광대학교 마한·백제문화연구소
전북대학교 전라문화연구소

전시기간

2023년 1월 10일 ~ 2023년 5월 28일

전시품 출품기관 가나다순

고흥분청문화박물관
국립광주박물관
국립경주박물관
국립중앙박물관
국립중앙도서관
국립전주박물관
국립부여박물관
군산대학교 가야문화연구소
군산대학교박물관
전라문화유산연구원
전주문화유산연구원
전북대학교박물관
토지주택박물관

자료 협조기관 가나다순

국립전주박물관
군산대학교 가야문화연구소
군산대학교박물관
원광대학교박물관
원광대학교 마한·백제문화연구소
전라문화유산연구원
전북문화재연구원
전주대학교박물관
조선문화유산연구원
호남문화재연구원

일러두기

1. 이 책은 국립익산박물관과 군산대학교 가야문화연구소, 원광대학교 마한·백제문화연구소, 전북대학교 전라문화연구소가 공동으로 개최한 2023년 특별전 "전북의 고대 성곽"의 전시도록이다.

2. 도판 중 전시에 출품되지 않은 문화재는 참고도판으로 표기하였다.

3. 도판에 대한 정보는 명칭, 시대, 출토지, 크기(cm), 소장처 순으로 작성하였다.

4. 전시품의 명칭은 순우리말을 사용하였으며, 일부 혼동을 피하기 위해 한자 명칭을 사용하였다.

목차
Contents

발간사 **004**

Ⅰ 시간의 울타리를 넘다 **006**

1 성곽을 쌓다 **010**

2 성곽에서 생활하다 **024**

칼럼 1 전북 고대 산성의 집수 시설 양상 송현경 **036**

칼럼 2 아막성 집수정에 잠든 아막성의 동물들 고은별 **040**

3 성곽을 지키다 **042**

Ⅱ 역사와 문화를 쌓다 **054**

1 옛 자료로 보는 전북의 고대 성곽 **056**

칼럼 3 고故 전영래 선생님의 전북 지역 성곽 조사 박현수 **066**

2 산경표와 수계로 보는 전북의 성곽 **070**

Ⅲ 역사의 흔적을 간직하다 **156**

1 백제의 지방 통치와 성곽 **158**

칼럼 4 완주 배매산성의 최근 조사 성과 박영민 **166**

칼럼 5 백제의 5방과 주요 성곽 이진우 **174**

2 삼국의 격전지, 전북 동부 지역 **178**

칼럼 6 전북 지역 백제 도장기와로 본 백제의 섬진강 유역 진출 이진우 **190**

3 통일신라~후백제의 성곽 **202**

칼럼 7 성문 형식으로 본 동고산성 강원종 **208**

논고

전북 서부지역 고대 성곽의 연구성과와 과제 박영민 **214**

전북 동부지역 고대 성곽 조사 성과 조명일 **244**

부록

도판목록 **256**

참고문헌 **262**

발간사

성곽은 적의 침입이나 자연재해로부터 사람의 목숨과 재산을 보호하려는 방어 시설입니다. 특히 고대에 전쟁은 성곽을 중심으로 전개되었기 때문에 성곽은 중요한 국가 시설 가운데 하나였습니다. 고대에 성곽을 쌓으려면 국가 차원의 종합적인 토목 기술이 필요했으며, 무엇보다도 적의 침입에 대비하는 방어의 요충지로서 적의 움직임을 쉽게 관측할 수 있는 입지(장소) 선정이 중요했습니다. 전북 지역에 축조된 성곽은 지금까지 200여 기가 알려져 있는데 대부분은 삼국시대에 만들어진 것으로 추정됩니다. 이렇게 많은 성곽이 만들어진 것은 전북 서부 지역의 드넓은 평야는 백제 국력의 중요한 부분이었고, 전북 동부 지역은 백제와 가야·신라가 서로 다투던 곳으로서 1,500년 전에 이 지역을 차지하려는 세 나라의 치열한 전쟁이 있었기 때문입니다. 지금도 우리 주변에는 그 시대를 살아간 사람들의 발자취를 간직한 수많은 성곽들이 그 자리를 지키고 있습니다. 이 전시를 보며 소중한 문화유산인 성곽의 중요성에 대해서 다시 한번 인식하는 계기가 되기를 희망합니다.

2022년 12월

국립익산박물관장

최 흥 선

Foreword

Fortresses are defensive facilities that protect people's lives and property from enemy aggression or natural disasters. The development of warfare in ancient times centered around fortresses, elevating them as critical national facilities. At the time, the construction of fortresses required advanced civil engineering technology on a national level. Above all, it was important to select a proper site suitable for defending against enemy attacks while easily observing enemy movements. Roughly 200 fortresses have been found in the Jeollabuk-do Province region, and most of them were built during the Three Kingdoms period. So many fortresses were needed there since the plains in the western area of Jeollabuk-do were a key national resource for the Baekje Kingdom and Baekje, the Silla Kingdom, and the Gaya Confederacy fiercely vied over the eastern reaches of Jeollabuk-do 1,500 years ago. Numerous fortresses carrying the traces of the people of the past still stand here today. It is hoped that this exhibition can offer an opportunity to re-appreciate the significance of fortresses as invaluable cultural heritage.

DECEMBER, 2022

Director of Iksan National Museum

Choi Hyeungsun

시간의 울타리를 넘다

SURPASSING THE BOUNDARIES OF TIME

고대의 흔적 가운데 집터나 가마터, 구덩이 등과는 다르게 성곽은 지금도 조금만 관심을 기울이면 주변에서 쉽게 발견할 수 있습니다. 특히 우리나라는 국토의 75%가 산지로 이루어져 있어 일찍부터 산성山城이 발달했으며, 지금도 주변의 산을 오르다 보면 무너진 성벽을 쉽게 볼 수 있습니다. 조선 세조대의 집현전 학자 양성지梁誠之는 '우리나라는 성곽의 나라'라고 하여 조선시대에도 많은 성곽을 인식하고 있었음을 알 수 있습니다. 성곽이라는 기념물에는 과거 사람들의 다양한 모습이 간직되어 있습니다. 성곽이 등장한 것은 국가의 출현을 상징적으로 말해 주며, 성곽은 전쟁과 방어의 역할을 했을 뿐만 아니라 지방민에게 세금을 걷고 노동력을 동원하는 단위가 되기도 했습니다. 성곽이라는 울타리는 많은 세월이 흐른 지금까지도 과거의 모습을 간직한 채 우리 주변에 남아 있습니다.

Unlike other traces of the past, such as dwelling sites, kiln sites, and tomb-related pits, fortresses can easily be found in our surroundings with just a little effort. Since seventy-five percent of the Korean Peninsula is made up of mountains, mountain fortresses developed early. You can easily spot collapsed fortress walls when climbing nearby mountains. Yang Seong-ji, a scholar from the Jiphyeonjeon (Hall of Assembled Worthies), during the reign of King Sejo of the Joseon Dynasty described Korea as a country of fortresses, which indicates that the people of that era were aware of the large number of fortresses dotting the nation. As monumental structures, fortresses reflect diverse aspects of the people from the past. The construction of fortresses symbolized the emergence of states. Along with their role as defensive facilities in times of war, they also served as a base for collecting tax from local people and mobilizing their labor. These fortresses as boundaries provide testimony to the past and remain among us even after centuries.

1부
프롤로그

『눌재집』은 눌재 양성지*의 문집이다. 성종 11년(1480) 김수온金守溫이 지은 「남원군정안南原君政案」에 의하면 주의奏議 10권, 가집家集 6권이 있었다고 하나 현재 전하지 않는다. 이후 정조 15년(1791)에 임금이 규장각에 명하여 주의 · 잡저雜著 · 고금시古今詩 등을 모아 『눌재집』 3권을 간행하게 하였으며, 1938년 양성지의 14세손 주겸柱謙이 『왕조실록王朝實錄』, 『국조보감國朝寶鑑』 등에서 원집에 수록되지 않은 주의 · 기송記頌 · 유사遺事 등 수십 편을 찾아내어 『눌재집』 속편을 간행하였다. 현재 『눌재집』은 원집 3권, 속편 1권의 4책이 있다.

『눌재집』 제2권 주의 편의이십사사便宜二十四事에서 우리나라는 성곽의 나라로, 성곽의 방비를 늦출 수 없음을 주장하였다.

* 양성지(1415~1482): 세종~성종대의 문신으로 사학, 지리학, 병서에 능하였고, 역사와 지리를 중시하였다. 국방에 대한 관심을 가지고 문무의 동등한 대우를 주장하였으며, 또한 민생의 안정을 위한 여러 정책들을 제시하였다.

001

눌재집
訥齋集
Nuljaejib

조선
34×44(펼친면)
국립광주박물관

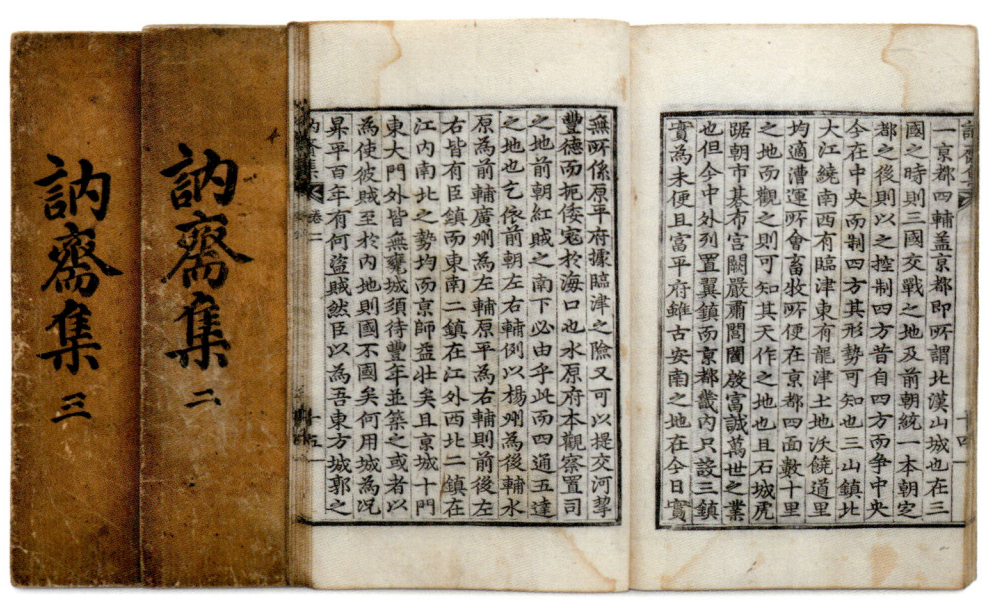

臣以爲吾東方, 城郭之國也。… 則其城郭之備, 不可緩也。

신이 생각하건대, 우리 동방은 성곽城郭의 나라입니다. … 그 성곽을 갖추는 일은 완만緩慢하게 할 수 없습니다.

『눌재집』 제2권 주의奏議 편의이십사사便宜二十四事

1 성곽을 쌓다

고대의 토목 기술과 성곽

고대의 건축물들에는 다양한 토목 기술이 담겨 있는데, 대표적인 건축물로 고분, 제방(수리 시설), 성곽 등이 있다. 옛 건축물들에는 고대인들의 지혜가 녹아 있다. 고분을 거대하게 만들기 위해서는 흙을 무너지지 않게 쌓는 기술이 필요했으며, 거대한 제방은 막대한 양의 물(저수)에 대한 압력을 버틸 수 있는 기술이 필요했다. 성곽에는 종합적인 토목 기술(입지 선정, 측량, 기초 조성, 체성벽 축조, 집수 및 배수 시설)이 적용되어 있다. 성곽을 쌓기 위해서는 성곽의 설계자와 목공·석공·토공과 같은 분야별 기술자, 축성을 위한 노동자들과 이들을 감독하는 감독자가 필요하다.

* 동양 최고의 수학서에 해당하는 『구장산술九章算術』은 진·전한시대의 산술서算術書를 계승해 후한시대에 비로소 본모습을 갖추게 된 중국의 옛 산술서이다. 이 책의 정확한 원저자와 기원은 알려져 있지 않지만 263년 삼국시대 위나라 유휘劉徽가 주석을 붙여 펴낸 것으로 전해진다. 이 책을 볼 때 이미 고대부터 수학과 관련된 지식이 있었음을 알 수 있다.

구장산술 풀어보기

문제 지금 성의 아래 너비가 4장, 위 너비가 2장, 높이가 5장, 길이가 126장 5자이다. 부피는 얼마인가?
(今有城下廣四丈, 上廣二丈, 高五丈袤一百二十六丈五尺. 問積幾何.) *1장=10자

풀이 및 정답 $[\frac{40+20}{2} \times 50 \times 1265 = 1,897,500$자(答曰, 一百八十九萬七千五百尺)

문제 흙을 등에 지고 오가는 것은 70보인데, 그 중 사다리를 오르내린 20보는 뺀다. 사다리 뺀 것 2는 평지 길의 5로 치고, 쉬는 시간으로 10에 1을 더하고, 수레로 수송하는 사이를 30보로 쳐서, 한 차례 돌아오는 것을 140보로 정한다.
(負土往來七十步, 其二十步上下棚除. 棚除二當平道五, 踟躕之間十加一, 載輸之間三十步, 定一返一百四十步.)

풀이 및 정답 $[(70-20)+(20 \times \frac{5}{2})] \times \frac{11}{10} + 30 = 140$보

부여 쌍북리에서 출토된 구구단 목간과 척도는 당시 수학과 도량형에 대해서 알려 준다. 구구단 목간의 첫째 줄인 가장 오른쪽에서는 상하 방향으로 '九〃八十一(9×9=81)', '□〃六十四(8×8=64)'… '二二四(2×2=4)' 등 8칸의 제곱 값이 적혀 있다. 왼쪽 다음 줄에서는 '八九七□□(8×9=72)', '七八五十六(7×8=56)'… '三四十二(3×4=12)'까지의 6칸이 확인된다. 표는 이렇게 좌우로 4줄이 남아 있다. 왼쪽으로 갈수록 숫자가 작아지고 아래로 갈수록 곱하는 숫자를 1씩 낮추되 중복되는 곱셈은 생략했기 때문에, 원래는 위가 넓고 아래가 좁은 직각 삼각형의 구구표였을 것으로 추정된다. 이를 통해 오늘날과는 정반대 순서로 구구단을 읽었음을 알 수 있다. 쌍북리에서 발견된 척도는 당시 길이의 기준에 대해서 알려 주는 자료이다. 백제 한성기에는 낙랑군樂浪郡을 거쳐 들어온 중국의 후한척後漢尺(23cm 내외)이, 웅진기와 사비기에는 남조척南朝尺(25cm 내외)이 사용되었으며, 7세기 이후에는 당척唐尺(29.5cm 내외)도 도입된 것으로 보인다.

적외선 촬영

부여 쌍북리 출토 구구단 목간(국립부여박물관 제공)

부여 쌍북리 출토 척도(국립부여박물관 제공)

성곽의 축조 재료

고대의 성곽을 축조 재료로 구분하면 크게 토성과 석성으로 나눌 수 있다. 토성은 흙으로, 석성은 돌을 이용하여 성벽을 쌓는 것이다. 토성의 축조는 축조 방법에 따라 크게 성토법과 판축법으로 구분되는데, 성토법은 고대 무덤에 주로 적용되는 기술로 서로 다른 흙을 교대로 쌓는 기법을 말한다. 판축법은 판을 만들고 그 사이를 흙으로 채운 다음 흙을 다지는 기술로 주로 백제 토성에 적용되었다. 석성은 돌을 다듬는 기술이 필요했으며, 성벽을 튼튼하게 쌓기 위해 편축 기법과 협축 기법, 그랭이질, 착암 기법 등 여러 가지 기술이 적용되었다. 고대의 성곽은 축조 세력에 따라 축조 기법이 어느 정도 다른데, 고구려의 경우 주로 토심 석축 공법(판축 공법으로 성벽 안쪽 흙을 먼저 쌓고, 외벽을 돌로 마감)을 사용하였으며, 백제는 남조의 영향으로 판축 공법을 적용한 토성을 주로 축조하였으나, 일부 고구려와 신라의 영향으로 석성도 구축했다. 신라는 5세기 후반 이후 세장방형의 성돌을 사용하여 견고한 석성을 축조하였는데 성벽 하단의 보축 성벽이 특징적이다. 가야의 경우 석심 토축 공법(돌로 쌓고 흙으로 마감)이 적용된 성벽을 주로 구축하였다.

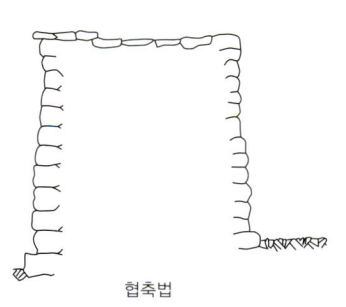
협축법

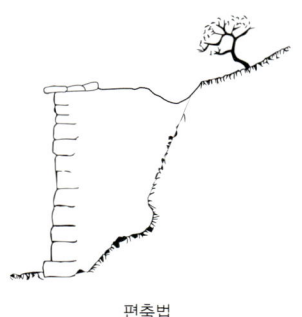
편축법

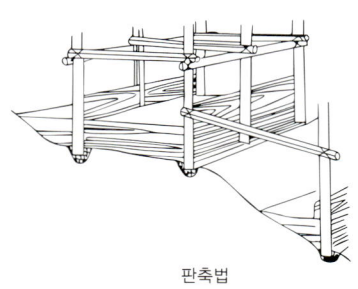
판축법

축성기법 모식도

그랭이질로 쌓은 성벽(동고산성)

부여 동나성 능산리 사지 구간 성벽 석축 내부

장수 합미산성 석축 성벽

전북 지역 고대 성곽에서 출토된 공구
全北 地域 古代 城郭 出土 工具
Tools from Ancient Fortresses of Jeollabuk-do

백제
임실 성미산성(쇠도끼), 익산토성
길이 9.1(왼쪽)
국립전주박물관(쇠도끼, 철정)

전북 지역 고대 성곽에서 출토되는 공구로는 쇠도끼, 쇠삽날, 철정, 쇠망치 등이 있다. 공구들은 물건을 가공하는데 사용한 것으로 추정되며 일부 공구들은 성곽을 축조하는 도구로 사용되었을 것이다. 익산토성에서는 철정과 쇠망치가 확인되는데 당시 석공들이 성벽을 가공하는 데 사용했을 가능성도 있다.

003

연천 호로고루성 성돌
漣川 瓠蘆古壘城 城石
Stones from Horogoru Fortress Wall
in Yeoncheon

고구려
연천 호로고루성
길이 35(가운데)
토지주택박물관

고대 사람들은 다양한 형태의 성돌을 이용하였다. 고구려 성곽인 연천 호로고루성의 경우 주변에서 구할 수 있는 현무암을 가공하여 성돌로 이용하였으며 백제 성곽으로 알려진 진안 합미산성은 주변의 화강암을 이용하여 성벽을 쌓았다. 신라의 성곽으로 추정되는 남원 아막성의 경우 화강 편마암을 다듬어서 성벽을 구성하였다. 성곽의 입지에 있어서 축성 재료를 쉽게 구할 수 있는 요소는 중요한 고려 대상이 되었을 것이다.

004

진안 합미산성 성돌
鎭安 合米山城 城石
Stones from Hab-mi Mountain Fortress Wall
in Jinan

백제
진안 합미산성
길이 50(왼쪽)
전라북도

005

남원 아막성 성돌
南原 阿莫城 城石
Stones from Amak Fortress Wall
in Namwon

신라
남원 아막성
길이 62(왼쪽)
전라북도

성곽을 쌓은 사람들

삼국의 역사를 기록한 『삼국사기三國史記』에는 성을 쌓았다는 기록이 여러 차례 등장한다. 백제의 경우에 성을 만들었거나 수리한 기록이 시조인 온조왕부터 마지막 의자왕까지 27차례 정도 등장하며, 축성의 감독은 주로 좌평佐平이나 달솔達率, 한솔扞率과 같은 고위 관리가 맡고 있다. 성을 쌓는 사람은 주로 15세 이상의 장정이었으며, 농한기인 2~3월이나 여름에서 가을로 넘어가는 7~8월에 많이 축조하였다. 백제의 부여 나성, 고구려의 평양성에서 출토된 글자가 새겨진 성돌이나 신라의 경주 남산 신성비의 기록은 축성 당시의 모습에 대한 정보를 얻을 수 있다.

006

근역석묵
槿域石墨
Geunyeokseokmuk

조선
36.7×40(펼친면)
국립중앙박물관

고구려 평양성에서 발견된, 글자가 새겨진 성돌의 탁본이다. 명문은 모두 7행 27자로, "기유년己酉年 5월 21일 여기서부터 아래쪽 동쪽을 향해 12리 구간을 물성소형物省小兄 배▨백두배▨百頭가 지휘 감독하여 쌓다."라는 내용이다. 명문 중의 간지인 '기유己酉'는 『해동금석원海東金石苑』 등에 '기축己丑'으로 수록됨에 따라, 장수왕 37년(449) 또는 평원왕 11년(569)으로 추정되어 왔다. 그러나 '기유'로 본다면 장수왕 57년(469)이나 평원왕 31년(589)에 해당된다.

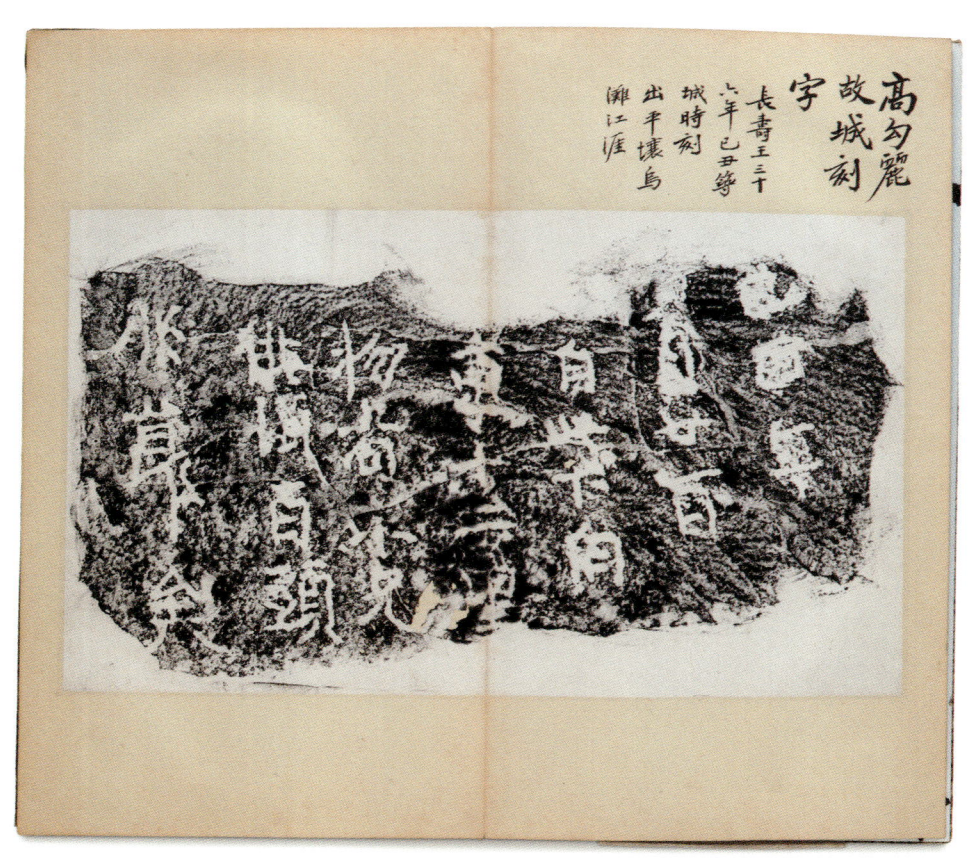

007

글자를 새긴 돌
銘文石
Stone with Inscription

백제
부여나성-북나성
높이 52
국립부여박물관

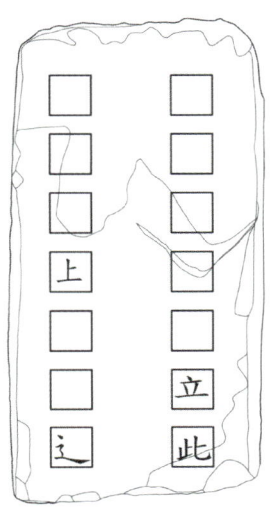

명문석 출토 모습

문헌을 제외하고 백제의 성곽 축조에 대한 기록은 찾아보기 어렵다. 하지만 부여 북나성에서 출토된 명문석에서 글자는 총 2열 7행 14자로, 판독 가능한 글자는 '□□□□□立此입차, □□□上상□□辶착'이다. '입차'는 '이 □을 세우고', '상'은 '~위에' 또는 사비도성 내 5부와 결부해 볼 수 있다. 이 명문석은 성곽 축조나 인력 동원과 관련된 내용으로 추정된다.

남산신성비 제1비
南山新城碑 第1碑
Namsansinseong Fortress No. 1 Stele

신라
높이 91
국립경주박물관

비문碑文의 첫머리에 등장하는 신해년辛亥年은 진평왕眞平王이 즉위한 후 13년이 되는 해로 서기 591년이다. 그해 2월 26일 축성에 참가한 사람들은 남산에 모여 비를 세우고 그들의 이름, 축성 담당 구간 그리고 견고한 성곽을 쌓겠다는 맹세의 서약을 새겼다.

원문

辛亥年二月廿六日南山新城作節如法以作後三」
年崩破者罪教事爲聞教令誓事之阿良邏頭沙喙」
音乃古大舍奴舍道使沙喙合親大舍營沽道使沙」
喙▨▨知大舍郡上村主阿良村今知撰干柒吐」
▨▨知尒利上干匠尺阿良村末丁次干奴舍村次」
▨▨干文尺▨文知阿尺城使上阿良沒奈生上」
▨▨尺阿▨▨次干文尺竹生次一伐面捉上珎印」
▨面捉上知礼次面捉上首尒次小石捉上辱▨次」
▨▨受十一步三尺八寸」

역주

〈1구역〉 서약

신해년 2월 26일에 남산신성南山新城을 만들 때, 법에 따라 만든 지 3년 이내에 무너져 파괴되면 죄罪로 다스릴 것이라는 사실을 널리 알려 서약誓約케 하였다.

〈2구역〉 담당자

아량나두阿良邏頭인 사훼(부)沙喙(部)의 음내고音乃古 대사大舍
노사도사奴舍道使인 사훼(부)沙喙(部)의 합친合親 대사大舍
영고도사營沽道使인 사훼(부)沙喙(部)의 ▨▨知 대사大舍
군상촌주郡上村主인 아량촌阿良村의 금지今知 찬간撰干
칠토柒吐▨▨지이리▨▨知尒利 상간上干
장척匠尺인 아량촌阿良村의 말정차末丁次 간干
노사촌奴舍村의 차▨▨次▨▨ 간干
문척文尺인 ▨문지▨文知 아척阿尺
성사상城使上인 아량阿良의 몰내생沒奈生 상▨上▨
▨척▨尺인 아▨▨차阿▨▨次 간干
문척文尺인 죽생차竹生次 일벌一伐
면착상面捉上인 진앙珎印▨
면착상面捉上인 지례차知礼次
면착상面捉上인 수이차首尒次
소석착상小石捉上인 욕▨차辱▨次

〈3구역〉 담당 구간

11보步 3척尺 8촌寸을 받았다.

– 譯註 [韓國古代金石文] II(1992)

고대에 성곽을 쌓는 데 동원된 인력은?

중국 당나라 때 편찬된 『통전通典』 수거법守拒法에는 성체의 규모와 공력의 소요 인원에 대하여 기술되어 있다. 이를 기준으로 고대 성곽을 쌓는데 동원된 인력을 산출해 보면 한성기 백제 도성인 풍납토성의 경우 성을 쌓은 연인원 258만 명, 흙을 운반하는 인원 188만 명 정도로 총 446만 명 가량이 필요한 것으로 추산되고 있다. 『삼국지三國志』 「동이전東夷傳」 한조韓條를 보면 "큰 나라의 인구는 만여가萬餘家"라 했다. 이 기록이 맞다면 1가구당 5명씩 계산할 경우 큰 나라의 백성 5만 명 전체가 동원된다 해도 무려 90일이 걸리는 대역사였음을 알 수 있다.

『삼국사기』 백제본기의 방어 시설(성, 목책 등) 축조 기록

연도	국왕 / 재위년	방어 시설(성, 목책 등)	관련 인물	비고
기원전 11년	온조 8년 7월	마수성馬首城, 병산책甁山柵		
기원전 8년	온조 11년 4월	독산禿山, 구천狗川에 목책 설치		
기원전 5	온조 14년 7월	한강 서북쪽에 축성		
기원후 4	온조 22년 8월	석두성石頭城, 고목성高木城		
6	온조 24년 7월	웅천책熊川柵 설치		
9	온조 27년 4월	대두산성大豆山城 축성		
18	온조 36년 7월	탕정성湯井城 · 고사부리성古沙夫里城 축성		
23	온조 41년 2월	위례성慰禮城 수리	우보 해루解婁	한수漢水 동북방 15세 이상 징발
56	다루왕 29년 2월	우곡성牛谷城 축성	동부	
132	개루왕 5년 2월	북한산성北漢山城 축성		
210	초고왕 45년 2월	적현赤峴과 사도沙道의 두 성 축성		
217	구수왕 4년 2월	사도성 옆 두 곳에 목책을 설치		
286	책계왕 원년	아단성阿旦城과 사성蛇城 수리		
373	근초고왕 28년 7월	청목령靑木嶺에 축성		
386	진사왕 2월	관방 설치 (청목령에서 북쪽으로 팔곤성八坤城, 서쪽으로 바다)		15세 이상 징발

연도	국왕 재위년	방어 시설(성, 목책 등)	관련 인물	비고
398	아신왕 7년 3월	쌍현성雙峴城 축성		
417	전지왕 13년 7월	사구성沙口城 축성	병관좌평 해구解仇	동부와 북부의 15세 이상 징발
469	개로왕 15년 10월	쌍현성 보수, 청목령 목책, 북한산성 사졸을 나눔		
476	문주왕 2년 2월	대두산성 수리		
486	동성왕 8년 7월	우두성牛頭城 축성		
490	동성왕 12년 7월	사현성沙峴城과 이산성耳山城 축성		북부의 15세 이상 징발
498	동성왕 20년 7월	사정성沙井城 축성	한솔 비타毗陀	
501	동성왕 23년 7월	탄현炭峴에 목책 설치		
501	동성왕 23년 8월	가림성加林城 축성	위사좌평 백가苩加	
507	무령왕 7년 5월	고목성 남쪽에 목책, 장령성長嶺城 축성		
523	무령왕 23년 2월	쌍현성雙峴城 축성	좌평 인우因友, 달솔 사오沙烏	한수 북쪽 주군 백성 15세 이상 징발
526	성왕 4년 10월	사정책沙井柵 설치		
605	무왕 6년 2월	각산성角山城 축성		
611	무왕 12년 8월	적암성赤嵒城 축성		
655	의자왕 15년 7월	마천성馬川城 중수		

성곽의 분류

고대의 성곽에 대한 분류는 여러 가지 기준으로 구분할 수 있다. 성곽의 성격에 따라 왕이 살던 궁성宮城·왕도王都를 방위하기 위한 도성都城, 각 지방을 다스리기 위한 치소성治所城, 적의 침입이나 공격을 막기 위한 방어성防禦城 등으로 구분된다. 성곽의 위치에 따라서는 크게 평지성과 산성으로 구분되는데 산성은 입지에 따라 더욱 세부적으로 구분되기도 한다.

산성의 분류

우리나라의 고대 성곽은 평지성도 있지만 대부분 산성에 속한다. 조선 후기 학자인 정약용은 『민보의』에서 산성의 축조에 유리한 지형을 고로봉형栲栳峰形, 산봉형蒜峰形, 사모봉형紗帽峰形, 마안봉형馬鞍峰形의 4가지 형태로 꼽았다. 지금의 연구자들은 산성의 형식을 크게 테뫼식(산정식山頂式) 산성과 포곡식包谷式 산성의 두 가지 계통으로 나누며, 다시 이 두 가지 형식을 복합한 복합식複合式 산성으로 구분한다.

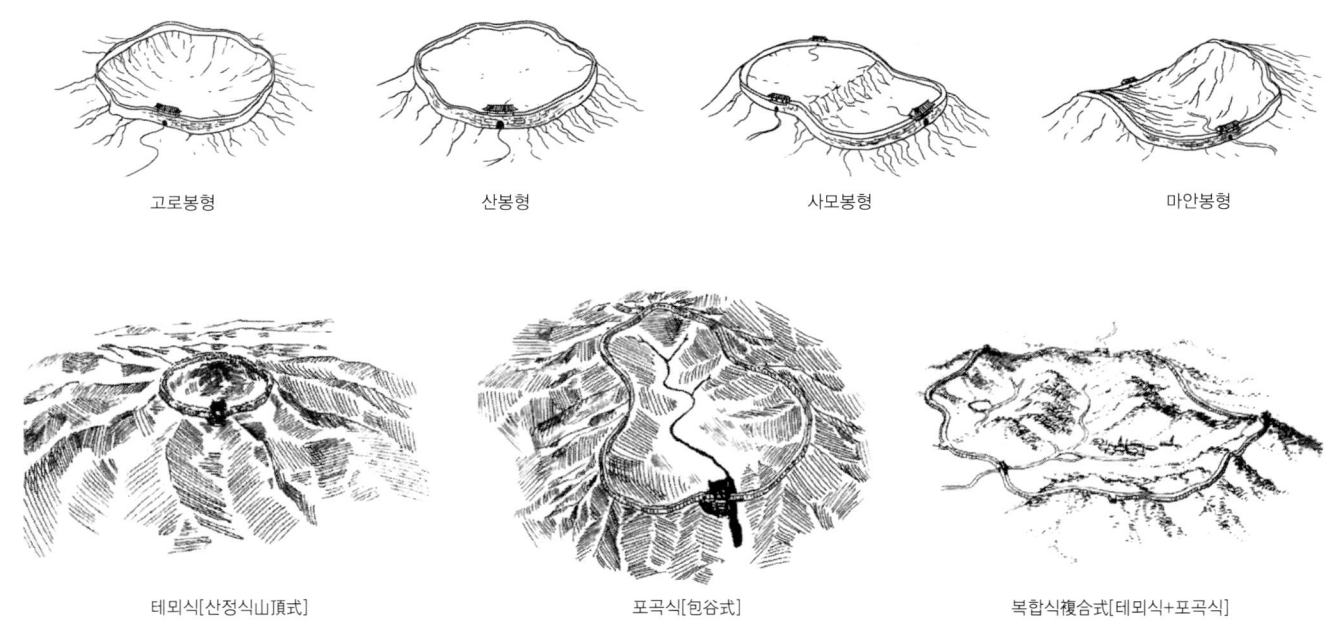

고로봉형　　산봉형　　사모봉형　　마안봉형

테뫼식[산정식山頂式]　　포곡식[包谷式]　　복합식複合式[테뫼식+포곡식]

테뫼식 산성이란 정상부가 평평하고 넓은 산의 정상부 바로 아래에 마치 머리띠를 두르듯 돌려가면서 성벽을 쌓는 방식으로 대개 적의 감시가 쉬운 지역에 만들어지며 규모가 작은 편이다. 포곡식 산성은 성벽의 둘레 안에 한 개 이상의 골짜기를 포함한 것으로 넓은 평지를 생활 공간으로 사용 가능하다. 계곡이 흐르는 하천을 식수로 이용할 수 있어 평소에도 여러 사람들의 거주나 지구전持久戰이 가능하다.

009

민보의
民堡議
Minboui

1812년
21×30(펼친면)
국립중앙도서관

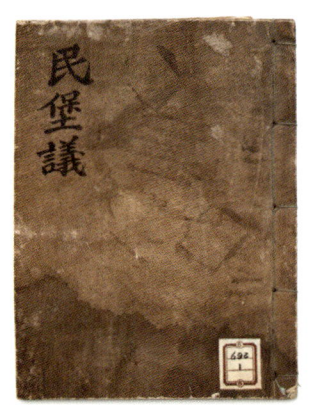

『민보의』는 다산 정약용丁若鏞*이 강진군에서 유배 생활 중이던 순조 12년(1812)에 저술한 책으로, 일본을 가상 침략군으로 상정하여 민보군의 방위론에 대허 논한 병서이다. 그는 이 책자에서 요충지마다 산성들을 쌓고 그곳을 전시 대피소 및 유격전의 거점으로 이용하는 산성 중심의 농민 자위 체제農民自衛體制를 구상·제안하였다. 전시에 농민들의 자위 및 항전의 거점으로 이용될 이러한 산성을 그는 '민보'라고 불렀다.

* 정약용(1762~1836): 조선 후기의 학자. 문장과 경학經學에 뛰어난 학자로, 유형원과 이익 등의 실학을 계승하고 집대성하였다. 신유사옥 때 전라남도 강진으로 귀양 갔다가 19년 만에 풀려났다. 주요 저서로는 『목민심서牧民心書』, 『흠흠신서欽欽新書』, 『경세유표經世遺表』 등이 있다.

2
성곽에서 생활하다

성곽에서 보이는 다양한 모습

성곽은 기본적으로 방어를 위한 시설이지만 사람들이 생활하는 공간이기도 하다. 사람이 생활하기 위해서는 자연으로부터 보호해 주는 시설과 물, 식량이 필요한데, 성곽의 내부에는 사람들이 살았던 건물터나 집자리, 저장 창고, 물을 모아 두었던 집수지와 우물 등 당시 사람들이 생활한 흔적들이 남아 있다. 또한, 각종 음식기와 요리 도구, 방추차와 갈돌, 불을 밝히는 등잔, 머리빗, 벼루와 목간 등 당시의 생활과 관련된 다양한 유물들도 확인된다. 산성의 경우 물을 구하기 힘들어 물을 저장할 수 있는 시설이 필수적이었는데, 집수지나 우물은 습한 환경으로 인하여 당시 사람들의 생활을 알 수 있는 유물들이 잘 보존되어 있어 '성곽의 보물 창고'로 불린다.

010

사발
盌
Bowls

삼국
장수 합미산성(왼쪽), 장수 삼봉리산성(오른쪽)
높이 6.5(오른쪽)
국립전주박물관

011

나무사발
木製盌
Wooden Bowls

통일신라
장수 침령산성
높이 8.1(오른쪽)
국립전주박물관

012

나무접시
木製接匙
Wooden Dish

통일신라
전주 동고산성
높이 3
국립전주박물관

013

시루
甑
Steamer

백제
임실 성미산성
높이 25.8
국립전주박물관

014

약절구
藥碾
Herb Grinder

통일신라
장수 삼봉리산성
길이 28.5
국립전주박물관

015

가락바퀴
紡錘車
Spindle Whorl

백제
완주 배매산성, 임실 성미산성(오른쪽 위)
지름 4.5(오른쪽 위)
국립전주박물관

016

숫돌
砥石
Whetstone

백제
완주 배매산성
길이 11.7
국립전주박물관

017

숫돌
砥石
Whetstone

백제
완주 배매산성
높이 14.8
국립전주박물관

018

등잔
燈盞
Lamps

통일신라
정읍 고사부리성
높이 2.3(왼쪽 위)
국립전주박물관

019

나무빗
木製櫛
Wooden Comb

통일신라
전주 동고산성
길이 6.8
국립전주박물관

020

벼루
硯
Inkstone

백제
익산토성
높이 4.3
국립전주박물관(참고자료)

성곽의 보물 창고, 집수지와 우물

성곽 내부에는 저수조貯水槽(비를 저장하거나 물을 길어다가 저장), 집수지集水池(비나 흐르는 물을 모음), 우물[井] 등 물과 관련하여 세 가지 시설이 존재한다. 저수조와 집수지는 지표수를 모아 사용하는 시설이며, 우물은 지하수를 찾아 사용하는 시설인데 통칭해서 집수 시설로 부르기도 한다. 대부분의 성곽 내에 집수 시설을 설치한 이유는 사람이 살아가는 데 물은 필수적인 요소이고, 화재 진압에 필요하며, 물을 가둠으로써 흐르는 물에 의한 성벽의 훼손을 막을 수 있었기 때문이다. 집수 시설은 다른 이름으로 '성곽의 보물 창고'로도 불린다. 그 이유는 집수 시설의 습한 환경 때문에 유기물과 같은 유물도 쉽게 보존될 수 있었으며, 청소가 어려운 집수 시설의 구조는 사람의 손이 미치기 어려웠기 때문이다. 따라서 집수 시설은 오랜 시간 동안 사용된 성곽의 역사를 가장 잘 간직하고 있다.

임실 성미산성

장수 침령산성

정읍 고사부리성

남원 아막성

전북 지역의 집수 시설 조사 현황

전북 지역 고대 성곽에서 집수 시설은 현재까지 9개 유적에서 18기가 조사되었다. 집수 시설은 성곽에 따라 평면 모습과 단면 형태, 축조 재료가 차이를 보이고 있다. 전북 지역 집수 시설의 평면 모습은 (장)방형과 원형이, 단면 형태는 사선형과 계단형이 확인되고 있다. 축조 재료도 깬돌과 가공된 석재를 사용한 차이가 있다. 일반적으로 시간이 지남에 따라 사선형→계단형, 깬돌→가공된 석재를 사용한 집수 시설로 변화된 것으로 추정하고 있다.

021
도르래와 도르래 몸체
滑車
Iron Pulleys

통일신라
장수 침령산성
길이 27.5(왼쪽)
국립전주박물관

022
칠이 담긴 토기
漆容器
Potteries with Lacquer

신라
남원 아막성
높이 10(왼쪽)
군산대학교 가야문화연구소

023
글자를 쓴 나무
木簡
Wooden Tablets

삼국
장수 침령산성
길이 20(오른쪽)
국립전주박물관

정확한 용도를 알 수 없지만 표면을 둘러 가며 쓰인 묵서가 발견되었다. 묵서에는 '열도중재도사촌列道中在道使村…' 이 적혀 있다. 도사道使는 삼국시대 지방 통치와 관련된 명칭으로 백제나 신라의 관리가 침령산성에 파견되었음을 알 수 있다.

적외선 촬영

024

원모양 토제품
圓形土製品
Circular Clay Objects

백제
장수 합미산성, 정읍 고사부리성, 익산토성
지름 5.5(가운데)
국립전주박물관

성곽의 집수정에서는 많은 수량의 원모양 토제품이 확인되고 있다. 대부분 삼국시대 기와를 가공하여 만든 것으로 삼국시대 집터에서는 토기를 가공하여 만든 원모양 토제품이 확인되고 있다. 정확한 용도는 알 수 없지만 헐거나 깨뜨리는 것과 관련된 의례행위에 사용하거나 게임의 말일 가능성, 무게를 재는 것과 관련되었을 가능성 등이 제기되고 있다.

025

토제품
土製品
Earthenware

삼국~통일신라
장수 침령산성
길이 7
국립전주박물관

026
방망이
木棒
Wooden Bet

통일신라
장수 침령산성
길이 29.1
국립전주박물관

027
곰방메
木櫌
Wooden Mallet

통일신라
장수 침령산성
길이 19.6
국립전주박물관

028
쇠스랑
鐵搭
Iron Rake

통일신라
장수 삼봉리산성
너비 28
국립전주박물관

029

따비
木耟
Weederplow

통일신라
장수 침령산성
길이 93
국립전주박물관

030

나무칼(추정)
木劍
Wooden Sword

통일신라
장수 침령산성
길이 122.8
국립전주박물관

전북 고대 산성의 집수 시설 양상

송현경
국립익산박물관

아무리 훌륭한 방어력을 가진 지형 조건이라도 성에 거주하는 사람과 동물의 생활 용수를 위한 수원水源과 집수 시설이 미비하다면 성곽이 들어서기에 부적합하다. 그만큼 성곽 내에서 용수 시설用水施設은 가장 중요한 시설 중 하나이다. 성곽 내 용수 시설은 저수조貯水槽, 집수지集水池, 우물(井) 등 세 형태로 존재한다. 저수조는 빗물 또는 직접 물을 길어다 저장하는 시설이고, 집수지는 빗물 및 흐르는 지표수를 모아 사용하고, 우물은 지하수를 찾아 사용하는 시설이다. 이들 용수 시설 중 저수조와 집수지가 대부분으로(최병화 2018) 산성의 입지상 비교적 높은 위치에 자리하고 있어 평상시 물이 솟아나는 샘이 적기 때문이다.

수원의 차이는 용수 시설의 축조 방법에도 영향을 끼치는데 저수조와 집수지는 호안 석축 뒷면과 바닥면에 누수를 방지하기 위한 점토를 두껍게 채워 넣지만, 우물은 지하수가 유입될 수 있도록 호안 석축 뒤편에는 점토를 채웠다.(이명호 2009) 하지만 기본적인 기능이 생활 용수 확보와 저장이라는 점에서 집수 시설로 볼 수 있다.

한편 성 내에서 집수 시설은 기본적인 기능 외에 입지에 따라 소화 기능과 성내 유속을 감소시켜 성벽을 보호하는 기능을 했을 것이다. 문지나 건물지 주변에 위치하는 것은 소화 기능도 담당한 것으로 생각된다. 그리고 폭우로 인해 대량의 물이 계곡을 따라 흘러 성벽으로 바로 들이치면 성벽이 쉽게 붕괴할 수 있는데, 성벽과 인접한 계곡부에 집수 시설을 축조함으로써 수량水量을 조절했던 것으로 보인다.

전북 지역 고대 산성 중 집수 시설이 확인되는 곳은 임실 성미산성, 장수 합미산성, 침령산성, 정읍 고사부리성, 익산 미륵산성 등이다. 임실 성미산성은 산성 내 지형이 가장 낮은 남편 대지에서 원형의 석축 집수 시설 2기가 확인되었다. 조사 결과 1호와 2호 집수 시설은 동시에 만들어진 것으로 확인되었다. 두 집수 시설 내부에서 백제 유물만이 출토되어 6세기 대에 축조되었음을 알 수 있다. 집수 시설과 인접한 곳에 성벽이 있어 성 내부의 우수雨水를 효율적으로 배수하는 기능을 했던 것으로 보고 있다.

장수 합미산성에서는 6개의 집수 시설이 확인되었는데, 집수 시설이 조사된 곳은 산성 내 서남쪽 평탄지로, 평탄지를 가로질러 동남쪽에서 서북쪽으로 물길이 흐른다. 물길과 가까운 곳에 여러 기의 집수 시설이 분포한다. 1호 집수 시설은 평면 원형에 다듬지 않은 깬돌을 사용하였고, 날인와捺印瓦, 삼족 토기 등이 출토되어 삼국시대(백제)에 축조된 것으로 보인다. 2호 집수 시설은 평면 방형에 다듬은 석재를 사용에 축조하였으며, 대부완, 수막새 등 통일신라 말 유물이 집중되었다. 3·4호 집수 시설은 서로 중복되는데, 3호는 평면 방형에 다듬은 석재를 사용하였고, 주름무늬병, 대부완, 초기 청자 등 통일신라 유물이 집중적으로 출토되었다. 4호는 평면 원형에 다듬지 않은 돌을 사용하였고, 삼족 토기, 개배, 날인와 등 삼국시대(백제) 유물이 중심이다. 유구의 선후 관계를 볼 때 4호가 폐기된 후 3호가 조성되었다.

장수 침령산성에서는 3개의 집수 시설이 확인되었는데 산성 내 북쪽 정상부 평탄지에 있는 1호 집수 시설은 평면 원형으로 잘 다듬어진 석재를 이용하여 계단식으로 축조되었고 바닥에는 석재가 깔려 있다. 내부에서 삼국시대 기와 일부를 제외하고 단경호, 철촉 등 통일신라 말 유물이 주로 출토되었다. 2호 집수 시설은 산성 내 남쪽 저지대에 입지하고 평면은 원형이며 한 차례 개축이 이루어진 것으로 보인다. 선대 집수 시설은 계단식 구조에 다듬지 않은 깬돌을 사용하였고, 삼국~통일신라 유물이 확인된다. 후대 집수 시설에서는 다듬은 석재를 사용하였고 통일신라 말 유물이 집중된다. 3호 집수 시설은 남쪽 저지대에 입지하고, 평면 원형에 단면은 계단식으로 다듬은 돌을 사용해 축조하였다. 내부에서 삼국시대부터 통일신라 말 유물이 다량 출토되었다.

정읍 고사부리성에서는 빗물이 집중되는 곳인, 성내에서 지형이 가장 낮은 지역에 집수지가 자리하고 있다. 집수지는 한 차례 개축을 거친 것으로, 1차 집수지는 평면은 방형이고 축조 시 풍화 암반층을 일부 파내고 삿자리를 바닥과 벽면에 간 다음 점토를 붙이고 돌로 쌓은 것으로 확인된다. 퇴적토에서 백제 토기와 기와가 출토되어 백제 때 축조된 것으로 보인다. 2차 집수지는 동서로 긴 장방형으로 1차 집수지가 완전히 붕괴된 이후 다시 쌓았다. 내부에서 통일신라의 토기 편과 기와 편, 9세기 이후 초기 청자 편이 출토되었다.

익산 미륵산성은 평면 방형의 집수 시설이 확인되었으며 호안 석축은 잘 다듬어진 석재를 사용하여 계단식으로 축조되었다. 내부에서 고려시대 유물이 주로 출토되어, 보고자는 고려시대 유구로 추정하였으나 통일신라시대 후기에 조성된 건물지와 같은 석축단인 것으로 보아 고려 이전에 축조되어 고려시대까지 사용된 것으로 보기도 한다.

전북 고대 산성 내 집수 시설은 수원 확보에 유리한 하단 평탄면 또는 계곡부에 있다. 정읍 고사부리성, 장수 침령산성 2·3호, 합미산성, 임실 성미산성의 경우 성벽과 인접한 곳에 있는데, 이는 수원 확보와 동시에 유수에 의한 성벽 붕괴를 막기 위한 기능적 측면도 있었던 것으로 생각된다.

집수 시설 내 출토 유물로 볼 때 시기별로 단면 형태와 구조에서 차이를 보인다. 평면 원형, 단면 사선형 구조인 임실 성미산성, 장수 합미산성 1호, 4호 집수 시설은 다듬지 않은 깬돌로 축조되었고 바닥은 점토로 마감하고 있으며 삼국시대(백제) 유물이 집중되었다. 반면 평면 원형, 단면 계단형 구조인 장수 침령산성 1호, 2호는 다듬은 석재로 축조하였고 바닥은 점토 또는 얇고 넓은 돌(박석薄石)로 마감하였다. 내부에서는 통일신라시대 유물이 집중되었다. 마지막으로 단면 방형에 단면 사선형 구조인 정읍 고사부리성, 장수 합미산성 2·3호, 익산 미륵산성은 다듬은 석재를 사용하였으며 통일신라 말 유물이 주로 확인되었다. 하나의 산성에서 여러 형태의 집수 시설이 확인되는 것은 산성이 축조되어 한 시기에만 사용된 것이 아니라 여러 시기에 걸쳐 사용되었음을 보여주는 증거이다.

표 1 전북 고대 산성 집수 시설 현황

유적명	형태	유구명	입지	석축재료	바닥시설	평면	단면	비고
임실 성미산성	테뫼식	1호 집수 시설	하단 평탄면	깬돌	진흙층	원형	사선형	
		2호 집수 시설	하단 평탄면	깬돌	진흙층	원형	사선형	
장수 합미산성	포곡식	1호 집수 시설	하단 평탄면	깬돌	무시설(기반암)	방형?	-	최하단만 잔존
		2호 집수 시설	하단 평탄면	다듬은 돌	무시설(기반암)	방형	계단형	
		3호 집수 시설	중단 평탄면	다듬은 돌	무시설(기반암)	방형	-	3, 4호 중복
		4호 집수 시설	중단 평탄면	깬돌	무시설(기반암)	원형	수직	
		5호 집수 시설	중단 평탄면	깬돌	기반암	방형	사선	5, 6호 중복
		6호 집수 시설	중단 평탄면	깬돌	기반암	방형	사선	
장수 침령산성	포곡식	1호 집수 시설	상단 평탄면	다듬은 돌	삿자리+판석	원형	계단형	
		2호 집수 시설	하단 평탄면	깬돌	점토	원형	계단형	선대
				다듬은 돌		원형	계단식	후대
		3호 집수 시설	하단 평탄면		-			
정읍 고사부리성	포곡식	1차 집수정	하단 계곡부	-	삿자리+점토	방형	장방형(추정)	바닥만 잔존
		2차 집수정	하단 계곡부	치석된 깬돌		장방형	사선형	
익산 미륵산성	포곡식	저수 유구	중단 계곡부	치석된 깬돌		방형	사선형	

참고 문헌

최병화, 2018, 「百濟城郭 內 우물의 登場과 造成過程에 대한 硏究」, 『선사와 고대』, 한국고대사학회.

이명호, 2009, 「백제 집수시설에 관한 연구」, 목포대학교 대학원 석사학위논문.

옛 사람들은 무엇을 먹었을까?

성곽 내에서 출토된 탄화미나 동물 유체를 통해서 우리는 옛 사람들의 먹거리에 대해 추정해 볼 수 있다. 부안 백산성의 집자리에서는 탄화된 콩과 밀이 확인되어 당시 사람들이 콩과 밀을 먹었다는 것을 알 수 있다. 또한 남원 아막성 집수 시설에서는 여러 종류의 동물 유체가 확인되었다. 동물 유체는 먹거리뿐만 아니라 장신구나 도구 제작 등에도 사용돼 당시 사람들의 생활 전반과 관련이 있는 것으로 추정된다. 아막성에서 출토된 동물 유체 중 소와 돼지, 사슴과科는 먹기 위해서 사냥한 후 집수 시설에 버려진 것으로 보인다. 특이한 동물로는 곰과 말, 두루미, 남생이가 있는데 곰과 말, 두루미는 당시 군대와 관련된 것으로 추정하고 있다.

031

거북 뼈
龜骨
Turtle Bones

신라
남원 아막성
길이 11.7(위)
군산대학교 가야문화연구소

032

곰 뼈
熊骨
Bear Bones

신라
남원 아막성
길이 14.5(위)
군산대학교 가야문화연구소

033

두루미 뼈
鶴骨
Crane Bone

신라
남원 아막성
길이 23.5
군산대학교 가야문화연구소

아막성과 같은 고지대에서 발견된 말은 군마軍馬로 이용했을 것으로 추정된다. 또한, 두루미는 갑옷을 새의 깃털로 장식한 사례가 있고, 화살에 새의 깃을 사용해왔다는 점에서 무구武具와 관련된 것으로 보이며, 곰의 경우『삼국사기』에 신라 장수 깃발을 곰의 가죽으로 만든다는 기록이 있어, 깃발을 만드는데 사용했을 가능성이 있다.

034
말 뼈와 치아
馬骨·齒
Horse Bone and Tooth

신라
남원 아막성
길이 9(오른쪽)
군산대학교 가야문화연구소

035
소 뼈
牛骨
Cattle Bones

신라
남원 아막성
길이 13(왼쪽)
군산대학교 가야문화연구소

036
돼지 뼈
豚骨
Pig Bones

신라
남원 아막성
길이 19.6(왼쪽)
군산대학교 가야문화연구소

037
개 뼈
犬骨
Dog Bones

신라
남원 아막성
길이 11(오른쪽)
군산대학교 가야문화연구소

아막성 집수정에 잠든 아막성의 동물들

고은별
서울대학교 고고미술사학과

아막성 집수정에서 대부분의 동물 유존체는 하층에서 수습되었다. 공기가 차단된 저습한 환경이 조성된 덕에 동물 유존체의 보존 상태는 매우 우수했다. 집수정에서 출토된 동물은 가축뿐만 아니라 야생 동물도 포함되어 있었으며 포유류 동물과 조류, 파충류가 확인되었다. 아막성 집수정에서는 말, 소, 개 등의 가축과 멧돼지(?), 사슴科, 곰속屬 등의 야생 동물 등 포유류 동물이 6종 출토되었고, 이 외에 두루미屬의 조류와 상당량의 남생이가 출토되었다. 아막성이 산 정상부에 자리 잡았다는 것을 고려하면 야생 동물이 주로 이용되었을 것으로 예상되나, 의외로 말, 소, 개 등의 가축도 다수 출토되었다.

먼저 산성이라는 유적 성격과 관련된 것으로 보이는 동물로는 말, 곰 그리고 두루미를 들 수 있다. 먼저 집수정에서 출토된 말 유존체는 생후 11-12년 가량의 상당히 나이 든 개체로, 이빨과 다리뼈 일부가 확인되었다. 아막성의 유적 성격을 고려하면 이는 군마軍馬일 가능성이 크다. 곰의 경우사진 1 『삼국사기』 기록과 동물 고고학적 분석 결과를 토대로 신라에서 군대의 깃발을 만드는 데 그 가죽을 사용했을 가능성이 제기된 바 있어(김헌석 2020) 이 또한 산성이 가진 군사적 성격과 관련되었을 가능성이 있다. 마지막으로 두루미의 경우 출토된 뼈는 날개뼈의 일부인 1점에 불과하지만사진 2, 과거 갑옷을 새의 깃털로 장식한 사례가 있고, 화살에 두루미나 독수리, 매, 꿩 등 새의 깃을 사용해 왔다는 점 등을 고려하면 산성 내에서 두루미 조류가 특수한 목적으로 이용된 뒤 폐기되었을 가능성을 고려할 필요가 있겠다. 특히 두루미는 겨울철에 한반도를 찾는 철새라는 점에서 아막성 점유 시점에 대한 정보도 제공해 준다.

인간이 생활한 공간으로서 아막성에 관한 정보를 제공해 주는 동물로는 개와 소, 돼지, 사슴과를 들 수 있다. 아막성 집수정에서 개는 앞다리와 몸통을 잇는 부위의 뼈가 출토되었다. 종의 특성상 아막성 내에서 사육되었을 가능성이 있는데, 집수정 내에서 출토된 다수의 동물 유존체에서 개가 갉은 흔적이 관찰되고 있어 이러한 추정을 뒷받침한다사진 3. 이는 인간이 이용하고 버린 동물 뼈를 그 공간 내에서 함께 생활하던 개가 갉음으로써 남게 된 흔적이다. 아막성 집수정에서 출토된 개는 생후 6-8개월 미만의 어린 개체이다.

한편, 소와 돼지, 사슴과는 식용을 주목적으로 포획하고 아막성으로 반입한 것으로 보인다. 소는 가축으로서 기승騎乘, 운반 등의 다양한 목적으로 사용되었을 가능성이 있는데, 아막성에서 출토된 소는 골단의 봉합 및 형태적 특징을 고려할 때 매우 노쇠한 개체로 보인다. 하지만 앞다리와 뒷다리에 해당하는

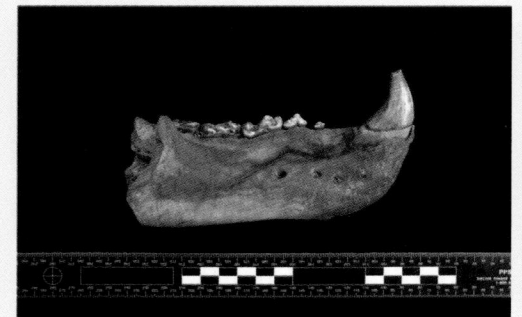

〈사진 1〉 아막성 집수정에서 출토된 곰의 하악골(아래턱뼈)

〈사진 2〉 아막성 집수정에서 출토된 두루미의 척골(날개뼈)

뼈들이 대부분 중간이 잘린 채 출토되고 골단부마다 개가 갉은 흔적도 관찰되고 있어 아막성 내에서 식용되고 폐기되었을 가능성이 크다고 판단된다. 돼지는 뒷다리에 해당하는 일부 부위만 출토되어 집돼지인지, 멧돼지인지 여부를 단언하기 어렵지만, 종의 특성상 식용을 목적으로 포획, 도살하였을 가능성이 크다. 사슴의 경우는 노루나 고라니와 같은 소형 사슴과 동물로 판단되는데, 과거에 도구의 재료로 많이 이용되었던 녹각은 출토되지 않았고, 앞다리와 뒷다리에 해당하는 부위만 확인되고 있어, 아막성 주변에서 포획된 뒤 식용되었을 가능성이 큰 것으로 보인다. 즉 아막성에서 사람들은 야생 동물을 사냥해서 이용하는 동시에 가축도 이용했던 것을 알 수 있다.

마지막으로 아막성에서는 남생이가 최소 4개체 출토되었다. 남생이는 10-11월부터 진흙 속이나 물 속에서 동면하고 4-5월 이후 활동을 시작하는 동물로 이번에 확인된 남생이는 집수정에서 자연적으로 동면했던 개체들이 다른 동물 유존체들과 함께 출토된 것으로 보인다. 그러나 남생이의 두개골과 복갑만 출토되고, 단단한 배갑背甲이 출토되지 않았다는 점에서 인간에 의해 이용된 뒤 폐기된 것일 가능성도 완전히 배제할 수는 없다.

산성의 집수 시설은 의도치 않게 폐기된 유물이 보존되는 '유물 덫'의 역할을 한다. 실수로 떨어트리거나 주변에 흩어져 있던 생활 폐기물이 토사와 함께 유수에 의해 흘러 들어갈 가능성이 높다는 것이다(김현우 2018: 91-92). 아막성 집수정 내에서 출토된 동물 유존체도 이러한 맥락에서 이해할 수 있다. 아막성 동물 유존체 출토상의 특징은 바로 절단흔과 동물이 갉은 흔적이 다수 관찰된다는 것이다. 이는 유적 내에서 동물이 해체 및 절단되어 이용되었으며, 그 이후 폐기된 뼈를 유적 내에서 식육목 동물, 특히 개가 갉는 행위가 있었던 것을 의미한다. 유적 내에서 출토된 곰 유존체의 경우, 하악골에 절단흔이 나타나고 대퇴골의 골단에 동물이 갉은 흔적이 나타난다. 이는 월성 해자에서 출토된 곰 유존체의 양상과(김헌석 2020: 88-89) 매우 유사한 것으로, 곰의 고기와 가죽을 얻기 위한 해체가 유적 내에서 이루어진 후 남겨진 뼈가 즉각 매납되지 않고 유적 주변에 서식하는 개에 의해 섭취되었다는 것을 의미한다. 언급한 곰, 말, 소, 사슴 외에도 집수정 내에서는 동물의 늑골이나 관골로 추정되는 파편들이 다수 확인되었는데, 여기에는 절단흔과 동물이 갉은 흔적이 빈번히 관찰되었다. 이처럼 아막성 집수정에서는 출토된 동물 유존체의 양이 많지는 않지만, 유적 내에서 이루어진 다양한 인간 행위가 반영되어 있어 유적의 성격과 유구의 기능에 이르기까지 많은 시사점을 제공해 주었다.

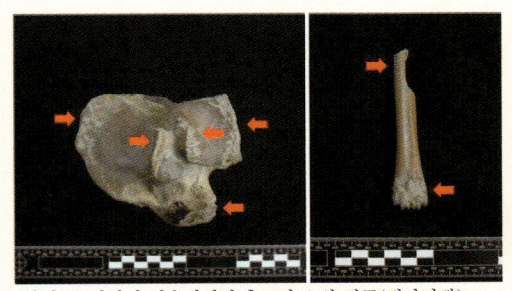

〈사진 3〉 아막성 집수정에서 출토된 소의 경골(뒷다리뼈)
(적색 화살표는 개가 갉은 흔적을 가리킴)

〈사진 4〉 아막성 집수정에서 출토된 남생이 두개골

〈사진 5〉 아막성 집수정에서 출토된 남생이 복갑

참고 문헌

고은별, 2021, 「아막성 출토 동물유존체의 양상과 그 의미」, 『남원 아막성 역사적 가치와 의미』, 군산대학교 가야문화연구소.
김헌석, 2020, 「월성 해자출토 곰뼈의 이용과 폐기에 대한 시론」, 『중앙고고연구』, 중앙문화재연구원.
김현우, 2018, 「나말여초기 전남 동부지역 산성의 점유양상과 지방호족」, 『한국고고학보』, 한국고고학회.

3
성곽을 지키다

성곽의 방어 시설

성곽의 기능 중에 가장 중요한 기능은 적의 침입을 방어하고 감시하는 기능이다. 적의 침입을 차단하기 위해서 성벽을 튼튼하게 쌓고 감시하였으며, 성문을 닫아 적으로부터 방어하였다. 방어를 위해서 망루나 치성雉城과 같은 구조물을 성벽에 설치하기도 하였으며, 날개처럼 생긴 익성翼城의 형태로도 축성되었다. 성벽과 함께 성문은 성곽을 방어하는 핵심 시설이었다. 성문은 출입을 위해 꼭 필요한 시설물이지만 상대적으로 방어에 취약한 곳이었기 때문에 적敵은 많은 화력과 전투력을 성문에 집중시켰고, 주요 접전지가 되었을 것이다. 따라서 성문의 구조는 효율적인 방어를 위해 변화하였다. 고대의 성문에서 보이는 구조는 크게 열린문[개거식], 다락문[현문식], 어긋문 형태로 구분할 수 있는데, 백제의 성문은 어긋문 형태가 특징적이며 신라는 주로 다락문 형태로 성문을 만들었다. 또한 백제 성문의 경우 앞면 양쪽 벽의 위쪽을 곡선으로 처리하는 특징이 있다.

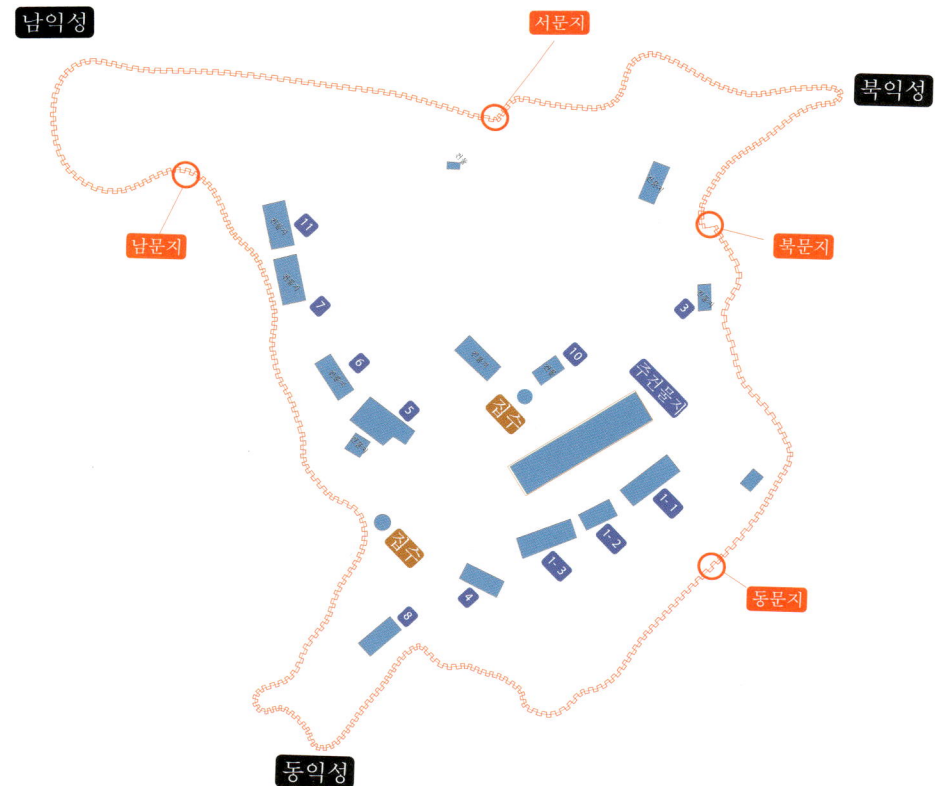

전주 동고산성 성벽과 익성

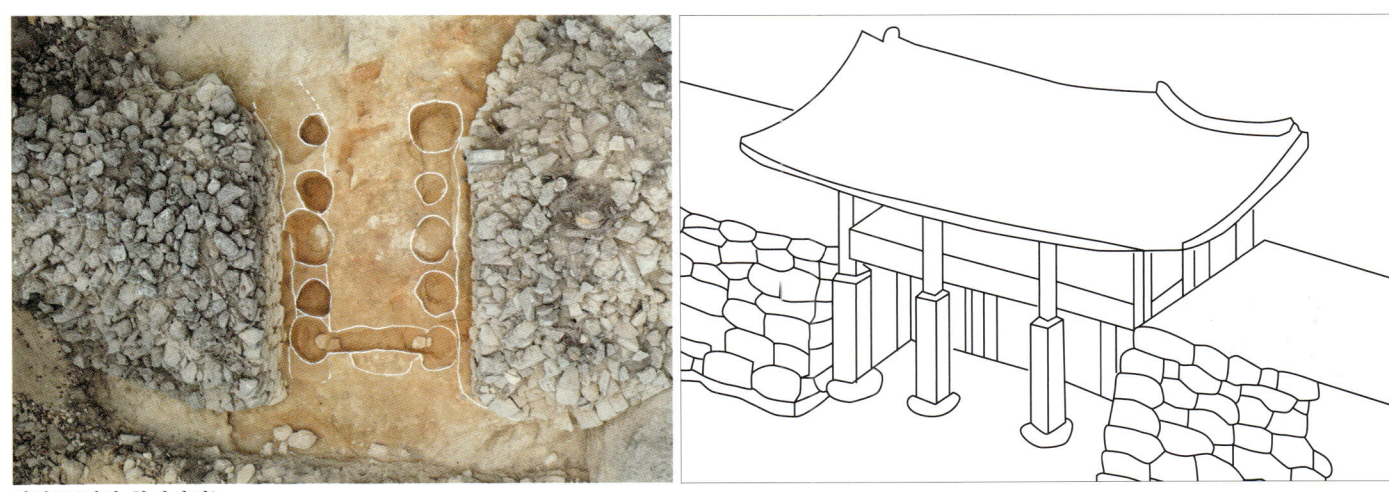
열린문(진안 합미산성)

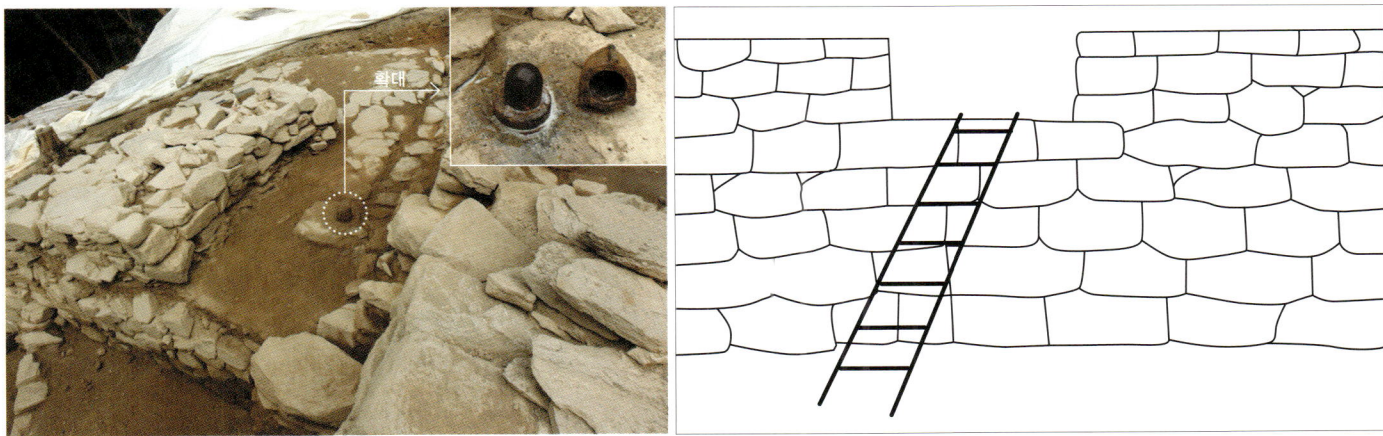
다락문과 확쇠(전주 동고산성)

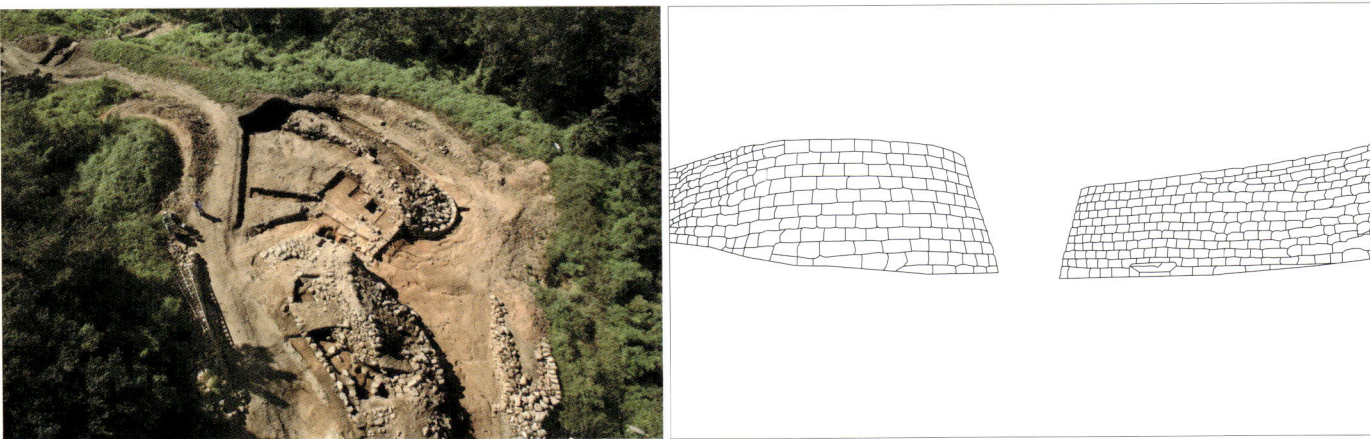
어긋문(정읍 고사부리성)

038

확쇠
確金
Iron Saucers on which a Door Pivots

백제, 통일신라(오른쪽)
고흥 백치성, 전주 동고산성(오른쪽)
높이 18.9(왼쪽)
고흥분청문화박물관, 국립전주박물관(오른쪽)

확쇠는 문경 고모산성, 보은 삼년산성, 청주 부모산성, 양주 대모산성, 충주 남산성, 음성 망이산성, 전주 동고산성, 장성 진원성, 광양 마로산성 등에서 출토되었고 대부분이 투구 모양에 위아래로 돌기를 가진 것으로 확인된다. 고흥 백치성에서 출토된 확쇠의 하부 형태는 방형이며, 상부에 원통형의 돌출부가 있는 확쇠와 평면 'T'자형 원반 신쇠가 결합되어 출토되었다. 신쇠의 상부는 'T'자형으로, 국내에서는 현재까지 보고된 바 없던 새로운 형태의 확쇠이다.

039

열쇠
鐵鍵
Iron Key

통일신라
장수 침령산성
길이 18.1
국립전주박물관

장수 침령산성에서 출토된 열쇠이다. 열쇠에는 '신인외新人畏' 또는 '신대외新大畏'라는 명문이 새겨져 있다.

기록으로 본 고대의 전쟁

『삼국사기』 백제본기에는 약 130번 이상의 성곽과 전쟁 관련 기사가 기록되어 있다. 기사들에 나오는 전쟁의 대부분은 성城을 중심으로 치러지고 있어 고대의 전쟁에 있어 성곽의 중요성을 말해 준다. 전북 지역이 전쟁의 주요 무대가 된 시점은 백제가 수도를 웅진[지금의 공주]으로 천도遷都한 동성왕 이후로 추정되는데, 이 시기의 전쟁기사를 살펴보면 백제의 군사 동원은 최소 2,500명에서 최대 40,000명에 이르기까지 대규모 군대가 운용된 것으로 보이며, 적게는 수백 명에서 많게는 수천 명의 사람이 죽거나 포로로 잡힌 것으로 기록되어 있어 치열한 당시의 전쟁 모습을 상상해 볼 수 있다. 기록된 전쟁의 숫자로 살펴보면 동성왕대에 2차례, 무령왕대 7차례, 성왕대에 8차례, 위덕왕대에 3차례의 전쟁이 있었으며, 무왕대 14차례, 의자왕대 13차례로 무왕대와 의자왕대에 이르러 상당히 전쟁이 빈번해진 것을 알 수 있다. 특히 군사 수로 살펴보면 성왕대와 무왕대 백제 군사 동원 능력은 이전과는 다르게 증가하는데 이 시기에 국력을 상당 부분 회복한 것으로 추정된다.

040

망루가 새겨진 기와
望樓線刻瓦
Roof Tile with Inscription of Watch Tower

백제
장수 합미산성
길이 12.6
국립전주박물관

고대에도 성 안에 망루를 설치하여 멀리서 오는 적을 감시한 것으로 보인다. 이 토기 편에는 망루가 그려져 있어 당시에 망루가 설치되었음을 추정해 볼 수 있다.

『삼국사기』 백제본기에서 보이는 동성왕~의자왕대 전쟁 기사

연도	국왕/재위년	사료 내용	관련 성城	주요 인물	전쟁 관련 인원수
494	동성왕 16년 7월	군사를 보내 신라를 구원하다	견아성犬牙城		
		고구려군에 포위당한 실죽을 백제군이 구하다		백제왕 모대牟大, 신라 이찬 실죽實竹	백제군 3,000명
		신라군을 격파하였으나 백제의 지원으로 물러나다			
495	동성왕 17년 8월	신라군이 구원하여 고구려가 물러나다	치양성雉壤城	장군 덕지德智	
		고구려가 백제 치양성을 포위하자 장군 덕지를 보내 구해 주다			
		백제의 치양성을 포위하였다가 돌아오다			
501	무령왕 원년 1월	좌평 백가가 가림성에서 반란을 일으키다	가림성加林城, 우두성牛頭城	좌평 백가苩加, 한솔 해명解明	
	무령왕 원년 11월	달솔 우영을 보내 고구려의 수곡성을 공격하다	고구려 수곡성水谷城	달솔 우영優永	백제 군사 5,000명
502	무령왕 2년 11월	고구려의 변경을 공격하다			
503	무령왕 3년 9월	말갈이 마수책과 고목성을 공격하다	고목성高木城	(말갈족)	백제 군사 5,000명
506	무령왕 6년 7월	말갈이 침입하여 고목성을 함락하다	고목성高木城	(말갈족)	백제인 600여 명 참획됨
507	무령왕 7년 10월	고구려와 말갈이 연대하여 침입하다	한성漢城	고구려 장수 고로高老, 말갈족	
512	무령왕 12년 9월	고구려가 가불성과 원산성을 습격하고 왕이 위천 북쪽에서 승리하다	가불성加弗城, 원산성圓山城	무령왕武寧王	백제 기병 3,000명
523	성왕 원년 8월	좌장 지충이 고구려를 패수에서 격파하다		좌장 지충志忠	백제 보병과 기병 10,000명
529	성왕 7년 10월	좌평 연모가 고구려와의 전투에서 패배하다	백제 혈성穴城	고구려 왕 흥안興安, 좌평 연모燕謨	백제 보병과 기병 30,000명 이기지 못하였고, 죽은 자가 2천여 명
540	성왕 18년 9월	장군 연회가 고구려 우산성을 공격하다	고구려 우산성牛山城	장군 연회燕會	
548	성왕 26년 1월	고구려가 예와 공모하여 독산성을 공격하다	독산성獨山城	고구려 왕 평성平成, 신라 장군 주진朱珍	신라군 갑옷 입은 군사 3,000명
550	성왕 28년 1월	장군 달기가 고구려의 도살성을 공격하다	고구려 도살성道薩城	장군 달기達己	백제 군사 10,000명
	성왕 28년 3월	고구려군이 금현성을 포위하다	백제 금현성金峴城		
553	성왕 31년 7월	신라가 동북 변경을 빼앗아 신주를 설치하다			
554	성왕 32년 7월	성왕이 죽다		성왕	백제 보병과 기병 50명

연도	국왕 재위년	사료 내용	관련 성城	주요 인물	전쟁 관련 인원수
554	위덕왕 원년 10월	고구려가 웅천성을 공격하다	웅천성熊川城		
561	위덕왕 8년 7월	신라의 변경을 공격하다			백제군 1천여 명이 죽음
577	위덕왕 24년 10월	신라의 서부 변경을 공격하다		신라 이찬 세종世宗	
602	무왕 3년 8월	신라의 아막산성을 공격하다	신라 아막산성阿莫山城 [모산성母山城]	백제 좌평 해수解讎, 신라 장군 건품乾品과 무은武殷	신라 정예 기병 수천 명, 백제 보병과 기병 4만 명, 신라 무은 외 갑옷 입은 군사 1,000명
605	무왕 6년 8월	신라가 동쪽 변경을 공격하다			
607	무왕 8년 5월	고구려가 송산성과 석두성을 공격하다	백제 송산성松山城, 석두성石頭城		백제 석두성 남녀 3,000명 납치
611	무왕 12년 10월	신라의 가잠성을 함락하다	신라 가잠성椵岑城	신라 성주 찬덕讚德	
616	무왕 17년 10월	신라의 모산성을 공격하다	신라 모산성母山城	달솔 백기苩奇	백제군 군사 8,000명
618	무왕 19년	신라가 가잠성을 공격하다	신라 가잠성	신라 장군 변품邊品, 가잠성 성주 찬덕의 아들 해론奚論	
623	무왕 24년	신라의 늑로현을 공격하다	신라 늑노현勒弩縣		
624	무왕 25년 10월	신라의 속함성 등을 공격하여 함락시키다	신라의 속함速含, 앵잠櫻岑, 기잠岐岑, 봉잠烽岑, 기현旗懸, 용책冗柵 등 6성		
626	무왕 27년 8월	신라의 왕재성을 공격하다	신라 왕재성王在城	신라 성주 동소東所	
627	무왕 28년 7월	신라 서부 변경의 두 성을 공격하여 함락시키다	신라 서부 변경의 두 성	장군 사걸沙乞	신라 남녀 300여 명 납치
628	무왕 29년 2월	신라의 가잠성을 공격하다 (신라 가봉성 공격 패전)	신라 가잠성 (가봉성椵峰城)		
632	무왕 33년 7월	신라를 공격하다			
633	무왕 34년 8월	신라의 서곡성을 공격하여 함락시키다	신라 서곡성西谷城		
636	무왕 37년 5월	장군 우소가 신라의 독산성을 공격하다	신라 독산성獨山城	백제 장군 우소于召, 신라 장군 알천閼川	백제 갑옷 입은 군사 500명
642	의자왕 2년 7월	미후성 등 40여 성 함락	미후성獼猴成 등 40여 성	의자왕義慈王	

연도	국왕 / 재위년	사료 내용	관련 성城	주요 인물	전쟁 관련 인원수
642	의자왕 2년 8월	신라의 대야성 공격	대야성大耶城	장군 윤충允忠, 성주 품석品釋	백제군 10,000명, 신라 대야성 남녀 1천여 명 납치, 서쪽 지방 주현에 나누어 살게 함, 대야성에 백제군을 남겨 성을 지키게 함
643	의자왕 3년 11월	신라의 당항성 공격, 신라 당에 구원 요청, 백제군 철수	당항성棠項城	신라왕 덕만德曼	
644	의자왕 4년 9월	김유신이 일곱 성을 빼앗다		김유신金庾信	
645	의자왕 5년 5월	신라의 일곱 성 습격, 신라가 장군 유신을 보내 일곱 성 공격		김유신	
647	의자왕 7년 10월	신라의 무산성 아래 주둔, 감물과 동잠의 두 성 공격, 패전	무산성茂山城, 감물성甘勿城, 동잠성桐岑城	김유신, 의직義直	백제 보병과 기병 3,000명
648	의자왕 8년 3월	의직이 신라 서쪽 변경 요거성 등 10여 성 빼앗음	요거성腰車城 등 10여 개 성	의직	
648	의자왕 8년 4월	옥문곡으로 진군, 신라 장군 유신이 막아 패전		김유신	
649	의자왕 9년 8월	은상이 신라의 석토성 등 일곱 성 공격, 도살성 아래 주둔 후 다시 싸웠으나 패전	석토성石吐城 등 일곱 성, 도살성道薩城	좌장 은상殷相, 김유신, 진춘陳春, 천존天存, 죽지竹旨	백제 정예 군사 7,000명
655	의자왕 15년 8월	고구려, 말갈과 함께 신라 침공 30여 성을 함락	30여 성	김춘추金春秋	
659	의자왕 19년 4월	신라의 독산과 동잠 두 성을 침공	독산성獨山城, 동잠성		
660	의자왕 20년	황산黃山에서 신라군과의 전투에서 네 차례 승전, 계백 사망		장군 소정방蘇定方, 김춘추, 김유신, 좌평 의직, 달솔 상영常永, 좌평 흥수興首, 장군 계백階伯, 성충成忠, 유인궤劉仁軌 등	당 130,000명, 신라 정예 병사 50,000명, 백제 결사대 5,000명
660	의자왕 20년	주류성에서 웅거, 웅진강 어귀에서 두 개의 목책 세워 막다가 임존성으로 퇴각 후 승전	주류성周留城, 두 개의 목책, 임존성任存城	복신福信, 승려 도침道琛, 백제왕자 부여풍扶餘豊, 유인궤	백제부흥군 1만여 명 사망

성에서 출토되는 다양한 무구들

성곽에서는 다양한 무구들이 확인된다. 고대의 전쟁은 보병과 기병 중심의 전쟁이었으나 산 위에 위치한 성곽에서 주로 확인되는 무기는 투석이나 화살로, 원거리 무기 위주로 성을 지킨 것으로 보인다. 또한 창과 갈고리 같은 무기 역시 성벽을 방어하거나 공격하려는 목적으로 사용된 것으로 보인다. 그리고 나무로 만든 무기도 확인되었는데 장수 침령산성에서 발견된 목도木刀나 남원 아막성에서 발견된 목검木劍은 실제 사용되었을 가능성도 있으며, 실전용이 아닌 군사 훈련과 관련되었을 가능성도 있다. 무기와 함께 방어구도 확인되는데 주로 몸을 보호해 주는 비늘 갑옷이 확인되고 있다. 이러한 무기들은 고대의 치열했던 전쟁의 단면을 보여준다.

041

기마병의 모습이 새겨진 기와
騎馬兵線刻瓦
Roof Tile with Inscription of Horse and Rider

백제
정읍 고사부리성
길이 12.5
국립전주박물관

정읍 고사부리성에서 확인된 기마병으로 추정되는 무사 그림을 새긴 토기이다. 목 가리개와 비늘 갑옷을 입고 있으며 두 손으로 말의 고삐를 잡은 모습을 사실적으로 표현하였다. 무사의 뒤편으로는 말을 장식하였던 깃발이 표현되어 있는 것으로 보인다.

042

팔맷돌
投石
Stone Balls

백제
순창 홀어머니산성
지름 15(가운데)
국립전주박물관

043

팔맷돌
投石
Stone Balls

백제
임실 성미산성
지름 19.2(왼쪽)
국립전주박물관

성벽에서 출토된 팔맷돌(진안 월계리산성)

044
화살촉
鐵鏃
Iron Arrowheads

통일신라
장수 침령산성
길이 18.3(왼쪽)
국립전주박물관

045
두 갈래 창
二枝鉾
Two-pronged Spear

백제
임실 성미산성
길이 27.6
국립전주박물관

046
투겁창과 물미
鐵鉾·鐵鐏
Iron Socketed Spearhead and
Iron Spear Ferrule

시대미상(왼쪽), 통일신라(오른쪽)
순창 홀어머니산성(왼쪽), 전주 동고산성(오른쪽)
길이 28(왼쪽)
국립전주박물관

047
갈고리
鐵鉤
Iron Hook

통일신라
장수 침령산성
높이 26
국립전주박물관

048

쇠낫과 투겁창
鐵鎌・鐵鉾
Iron Sickle and Iron Socketed Spearhead

백제
임실 성미산성
길이 23.5(위)
국립전주박물관

049

찰갑
札甲
Lamellar Armors

통일신라(왼쪽), 백제
장수 침령산성(왼쪽), 진안 와정토성
길이 6.6(왼쪽)
국립전주박물관

역사와 문화를 쌓다

Constructing History and Culture

성곽을 쌓는다는 것은 역사와 문화를 쌓는 일입니다. 그 이유는 현재 성곽의 모습에서, 우리는 남아 있는 과거의 역사와 문화의 흔적을 느낄 수 있기 때문입니다. 지금까지 같은 자리에서 1,500년 동안 지키고 있는 고대의 성곽들은 수많은 역사와 문화의 흔적을 간직한 채 우리 주변에 남아 있습니다. 전북 지역의 성곽을 본격적으로 발굴 조사하기 시작한 것은 비교적 최근의 일입니다. 하지만 부분적인 조사만 이루어졌음에도 상당히 많은 연구 성과가 축적되고 있습니다. 앞으로 고대 성곽에 대한 조사가 꾸준히 이루어진다면 전북 지역을 중심으로 고대의 역사와 문화에 대해 한 걸음 더 나아갈 수 있을 것입니다.

Building a fortress also means constructing history and culture since through it people will experience the historical and cultural traces of the past. Ancient fortresses that have stood for 1,500 years and contain a wealth of historical and cultural traces remain all around us. Major excavations of fortresses in the Jeollabuk-do region have recently been launched but are still in their beginning stages. Nevertheless, even these partially conducted investigations have yielded a considerable volume of findings. The ongoing investigation into ancient fortresses in the future will enrich our understanding of ancient history and culture in the Jeollabuk-do region.

역사와 문화를

1
옛 자료로 보는 전북의 고대 성곽

문헌과 고지도로 본 고대의 성곽

조선시대의 문헌 자료와 고지도에는 당시에도 흔적만 남아 있던 옛 성곽에 대하여 기록되어 있다. 조선 전기에 편찬된 『신증동국여지승람』에는 당시의 군현 단위로 고적이나 성지에 옛 성에 대한 기록들이 확인되는데 당시에 이미 무너진 것으로 보이는 성곽도 여럿 확인된다.

고지도에서도 고대 성곽에 대한 기록을 찾을 수 있다. 대동여지도에는 고산성古山城의 위치가 표시되어 있어 현재에도 고대 성곽을 찾는데 중요한 자료로 사용되고 있으며, 조선 후기의 지방 지도에 표시된 주요 교통로와 산줄기는 성곽의 위치와 과거 교통로 연구에 많은 도움을 주고 있다.

050

신증동국여지승람
新增東國輿地勝覽
Sinjeung-Dongguk-Yeoji-Seungram

조선
21×32.3(펼친면)
국립중앙도서관

중종 25년(1530) 중종의 명에 의해 이행李荇, 윤은보尹殷輔, 신공제申公濟 등이 펴낸 관찬 지리서이다. 지방 사회의 모든 면을 백과사전식으로 정리한 서적으로, 조선 전기의 지리, 정치, 경제, 역사, 행정, 군사, 사회, 민속, 예술, 인물을 이해하는 데 중요하다. 옛 성의 위치와 둘레, 축성 재료 등이 기록되어 있으며, 일부 성곽들은 연혁, 샘이나 연못의 수 등이 상세하게 기록되어 있다.

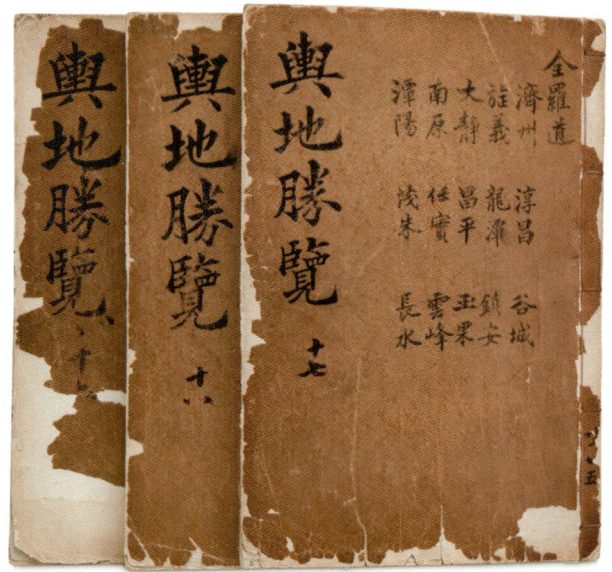
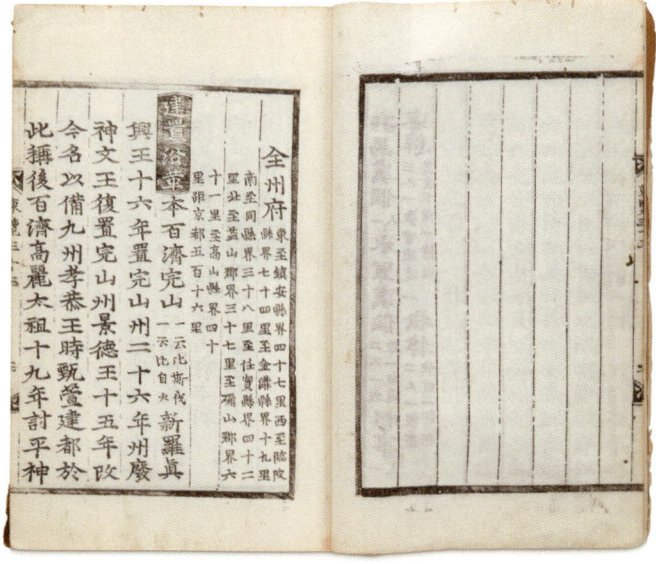

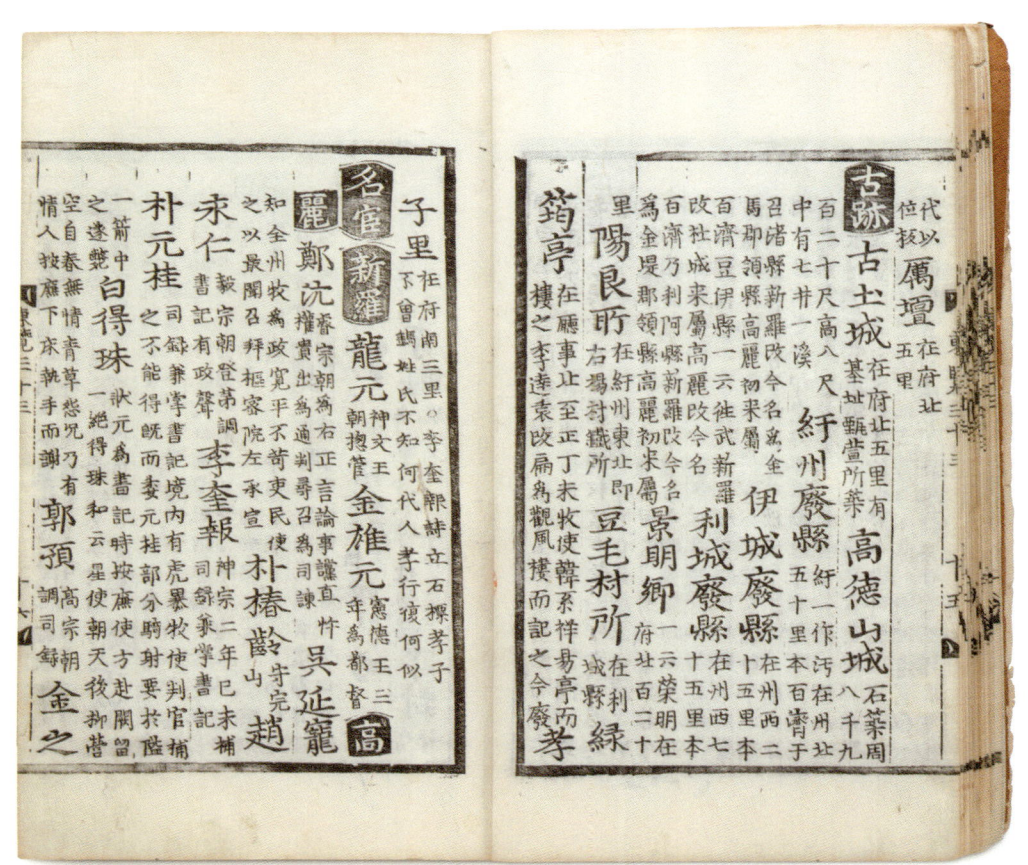

『신증동국여지승람』「전주 고적조」

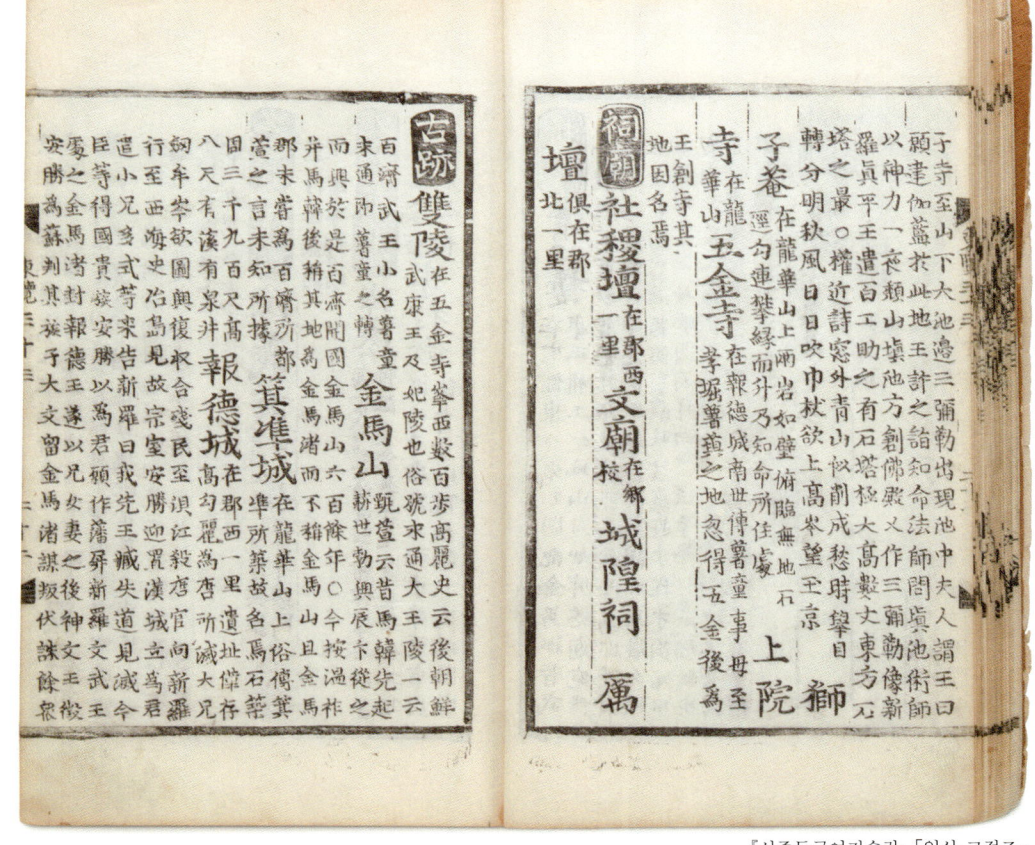

『신증동국여지승람』「익산 고적조」

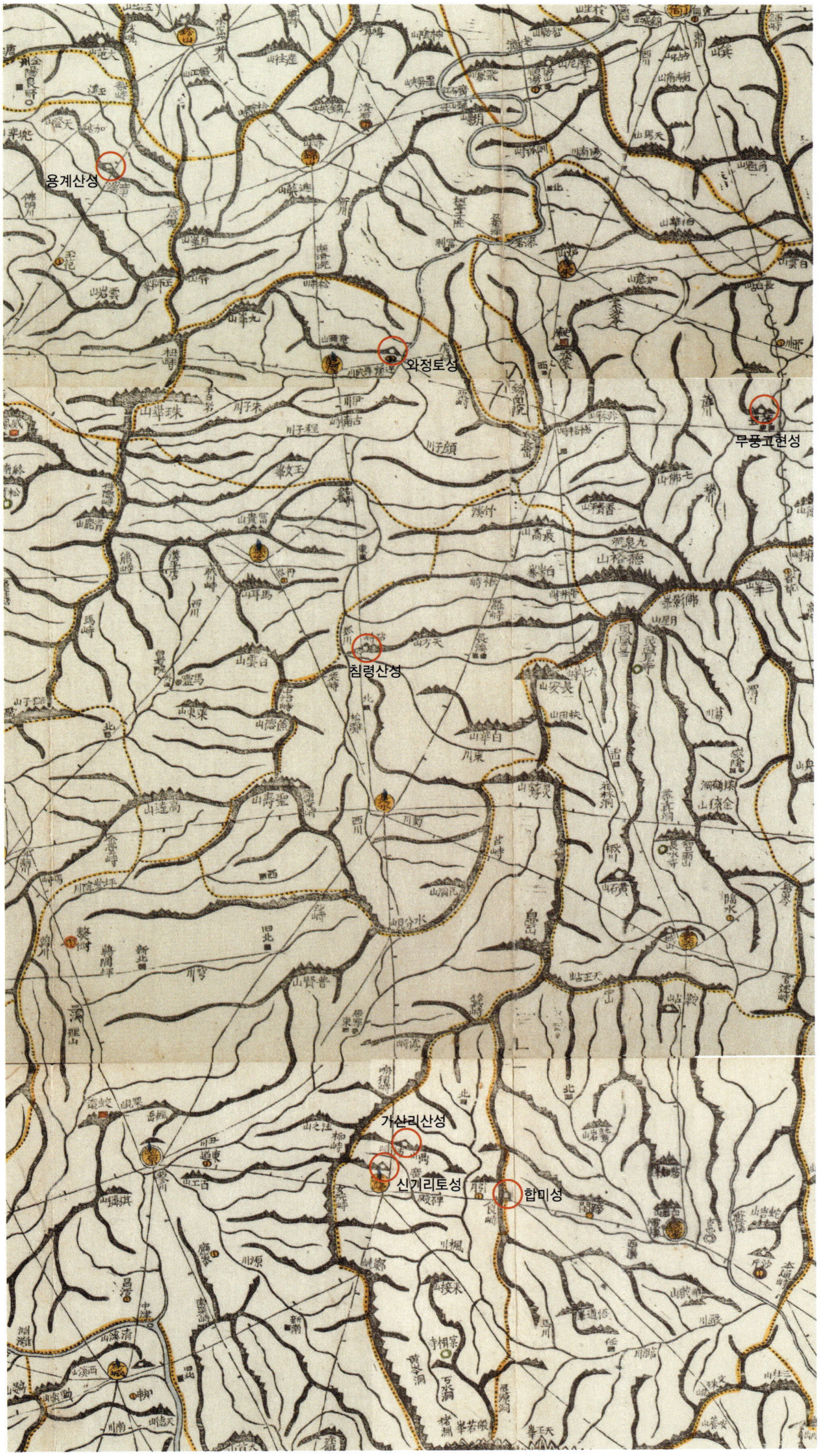

051

대동여지도
大東輿地圖
Daedong yeojido

조선(1861년)
30.6×20(각 첩)
국립중앙박물관

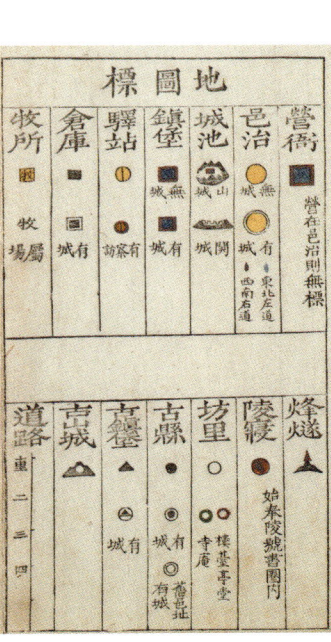

052

전라도 지도
全羅道地圖
Jeollado jido

조선
39.7×59(펼친면)
국립중앙박물관

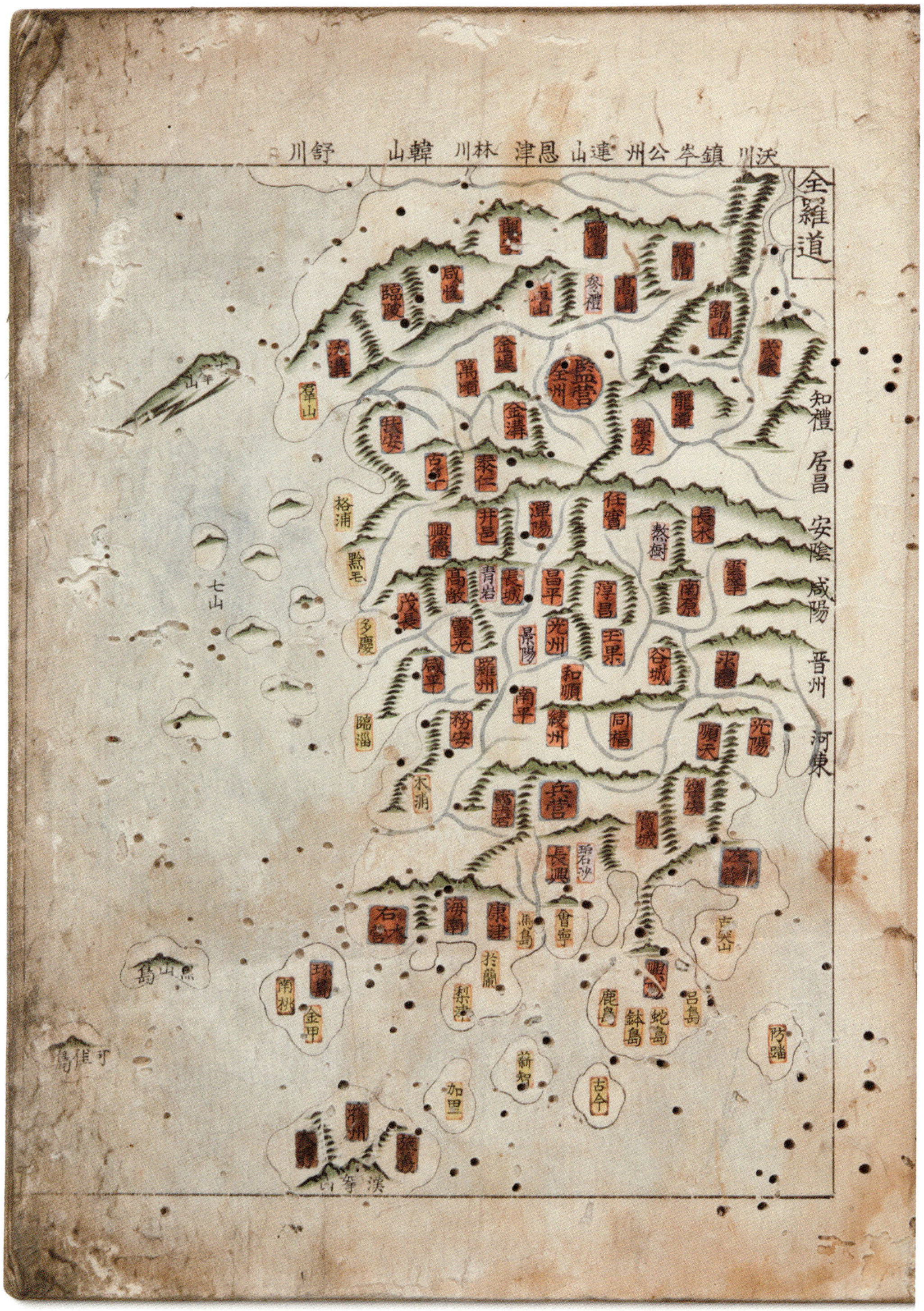

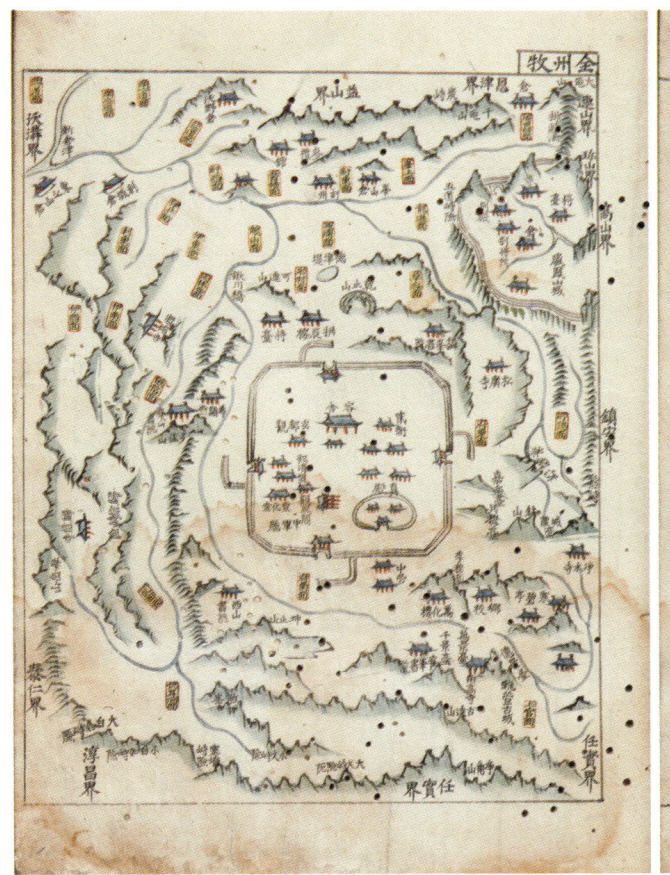
전주목 지도

익산군 지도

용담현 지도

운봉현 지도

성곽의 형태를 보여 주는 자료

성곽의 형태를 보여 주는 다양한 자료들 가운데 참고할 만한 자료로 일제 강점기에 작성된 국유림경계도와 국유임야지적대장이 있다. 국유림경계도는 일본인들이 국유림에 대한 측량과 대장을 작성하면서 만든 자료로 고대 성곽이 위치한 지형의 등고선과 성벽에 대한 측량도, 축척 등을 기록하고 있다. 지적대장에는 소재지, 지번, 면적, 국유림 이름 등이 기록되어 있어 고대 산성을 연구하는 데 도움을 주고 있다.

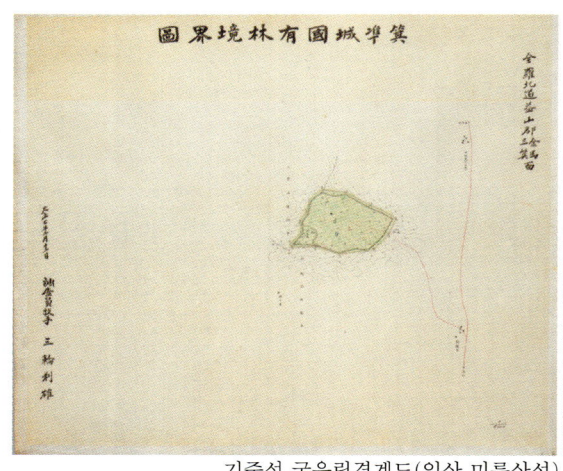
기준성 국유림경계도(익산 미륵산성)

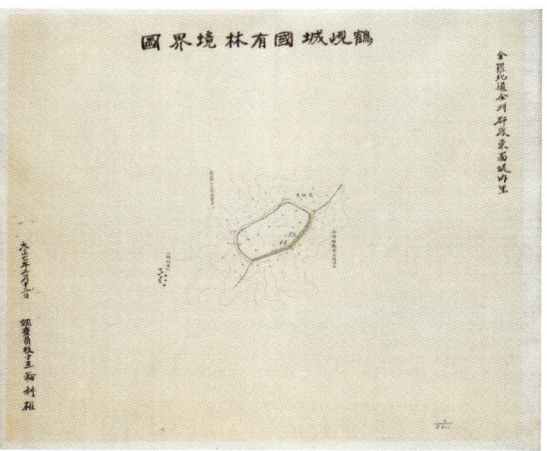
학현성 국유림경계도(익산 학현산성)

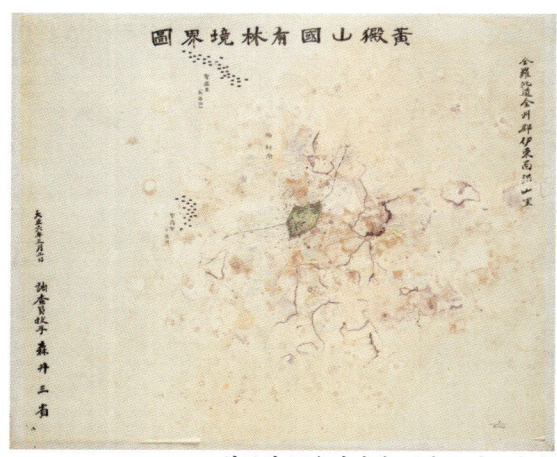
황둔산 국유림경계도(전주 서고산성)

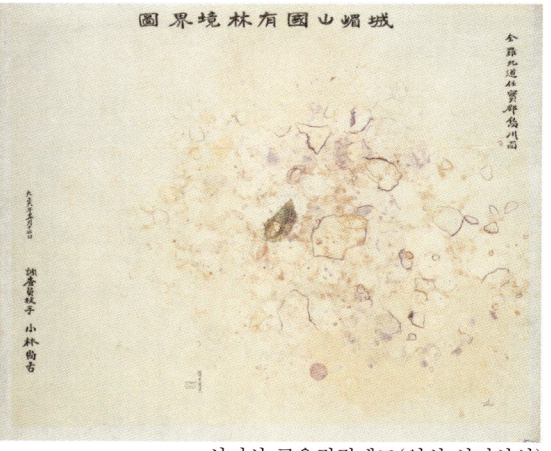
성미산 국유림경계도(임실 성미산성)

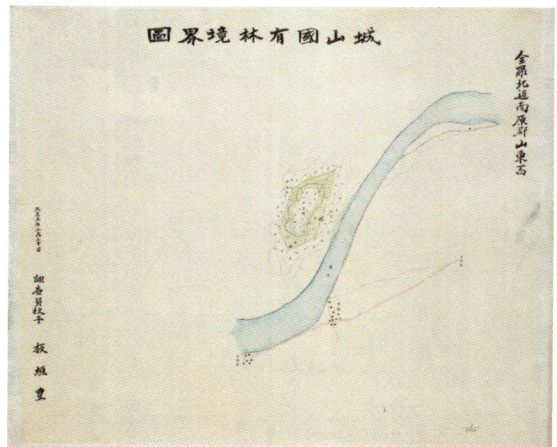
성산 국유림경계도(남원 태평리 성산산성)

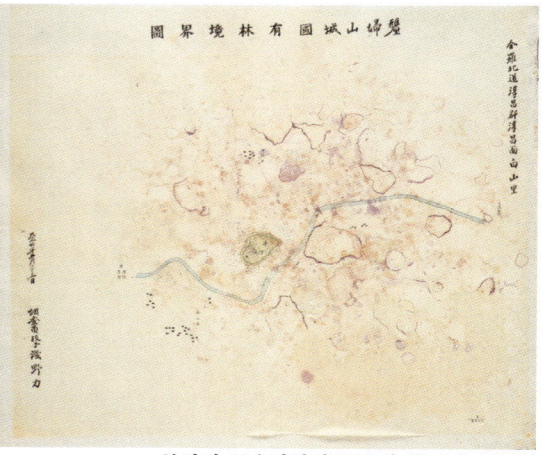
부산성 국유림경계도(순창 홀어머니산성)

국립중앙박물관 제공

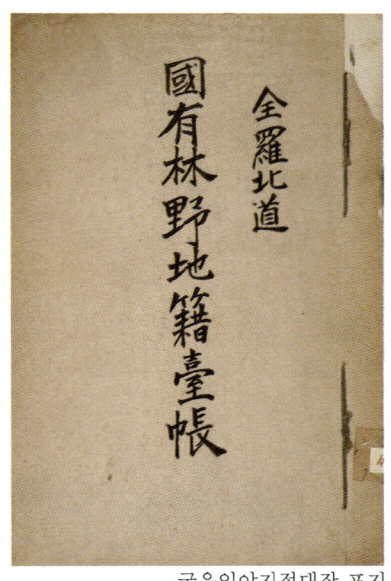
국유임야지적대장 표지

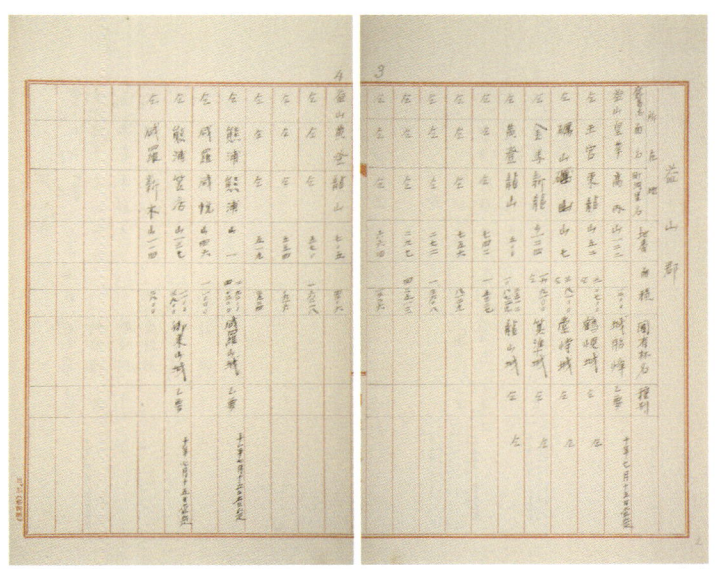

익산

임실

진안   정읍

국립중앙박물관 제공

전북 지역 성곽 조사

전북 지역에서 성곽 조사가 시작된 것은 1960년대이다. 1960년대에는 한국 전쟁이 끝난 지 10여 년이 지난 후로 대부분의 산이 거의 나무가 없는 상태라서 성곽을 찾기 좋은 조건이었다. 당시에 조사를 선구적으로 진행한 고故 전영래 교수는 산과 들을 누비며, 성곽의 둘레와 단면을 실측하고, 현장을 촬영하였다. 이 조사는 2003년 종합 보고서로 발간되었는데 당시의 정확한 조사로 인해 현재에도 성곽 조사에 있어 중요한 자료로 사용되고 있다.

전북 지역 성곽에 대한 본격적인 조사는 1980년대에 이루어진다. 1980년과 1984~1985년에 걸쳐 당시에는 보덕성報德城으로 알려진 익산토성을 대상으로 원광대학교 마한·백제문화연구소에 의해 성곽 조사가 시작되었다. 1990년대에는 익산

전북 지역 성곽 조사 연표

1980	1984	1987	1990	1991
익산토성 전주 동고산성	익산토성(~85)	무주 적상산성	익산 미륵산성 전주 동고산성	익산 금마도토성 전주 남고산성

2001	2002	2004	2005	2006
순창 홀어머니산성(~02)	정읍 고사부리성	군산 창안토성지 익산 미륵산성(~06) 전주 동고산성 정읍 고사부리성	고창 무장읍성(~06) 군산 임피읍성(~06) 정읍 고사부리성 순창 홀어머니산성	익산 낭산산성 정읍 고사부리성

2012	2013	2014		2015
고창 무장읍성 순창 홀어머니산성	전주 동고산성(~14)	고창 무장읍성(~15) 부안 우금산성 남원 교룡산성(~15) 정읍 고사부리성	장수 침령산성 장수 합미산성	부안 우금산성 완주 삼례토성 전주 남고산성(~16) 익산 미륵산성 전주 오목대토성

2018				2019
남원읍성 부안 우금산성 정읍 고사부리성(~19) 완주 구억리산성	완주 배매산성 완주 위봉산성 순창 홀어머니산성 후백제 궁성 추정지	임실 월평리산성	장수 삼봉리산성	부안 우금산성 남원 교룡산성(~20) 장수 봉서리산성 전주부성 순창 홀어머니산성

미륵산성과 금마도토성, 전주 남고산성과 동고산성, 진안 와정토성, 완주 배매산성의 발굴이 이루어진다. 전주 동고산성의 발굴 조사 결과, 후백제 도성과 관련되었을 가능성이 제기되었으며 완주 배매산성과 진안 와정토성의 조사로 인해 백제의 전북 지역 지방 지배에 대한 단서를 제공하였다. 이러한 1990년대의 성과를 바탕으로 2000년대에 들어서면서 전주 동고산성과 익산 미륵산성에 대한 연차적인 발굴이 이루어졌으며, 정읍 고사부리성·임실 성미산성·순창 홀어머니산성·부안 백산성과 같은 주요 성곽들이 발굴되었다. 또한 고창 무장읍성이나 군산 임피읍성과 같은 조선시대 읍성에 대한 조사도 시작되었다.

2010년대부터 현재까지 성곽 조사는 이전 시기에 비해 비약적으로 증가하였다. 기존 조사된 성곽에 대한 연차적인 발굴 조사와 함께 전북 동부 지역 고대 성곽의 중요성이 인정되면서 진안, 장수, 임실, 순창, 남원 등의 고대 성곽들에 대한 조사가 이루어지고 있다. 이 조사들을 통해 공백으로 여겨졌던 전북 동부 지역을 둘러싼 백제와 가야, 신라가 만들었던 고대사의 도습이 조금씩 복원되고 있다.

1992	1995	1996	1997	1999
무주 적상산성(~93) 전주 동고산성	전주 동고산성	진안 와정토성	부안 우금산성	완주 배매산성(~00) 

2007	2008	2009	2010
 고창 무장읍성(~08) 전주 동고산성	 부안 백산성	고창 무장읍성 부안 백산성 전주 동고산성	부안 백산성(~11) 정읍 고사부리성(~11)

2016				2017	
남원 교룡산성 남원읍성 익산토성(~18) 장수 합미산성 장수 침령산성	 김제 성산성	 완주 구억리산성	 장수 봉서리산성	군산 옥구읍성 남원 교룡산성 익산 금마도토성 완주 배매산성	완주 위봉산성 장수 침령산성 장수 합미산성 순창 홀어머니산성(~18)

2020			2021	2022
고창 예지리토성 남원 척문리산성 장수 합미산성 정읍 고사부리성 진안 환미산성	 남원 아막성(~21) 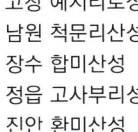 진안 합미산성(~21)	 전주 서고산성  순창 합미성(~21)	 진안 월계리산성 	무주 적상산성 전주 서고산성 장수 봉서리산성 정읍 고사부리성	남원 아막성 순창 오교리산성 익산토성 진안 월계리산성

고故 전영래 선생님의 전북 지역 성곽 조사

박현수
전주대학교박물관

전영래 선생님이 전라북도 산성을 조사하기 시작한 연도는 1965년부터이다. 1963년 전라북도 박물관을 설립하고 관장에 취임하면서 문화재에 대한 본격적인 활동을 시작하였다. 당시에는 거의 대부분 산이 벌거숭이가 되었고, 산성은 노출된 상태였다. 산으로 들로 다니면서 노출된 유물을 수집하고, 과거의 흔적들을 기록으로 남기기 시작한 것이 38년이 지나 2003년에 『전북 고대산성조사보고서』로 결실을 맺게 되었다. 책이 발간되고 벌써 20여년이 되었는데, 지금에도 전북지역 산성조사에 중요한 자료로 활용되고 있다.

1960년대 후반 산성조사 모습

나와의 인연은 1987년 전주시립박물관에서 완주군 문화재지표조사를 실시하면서 "박물관으로 한번 와~" 하신 말씀에 지금의 전주 사고지에 있던 박물관에 놀러 간 적이 있다. 그때부터 2011년 숙환으로 돌아가실 때까지 계속 뵙고, 산성 조사도 따라다니면서 산성을 바라보는 혜안을 주셨다. 산성 조사를 시작하다보면 항상 평판과 야장에 나침반, 핸드레벨, 카메라를 둘러메고 성곽 둘레와 높이 등을 실측하였던 생각이 난다.

2010년 7월 23일에 마지막 강연을 전북문화재연구원에서 「한서 고대문화와 나」라는 제목으로 하셨다. 강연을 위해서 임실 관촌 아파트에 모시러 갔었다. 당시에 "현수씨 아니면 강연장에 갈 수도 없는 상황이야"

하시면서 휠체어로 모시고와 강연을 시작하였다. 다리에 힘도 없고 눈도 보이지 않는 상황에서 1시간 이상을 강의하시면서 고고학을 접하게 된 사연부터 고고학의 중요성과 교류 등을 말씀하셨다. 지금도 그때 강연하시던 모습이 생생한 데, 작고하신지 벌써 11년이 지났다.

1988년에 무주 지역 산성조사와 1990년대에는 부안 지역의 산성을 조사하면서 이렇게 힘든 일을 왜 하여야 하나하는 생각이 온통 머릿속을 복잡하게 했던 기억이 난다. 그러나 많은 고고학자들이 느꼈을 희열도 스스로 느껴봐야 우리 문화유산의 소중함을 안다고 종종 말씀하셨다. 부안 지역 산성 조사를 마치고 내려와서 갑자기 선생님께서 같이 목욕탕에 가자고 한 적이 있다. 목욕탕에는 아버지와 같이 가기는 했어도 선생님과 가기는 매우 난처한 상황이었다. 그러나 목욕탕 안에서 내 등을 싹싹 밀어주시면서 시원하냐고 말씀하시던 선생님! 자상하시면서도 인자한 모습에 지금까지도 문화재 조사를 나가면 선생님 생각이 난다.

1970년대 미륵산성 조사모습　　1994년 무주 적상산성 조사 모습

나는 오늘도 선생님께서 다니셨던 그 길에 있다. 처음에 따라다닐 때에는 지시한 것만 하면 되는 신분에서 지금은 조사책임자로서 선생님께서 하시던 그 일을 하고 있다. 나에게 주어진 책임감은 상상을 초월한 무게감으로 다가온다. 그때는 선생님이 부안으로, 무주로, 임실로 가자고 하시면 신발과 옷가지만 바꿔입고 선생님 차에 동승하면 되었다. 산성조사에서 필요한 장비는 선생님께서 직접 다 가지고 오셨기 때문이다.

그러나 지금은 조사를 하려면 산에 오르기 전에 장비를 확인하고 조사단에게 사전 교육을 시키고 여러 잡다한 일들은 다 해야한다. 최소한 산 정상에서 장비가 없어서 조사를 못했다든가 기록을 못하는 경우가 없어야 하기 때문이다.

한 번은 아무런 준비 없이 부안 우금산성을 올라 간적이 있다. 양복 차림에 구두를 신고, 우금산성 위에서 기념사진을 찍고 내려오는데, 양복은 나뭇가지에 뜯겨 실밥이 올라오고 구두는 헌 신발이 될 정도였다. 그래도 원효방에서 들려 주시던 백제 멸망에 대한 이야기는 내 귓가에 생생하다.

"현수씨! 샛강으로 백제를 도와주기 위해 일본군이 왔는데 물이 들어 올 때와 나갈 때를 몰랐던 거지. 그래서 만조 때 들어온 선박은 순식간에 물이 빠지니 갯벌에 갇혀버렸어~. 갯벌에서 육지로 나오려는 왜병의 전투력은 형편없었지! 이미 전투력이 상실된 왜군은 갯벌에 갇혀 오도 가도 못하는 신세야~, 그렇다면 불 보듯 뻔한 전투지."

지금도 선생님께서 말씀해 주시던 이야기들은 그 지역의 지명과 고고학적 입지와 유물, 기록 등을 종합하여 판단하라고 하셨던 기억이 되살아나곤 한다.

1988년에는 무주 적상산성 조사를 마치고 내려왔는데, 우리 복장을 보고 간첩으로 오인誤認하여 검문을 받은 적이 있다. 당시에 선생님께서 무주군청으로 전화를 걸어 오해가 풀리고 검문소에서 나온 적이 있다. 아마도 선생님께서는 60년대 후반부터 산성조사를 시작하셨으니 더 큰 오해를 받았을 것이다. 누가 봐도 산속에서 내려오는 복장과 차림이 나침반과, 측량도구, 카메라 등을 둘러메고 다니면 간첩으로 오해받는 경우가 많았다.

1980년대 초반 정읍 두승산성에서

지금! 선생님께서 걸어가셨던 그 길을 따라 후학들과 걸어가면, 이제는 오해를 받지 않는다. 처음 걸어가셨던 그 길에 후배 고고학도들은 참 편하게 조사를 하는 것 같다. 지금도 산속에 꼭꼭 숨겨진 선조들에 못다한 이야기! 그 이야기를 찾아 길을 나설 때 마다 선생님에 목소리가 들린다.

"현수씨! 장비는 잊어버리지 말고, 기록은 철저하고, 세밀하게, 사진은 흑백, 슬라이드, 칼라까지 같은 곳에서 꼭 찍고"

전주 동고산성 2차, 3차 발굴조사를 1992년과 1994년에 실시하였다. 동고산성 내에 건물지와 산성을 조사하기 위해서는 버스종점에서 최소 20분 이상을 걸어 올라가야만 조사현장에 도착할 수 있었다. 처음 조사를 시작할 때는 매일 오셔서 많은 지도를 해주셨는데, 시간이 지나면서 일주일에 한 번 정도만 오셨던 기억이 난다. 그래서 매일 선생님댁으로 방문하여 조사관련 내용을 보고하곤 했는데, 보고가 끝나면 인근 레스토랑에서 맛있는 음식을 사주셨다. 그리고 "현수씨! 맥주 한 잔 할테여~"하고 말씀하셨는데…

항상 조사를 하는 과정에서 해주시던 말씀이 생각난다.

"발굴조사에서 한번 실수는 문화재에 대한 영원한 파괴행위다. 허가받은 문화재 파괴자가 되지 않으려면, 공부를 많이 해야 한다."

지금도 모든 조사를 진행할 때 마다 선생님과 마주 앉은 기분이다. 조사를 위해 산 정상에 오르면 산 정상에서 나를 바라보며, 감독하는 선생님을 느끼곤 한다.

"선생님! 선생님에 목소리가 듣고 싶어요! 따끔하게 질책해 주세요!"

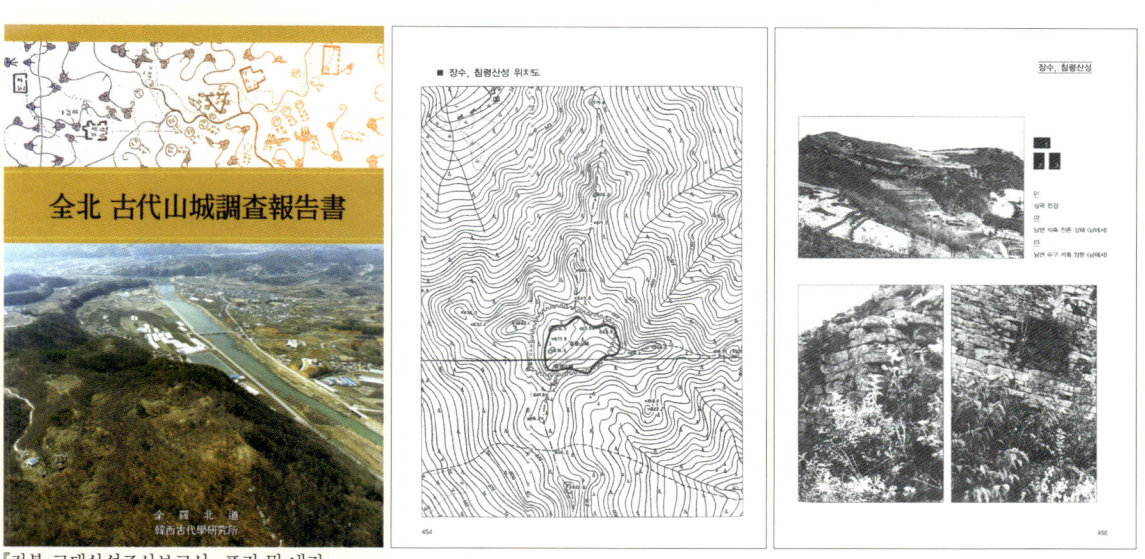

『전북 고대산성조사보고서』 표지 및 내지

2
산경표山經表와 수계水系로 보는 전북의 고대 성곽

전북의 고대 성곽 현황

전북 지역의 성곽은 현재까지 약 200여 개소가 확인되었다. 산경표는 조선 후기의 실학자 신경준申景濬(1712-1781)이 한반도의 산경 체계를 도표로 정리한 역사 지리지인데, 이 산경표를 참고하면 전북 지역의 지형은 크게 호남 정맥과 금남 정맥을 기준으로 동부의 산악 지대와 서부의 평야 지대로 구분할 수 있다. 또한 이 지역은 다양한 수계권으로 구성되어 있는데 크게 만경강·동진강·섬진강·금강·남강의 5개 수계권으로 구분된다. 지형, 수계와 함께 주요 교통로들을 참고하여 고대 성곽을 구분한다면 고도古都 익산을 중심으로 방어를 위한 성곽, 전북 서부 평야를 중심으로 한 만경강·동진강 유역의 성곽, 백제 5방 중 하나인 정읍 고사부리성과 그 주변의 성곽, 금남 호남 정맥을 기준으로 금강 유역과 금남 호남 정맥 북쪽의 성곽, 섬진강 유역과 금남 호남 정맥 남쪽의 성곽, 백두대간과 남강 유역의 성곽으로 구분할 수 있다.

현재까지 발견된 200여 개의 성곽 가운데 지금까지 고고학적인 시굴 조사나 발굴 조사가 이루어진 성곽은 모두 40개 정도로 1/5 정도의 성곽이 조사되었다. 조사된 성곽들도 전체적인 조사가 아직 이루어지지 않았고, 성곽은 여러 대에 걸쳐 재사용되므로, 시대별 중복이 심하여 전체적인 성격을 파악할 수 있는 성곽의 수는 적다. 하지만 부분적인 조사에도 불구하고 상당히 많은 조사와 연구 성과가 축적되고 있다.

고도 익산과 주변의 성곽

익산 왕궁리유적이 위치한 금마저金馬渚를 중심으로 주변 지역에는 여러 성들이 확인되고 있다. 성곽은 크게 두 가지 성격으로 분류가 가능한데 첫째로 삼국시대 고도 익산을 방어하기 위하여 왕궁리유적을 중심으로 주변에 방어성을 구축한 것이다. 왕궁리유적 주변에 익산토성·미륵산성·낭산산성 등이 있으며, 금강을 통하여 내륙으로 출입하는 수로 상의 요충지에 만든 것으로 추정되는 함라산성·어래산성·도청산성·관원산성 등이 있다. 마지막으로 금마저군金馬渚郡[현재 익산 금마면 일대]과 덕근군德近郡[현재 논산 가야곡면 일대]을 이어주는 주요 교통로를 방어 및 감시하기 위하여 만든 것으로 추정되는 학현산성·선인봉산성·천호산성 등이 있다. 또한 백제의 웅진기 지방 지배와 관련된 것으로 추정되는 성곽들이 확인되고 있는데, 대표적으로 완주 배매산성이 있다.

백제~통일신라

1 군산 오성산성
2 군산 임피읍성
3 군산 남산산성
4 군산 관원산성
5 군산 도청산성
6 익산 어래산성
7 익산 함라산성
8 익산 낭산산성
9 익산 당치산성
10 익산 천호산성
11 익산 선인봉산성
12 익산 미륵산성
13 익산 용화산성
14 익산 학현산성
15 익산 금마도토성
16 익산토성
17 익산 왕궁리유적
18 완주 삼례토성
19 완주 배매산성
20 완주 봉실산성
21 완주 이전리산성
22 완주 관동리산성
23 완주 소향리산성
24 완주 종리산성
25 완주 고성산성
26 완주 용계산성
27 완주 산북리산성

고려~조선, 시대미상

1 군산 대산산성지
2 군산 옥구읍성
3 군산 박지산성
4 군산 회미읍성
5 군산 창안토성지
6 군산 용천산성지
7 익산 용산성
8 익산 용안구읍성
9 완주 백도리산성
10 완주 백현리산성
11 완주 용복리산성
12 완주 저구리산성

발굴 조사된
성곽

익산토성

오금산의 정상부와 능선부를 두른 둘레 680m의 포곡식 산성이다. 왕궁리유적에서 가장 가까운 성곽으로 왕궁리유적의 배후 산성으로 추정되고 있다. 익산토성에 대한 조사는 1980년대부터 현재까지 4차례 이루어졌다. 성벽은 가공된 돌을 이용하여 하단에 바른층쌓기로 쌓은 석축이 확인되어 최초에는 백제시대에 토심 석축 공법으로 축조된 것으로 파악된다. 성벽의 외부로는 황황[성벽을 따라 돌려놓은 구덩이]을 시설하였다. 이후 통일신라시대에 기존 성벽을 새롭게 고쳐 쌓은 흔적이 확인되었다. 성문은 남문 터와 서문 터가 조사되었는데, 모두 열린문으로 조사되었다.

익산토성에서 바라본 주변 유적(북에서)

서성벽(북에서, 항공촬영)

서성벽 정면(항공촬영)

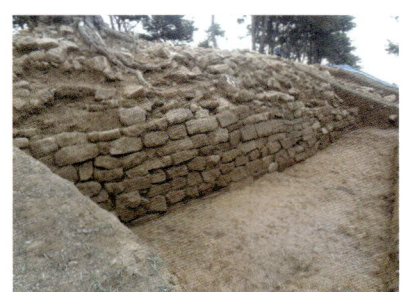
서성벽

서문 터

정상부 모습

053

바람개비무늬 수막새
巴文圓瓦當
Convex Roof-end Tiles with
Pinwheel Design

백제
익산토성
길이 11.7 (왼쪽)
국립전주박물관 (왼쪽)

054

도장기와
印章瓦
Roof Tiles with Stamped Letters

백제
익산토성
길이 14.3 (왼쪽 위)

055
항아리
壺
Jar

백제
익산토성
높이 15.1
국립전주박물관

056
넓은입 항아리
廣口壺
Jar with Wide Mouth

백제
익산토성
높이 13.3
국립전주박물관

057
'井'이 새겨진 뚜껑
蓋
Lids with Inscription of 'Jeong(井)'

백제
익산토성
입지름 13.5(오른쪽)

058
세발 접시
三足土器
Tripod Pottery

백제
익산토성
입지름 11.2

059

항아리
壺
Jar

백제
익산토성
높이 52
국립전주박물관

060

편병
扁瓶
Flat Bottle

통일신라
익산토성
높이 22.8

061

굽다리 접시
高杯
Mounted Dish

통일신라
익산토성
입지름 13(참고자료)

062

청동장신구
靑銅裝身具
Bronze Ornament

통일신라
익산토성
길이 3.7

063

글자를 찍은 기와
銘文瓦
Roof Tiles with Stamped Letters

고려
익산토성
길이 19.2(오른쪽)
국립전주박물관(참고자료)

**익산
금마도토성**[저토성]

금마산(해발 115.6m)의 서쪽 구릉에 축조된 둘레 369m의 테뫼식 산성이다. 금마도토성에 대한 조사는 2차례에 걸쳐 이루어졌다. 조사 결과 성벽과 황의 이중적 구조로 축조된 토성으로 확인되었다. 성벽은 땅을 경사지게 굴착한 다음, 바닥에 가공한 돌을 이용하여 기단 석렬을 두고 앞쪽에 나무 기둥을 세운 후 내부를 판축하여 조성하였다. 나무 기둥의 간격은 220~270cm로 백제 판축 토성의 나무 기둥 간격보다는 조금 넓은 편이다. 금마도토성은 금마저군의 치소성으로 추정되며 삼국시대나 통일신라시대부터 고려 초까지 성곽으로서의 역할을 했던 것으로 추정된다.

금마도토성 전경(남에서)

금마도토성 발굴조사 후 전경(항공촬영)

서성벽

064

도장기와
印章瓦
Roof Tiles with Stamped Letters

백제
익산 금마도토성
길이 28.8(오른쪽)
국립전주박물관

065

연꽃무늬 수막새
蓮花文圓瓦當
Convex Roof-end Tile with Lotus Design

통일신라
익산 금마도토성
길이 16
국립전주박물관(참고자료)

066

글자를 찍은 기와
銘文瓦
Roof Tile with Stamped Letters

통일신라
익산 금마도토성
길이 25.8
국립전주박물관

익산 미륵산성

미륵사지의 배후산인 미륵산(해발 429.6m)의 정상부에 위치하고 있는 둘레 1,776m의 대규모 포곡식 산성이다. 미륵산성에 대한 발굴 조사는 모두 3차례 진행되었다. 조사는 동문 터와 성 안의 건물터, 남서쪽의 치성을 발굴하였다. 성벽은 구간에 따라 협축과 편축으로 쌓은 가공된 돌로 쌓은 석축 성벽이다. 모두 2차례 정도 수·개축이 이루어진 것으로 판단된다. 성문은 동문 터와 남문 터가 조사되었는데 남문 터는 후대에 열린문에서 다락문으로 개축한 것으로 보인다. 다른 성곽에 비해 치성의 숫자가 많은 것이 특징적이다. 성의 중심부에서는 9단의 석축이 확인되었으며, 9개의 건물터가 확인되었다. 현재의 성벽은 통일신라시대 이후에 쌓은 것으로 보이며, 조선시대까지 지속적으로 이용한 것으로 생각된다. 하지만, 성 내부에서 백제시대 유물도 확인돼 미륵산 정상부를 중심으로 위치하던 삼국시대 성곽을 통일신라시대에 개축하였을 가능성도 있다.

미륵산성 전경

건물터 전경(항공촬영)

남성벽

067
연꽃무늬 수막새
蓮花文圓瓦當
Convex Roof-end Tiles with
Lotus Design

고려
익산 미륵산성
지름 15.5(오른쪽)
국립전주박물관

068
글자를 찍은 기와
銘文瓦
Roof Tiles with Stamped Letters

고려
익산 미륵산성
길이 24(왼쪽)
국립전주박물관(참고자료)

069
'지익주사' 글자가 새겨진 기와
'知益州事' 銘文瓦
Roof Tile with Inscription of
'Jiyickjusa(知益州事)'

고려 말~조선 초
익산 미륵산성
길이 26
국립전주박물관(참고자료)

070
청자 접시
靑磁小楪匙
Celadon Dish

고려
익산 미륵산성
입지름 9.9
국립전주박물관(참고자료)

익산 낭산산성

낭산산(해발 181.4m)의 정상부에 위치하며 둘레 870m의 테뫼식 산성이다. 낭산산성에 대한 조사는 2차례 이루어졌으며, 조사를 통해 수구水口 주변에서 확인된 백제시대의 선대 성벽과 후대에 고쳐 쌓은 성벽이 확인되었다. 선대 성벽은 협축 기법으로 성벽을 쌓았는데, 외벽은 크기가 일정하지 않은 가공된 석재를 이용하여 바른층쌓기를 하였으나, 견고하지는 못하다. 후대 성벽은 안쪽벽에서 확인되는데, 선대 성벽의 상면에 폭을 좁혀 축조하였다. 성문은 조선시대에 사용하던 남문 터가 확인되었으나 백제시대 관련 성문 터는 확인되지 않았다. 백제 금마저군의 서북부 지역인 알야산현閼也山縣에 침입하는 적들을 감시하고 방어한 성곽으로 추정되고 있다.

낭산산성 전경(남에서)

남문 터(항공촬영)

071

바람개비무늬 수막새
巴文圓瓦當
Convex Roof-end Tiles with
Pinwheel Design

백제
익산 낭산산성
지름 18.3(오른쪽 위)
국립전주박물관

072

'十'을 찍은 기와
印章瓦
Roof Tiles with Stamped Symbol '十'

백제
익산 낭산산성
길이 20.9(왼쪽)
국립전주박물관

073

백자
白磁
White Porcelains

조선
익산 낭산산성
높이 6.3(오른쪽)
국립전주박물관(참고자료)

완주 배매산성

배매산(해발 122.9m)의 정상부를 두른 둘레 526m의 테뫼식 산성이다. 배매산성에 대한 발굴 조사는 모두 3차례에 걸쳐 이루어졌다. 다수의 건물터와 목책열, 담수 시설 등을 비롯하여 성곽의 밖에서도 구덩이와 집자리 등이 조사되었다. 특히 토성 벽 내부에 목책을 둘러 안쪽에 이중의 방어 시설을 구축한 것이 특징적이다. 성벽은 경사진 땅을 계단식으로 굴착하고, 그 위에 판축 기법으로 쌓았다. 백제의 중앙 세력이 한성~웅진기 만경강 중상류 지역으로 진출하기 위한 거점 성의 역할을 하였던 것으로 추정하고 있으며, 방어 역할과 함께 의례적인 기능도 있었을 것으로 추정하고 있다.

완주 배매산성 전경(서에서)

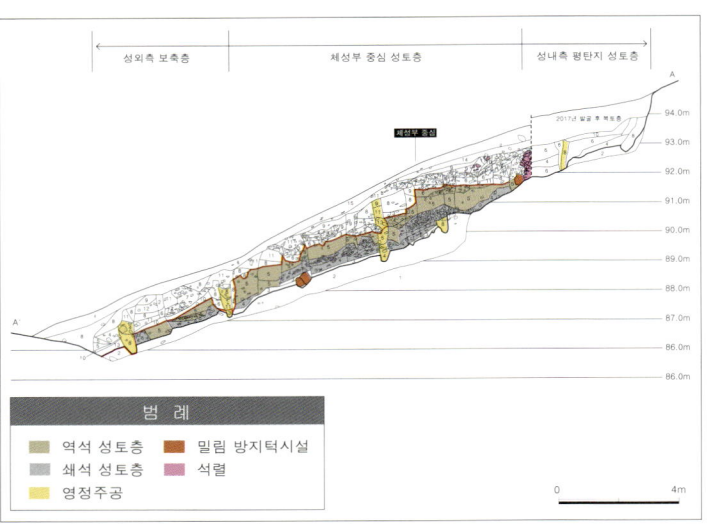
배매산성 성곽단면 구조 모식도(1/100)

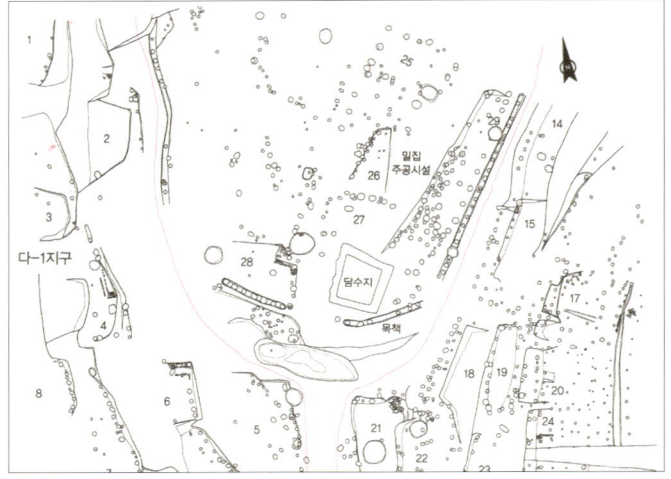
다지구 유구분포도

배매산성 발굴지역(항공촬영)

074
세발 접시
三足土器
Tripod Pottery

백제
완주 배매산성
입지름 24
국립전주박물관

075
세발 접시
三足土器
Tripod Potteries

백제
완주 배매산성
입지름 11.7(오른쪽)
국립전주박물관

076

굽다리 접시
高杯
Mounted Dishes

백제
완주 배매산성
입지름 14(오른쪽)
국립전주박물관

077

뚜껑
蓋
Lids

백제
완주 배매산성
입지름 19(가운데 위)
국립전주박물관

078
접시
杯
Dishes

백제
완주 배매산성
입지름 10.9(오른쪽)
국립전주박물관(참고자료)

079
항아리
壺
Jar

백제
완주 배매산성
높이 32.4
국립전주박물관(참고자료)

080

굽다리 바리
臺附盌
Mounted Bowl

백제
완주 배매산성
입지름 14.6
국립전주박물관(참고자료)

081

등잔
燈盞
Lamp

백제
완주 배매산성
높이 8.5
국립전주박물관(참고자료)

완주 삼례토성

만경강 본류의 북안北岸에 있는 구릉(해발 40.3m)을 둘러싼 성곽으로 내성內城과 외성外城으로 구분된다. 토성의 전체 둘레는 1,324m로 북동쪽에 위치한 내성의 둘레는 590m이다. 1차례 시굴 조사가 이루어졌는데, 성벽은 일정한 두께로 흙을 다지는 판축 기법으로 쌓았으며 일부 판축을 위한 나무 기둥의 받침석으로 추정되는 돌도 확인되었다. 본격적인 조사가 이루어지지 않아 자세한 성격은 알 수 없지만 성벽의 축조 기법이나 내부에서 출토되는 유물을 볼 때 백제시대에 축성된 토성으로 보이며, 규모나 입지를 볼 때 만경강과 관련하여 중요한 역할을 했을 것으로 추정된다.

삼례토성 전경(항공촬영)

시굴 조사 후 전경(항공촬영)

토축성벽 토층 모습

만경강과 동진강 유역 주변의 성곽

만경강과 동진강 유역을 중심으로 전북의 서부 평야에도 여러 성곽들이 분포하고 있다. 이 지역은 넓은 평야 지대로 삼국시대 벽골군碧骨郡[현재의 김제]과 완산完山[현재의 전주]을 중심으로 한 지역이다. 서부 평야 지대의 성곽은 대부분 주변에서 가장 높은 구릉에 위치하고 있으며, 대부분 군현으로 추정되는 지역에 하나씩 위치하고 있어 고대에 각 지역을 관리하던 치소성일 가능성이 높다. 또한 전주 동고산성이나 원당리 산성과 같이 전북 동부 지역으로 진출하기 위한 교두보적인 성격의 성곽들도 확인되고 있다.

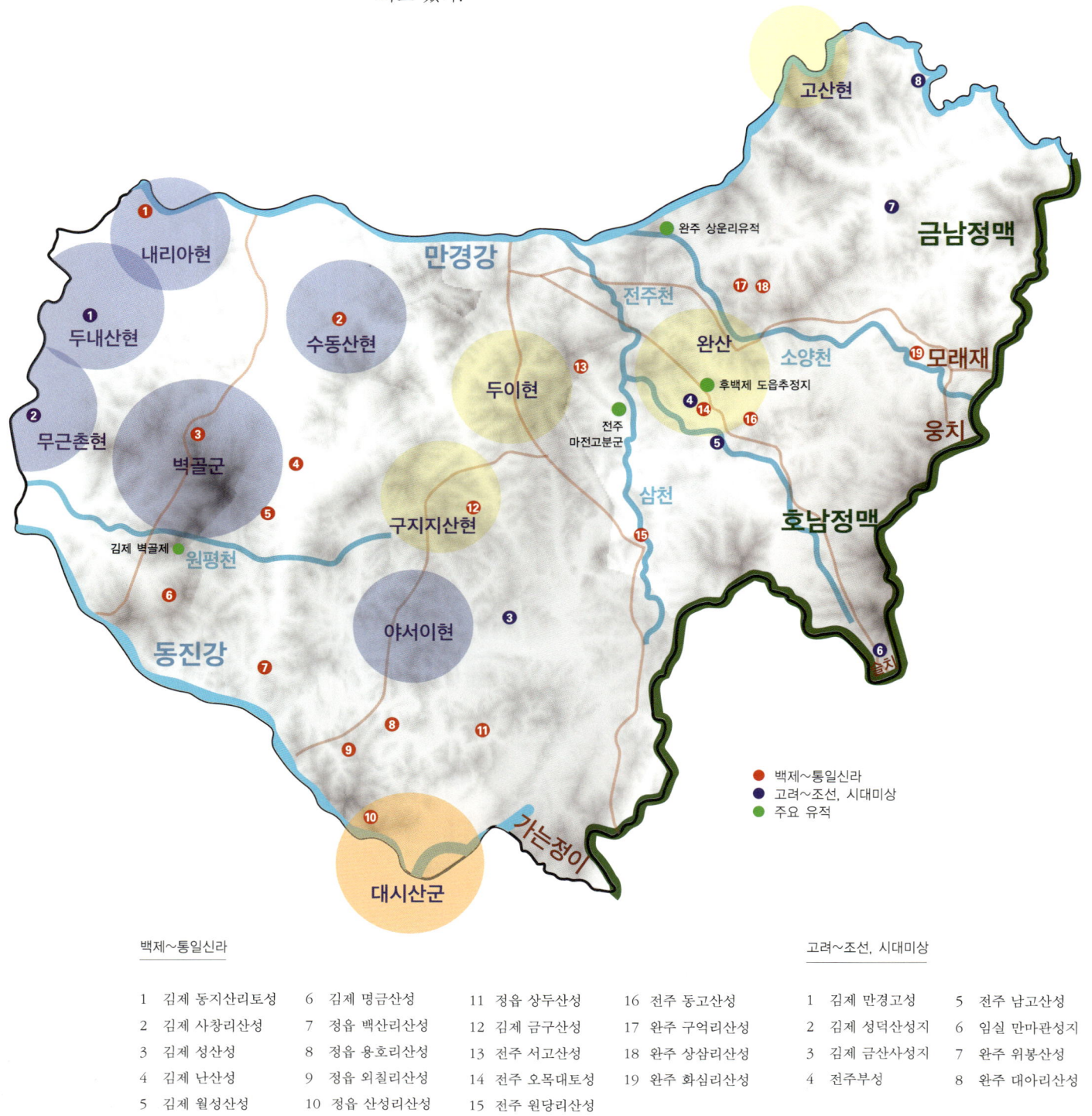

만경강과 동진강유역 주변의 성곽

백제~통일신라

1 김제 동지산리토성	6 김제 명금산성	11 정읍 상두산성
2 김제 사창리산성	7 정읍 백산리산성	12 김제 금구산성
3 김제 성산성	8 정읍 용호리산성	13 전주 서고산성
4 김제 난산성	9 정읍 외칠리산성	14 전주 오목대토성
5 김제 월성산성	10 정읍 산성리산성	15 전주 원당리산성

16 전주 동고산성	
17 완주 구억리산성	
18 완주 상삼리산성	
19 완주 화심리산성	

고려~조선, 시대미상

1 김제 만경고성	5 전주 남고산성
2 김제 성덕산성지	6 임실 만마관성지
3 김제 금산사성지	7 완주 위봉산성
4 전주부성	8 완주 대아리산성

발굴 조사된 성곽

전주 동고산성

기린봉(307.3m)에 위치하는 둘레 1,574m의 포곡식 산성이다. 1980년 개괄 조사 중 대형 건물터에서 '전주성 이름이 찍힌 연꽃무늬 막새기와'가 발견됨으로써 주목을 받았으며, 그 중요성을 인정받아 전라북도 기념물로 지정되었다. 이후 1990년부터 2019년까지 1~8차에 걸친 발굴 조사로 성벽을 비롯하여 대형 건물터, 성벽을 따라 줄지어 조성한 건물터들, 북문·동문·서문의 위치와 변화 양상, 성벽의 대대적인 개축을 확인하였다. 또한 성벽의 네 모서리에 익성翼城이라고 부르는 시설을 설치한 것이 특징적이다. 〈전주성황사중창기全州城隍祠重創記〉에는 동고산성에 대하여 '이곳이 바로 견훤의 옛 궁터라고 전해오는 곳이다'라고 기록되어 있어 예부터 후백제와 관련성이 언급되어 온 곳으로, 건물터의 크기나 출토된 유물들을 봤을 때 후백제의 왕궁성이나 후백제 도성의 배후 산성으로 추정하고 있다.

전주 동고산성 전경(항공촬영)

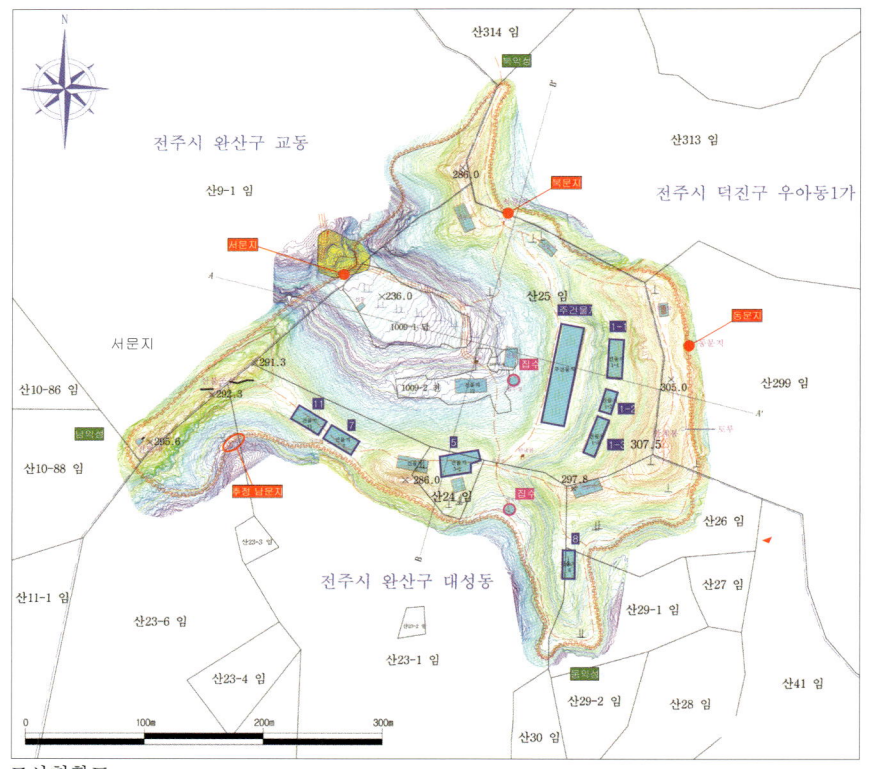
조사현황도

서문 터

북문 터(항공촬영)

1·2차 성벽 중복모습

082

'전주성'을 찍은 수막새
'全州城'銘圓瓦當
Convex Roof-end Tile with
Stamped Letters 'Jeonju-Seong(全州城)'

통일신라 말~고려 초
전주 동고산성
지름 15
국립전주박물관

083

토기
土器
Potteries

백제
전주 동고산성
너비 16.8(오른쪽)
국립전주박물관(참고자료)

084

수키와
圓瓦
Convex Roof Tile

백제
전주 동고산성
길이 16.6
국립전주박물관(참고자료)

085

'관'을 찍은 암키와
'官'銘平瓦
Flat Roof Tile with Stamped Letters 'Gwan(官)'

통일신라 말~고려 초
전주 동고산성
길이 30.6
국립전주박물관(참고자료)

086

토기 조각
土器片
Shards of Pottery

통일신라
전주 동고산성
너비 15.9(왼쪽)
국립전주박물관

087

청자 조각
靑磁片
Shards of Celadon

통일신라 말~고려 초
전주 동고산성
너비 9.5(오른쪽)
국립전주박물관

전주 서고산성

황방산(해발 215m)의 남쪽 기슭에 위치하는 둘레 764m의 테뫼식 산성이다. 서고산성에 대한 발굴 조사는 2차례에 걸쳐 이루어졌다. 조사는 남서성벽과 서성벽에 대한 조사가 진행되었다. 성벽은 처음에 판축 기법으로 쌓은 토축성을 나중에 되파고, 다시 석성으로 개축한 것으로 조사되었다. 후대에 토성을 석성으로 개축할 때는 장방형의 가공한 돌을 이용하여 편축 기법으로 바른층쌓기를 하였으며, 성의 안쪽도 보강하였다. 내부 시설에 대한 조사는 아직 이루어지지 않았지만, 출토 유물이나 성벽 축조 기법을 볼 때 백제 때 처음 축조되어 통일신라시대에 개축이 이루어진 것으로 보인다. 백제시대부터 통일신라시대까지 완산 서부 지역의 핵심 거점 성곽으로 활용되었을 것으로 추정하고 있다.

서고산성 위치와 조사 범위

조사 지역 원경(남에서)

조사 지역 전면부 전경(남에서)

체성부 단면

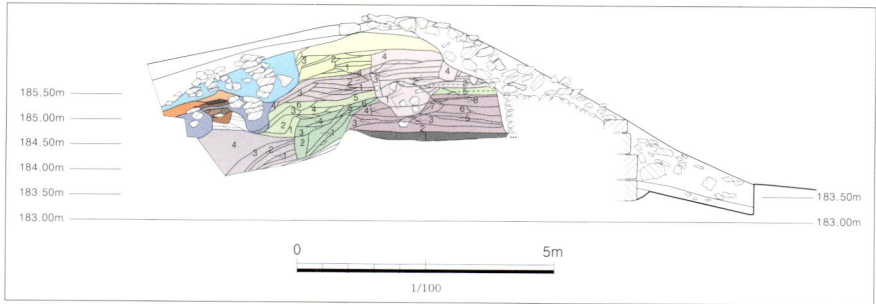
서고산성 남서성벽 남-북 층위도

088

수키와
圓瓦
Convex Roof Tiles

백제
전주 서고산성
길이 18(왼쪽)
전라문화유산연구원(참고자료)

089

연꽃무늬 수막새
蓮花文圓瓦當
Roof-end Tiles with Lotus Design

백제
전주 서고산성
지름 16.7(오른쪽)
전라문화유산연구원

완주 구억리산성

소양천의 동쪽 해발 60m의 나지막한 구릉의 능선과 북쪽의 평지를 아우르는 둘레 980m의 포곡식 산성이다. 구억리산성에 대한 조사는 2차례에 걸쳐 서성벽과 동성벽에 대하여 이루어졌다. 성벽은 흙으로 벽을 쌓은 토성으로 정연한 판축 기법은 확인되지 않지만, 흙을 20cm 단위로 교대로 다지면서 쌓아 올라간 것으로 보인다. 성벽의 안쪽으로 집 터, 건물터, 구덩이, 집수 시설 등이 확인되고 있으며, 서성벽의 안쪽에서 확인된 건물터의 경우 망루로 추정되고 있다. 전북 지역 최대의 분구묘 유적으로 알려진 완주 상운리유적과 인접해 있어 서로 간의 연관성이 깊을 것으로 추정되며, 백제 중앙의 이 지역 거점 시설로서 중요한 역할을 수행했던 것으로 추정된다.

구억리산성과 용진읍 일원

발굴 조사 지역 전경

성벽 조사 모습

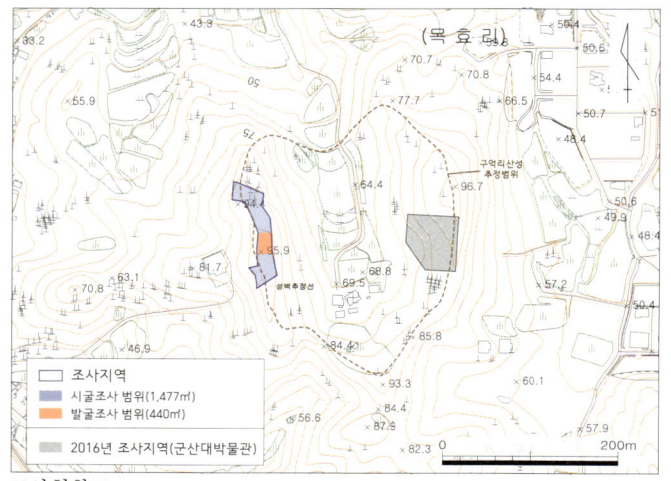
조사현황도

090

짧은목 항아리
短頸壺
Short-necked Jars

백제
완주 구억리산성
높이 9.5(오른쪽)
국립전주박물관

091

각종 토기
各種土器
Potteries

백제
완주 구억리산성
입지름 10(가운데 위)
군산대학교 가야문화연구소

김제 성산성

성산(해발 48m)의 정상부를 둘러싸고 있는 둘레 556.7m의 테뫼식 산성이다. 성산성에 대한 조사는 1차례에 걸쳐 서성벽에 대하여 이루어졌다. 성벽은 크게 3차례에 걸쳐 축조되었는데, 1차는 흙으로 벽을 쌓은 토성으로 정연한 판축 기법으로 쌓았다. 판축 기법과 관련된 나무 기둥이 성벽 중앙부에서 1기, 외곽에서 4기가 확인되었으며 외곽 나무 기둥의 간격은 120~130cm 정도이다. 2차는 기존의 성벽의 상부를 되판 후 상부에 흙으로 성토한 층이며, 마지막 3차 성벽은 2차 성벽의 상부에 쌓았으며 성의 안쪽과 바깥쪽에 2열의 석렬을 놓은 후 그 내부를 흙으로 성토하였다. 2·3차 성벽이 축성된 시기는 통일신라시대~고려시대로 벽골제를 증축할 무렵, 당시의 치소로 사용된 것으로 추정된다. 1차 성벽은 삼국시대에 축성되었을 가능성도 추정하고 있다.

김제 성산성 전경(남서에서)

조사 후 전경(1지점)

092

각종 기와
各種瓦當
Roof Tiles

통일신라~고려
김제 성산성
지름 14(오른쪽 위)
국립전주박물관

정읍 고사부리성과 주변의 성곽

정읍 고사부리성을 중심으로 동진강의 이남에도 여러 고대 성곽들이 분포하고 있다. 이 지역의 고대 성곽들은 백제의 중방과 관련된 것으로 추정되는 고사부리성을 중심으로 주변에 금사동산성·은선리산성·두승산성 등이 집중적으로 분포하고 있으며, 임실에서 호남 정맥을 넘어오는 길목에 위치한 마암리산성·평사리산성 등과 순창·담양에서 호남 정맥을 넘어오는 길목에 위치한 죽림동산성·초산성 등이 있다. 또한 부안에서 고창으로 가는 교통로에 사산리산성·소산리산성·부곡리산성·장동리산성이 위치하며, 부안 우금산성이 높은 곳에서 주변을 조망하고 있다. 부안군(옛 개화현)에는 상소산성과 수문산성, 백산성이 나지막한 구릉에 자리잡고 있다. 고창 지역에는 예지리토성, 서해안의 왕촌리산성, 장성에서 고창으로 넘어오는 길목의 고산성이 위치하고 있다. 이 지역 성곽들은 정읍 고사부리성을 중심으로 주요 교통로에 위치하는 특징을 보인다.

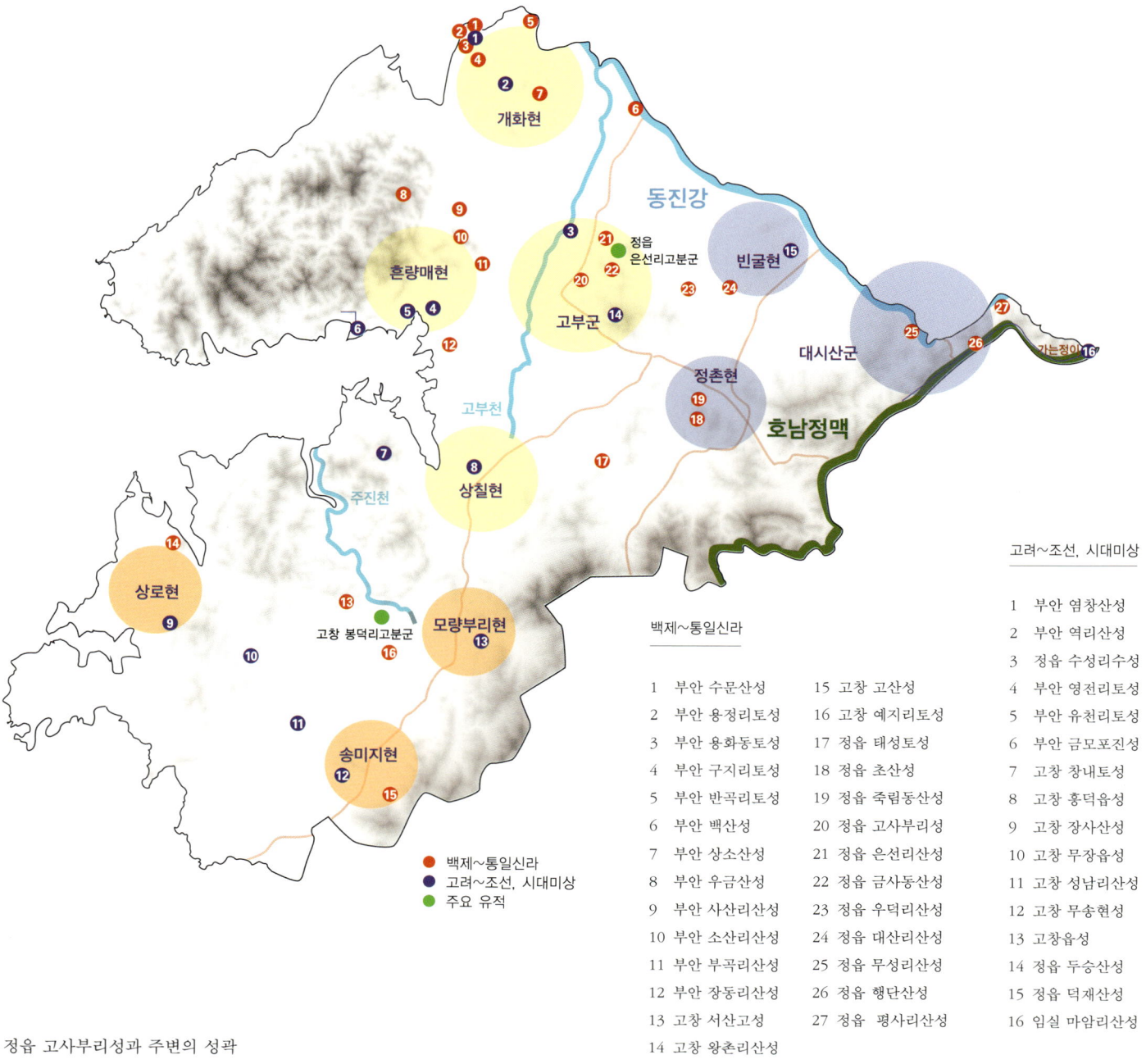

정읍 고사부리성과 주변의 성곽

백제~통일신라

1 부안 수문산성
2 부안 용정리토성
3 부안 용화동토성
4 부안 구지리토성
5 부안 반곡리토성
6 부안 백산성
7 부안 상소산성
8 부안 우금산성
9 부안 사산리산성
10 부안 소산리산성
11 부안 부곡리산성
12 부안 장동리산성
13 고창 서산고성
14 고창 왕촌리산성
15 고창 고산성
16 고창 예지리토성
17 정읍 태성토성
18 정읍 초산성
19 정읍 죽림동산성
20 정읍 고사부리성
21 정읍 은선리산성
22 정읍 금사동산성
23 정읍 우덕리산성
24 정읍 대산리산성
25 정읍 무성리산성
26 정읍 행단산성
27 정읍 평사리산성

고려~조선, 시대미상

1 부안 염창산성
2 부안 역리산성
3 정읍 수성리수성
4 부안 영전리토성
5 부안 유천리토성
6 부안 금모포진성
7 고창 창내토성
8 고창 흥덕읍성
9 고창 장사산성
10 고창 무장읍성
11 고창 성남리산성
12 고창 무송현성
13 고창읍성
14 정읍 두승산성
15 정읍 덕재산성
16 임실 마암리산성

발굴 조사된 성곽

정읍 고사부리성

성황산(해발 133m)의 두 봉우리를 둘러싸고 있는 둘레 1,050m의 테뫼식 산성으로 백제의 성곽 중 대형급에 속한다. 고사부리성에 대한 조사는 2002년 민락정지의 발굴 조사를 시작으로 모두 9차례 이루어졌다. 수차례에 걸쳐 민락정 건물터, 객사 터, 내부 건물터, 성문 터(북문·서문·남문), 성벽(남성벽·서성벽·남서성벽·북서성벽), 수구지와 집수 시설 등 다양한 유구들이 조사되었다. 성벽은 삼국시대에 처음 축성되었으며 통일신라시대까지는 편축 기법과 협축 기법을 이용한 석성이었으나, 고려시대와 조선시대에 일부 토성으로 개축된 것으로 판단된다. 성문 터는 북문과 서문의 경우 어긋문으로 확인되었고 남문의 경우 열린문으로 확인되었다. 고사부리성은 삼국시대부터 조선시대까지 오랜 기간 치소로 사용한 성곽으로, 백제의 중방과 관련된 성으로 추정되고 있다.

두승산에서 바라본 고사부리성

고사부리성 근경(항공촬영)

고사부리성 북문 터(항공촬영)

남성벽 모습(항공촬영)

남성벽 모습

집수 시설

집수 시설 바닥

093

토기 조각
土器片
Shards of Pottery

백제
정읍 고사부리성
길이 9.6(오른쪽 위)
국립전주박물관

094

암키와
平瓦
Flat Roof Tiles

백제
정읍 고사부리성
길이 15(왼쪽)
국립전주박물관

095

주름무늬 병
皺文瓶
Bottle with Wrinkled Design

통일신라
정읍 고사부리성
높이 13
국립전주박물관

096

병
瓶
Bottle

통일신라
정읍 고사부리성
높이 17.4
국립전주박물관

097

물고기 모양 철제품
漁形鐵製品
Metal Fish-shaped Object

통일신라
정읍 고사부리성
길이 32.9
국립전주박물관

098

중국제 청자대접
中國製靑磁大楪
Chinese Celadon Dishes

중국 당
정읍 고사부리성
지름 18.8(가운데)
국립전주박물관

099

분청사기 귀면제기
粉靑沙器鬼面祭器
Buncheong Monster Mask-shaped Ritual Vessel

조선
정읍 고사부리성
높이 16.2
국립전주박물관

100

백자 코끼리 모양 제기
白磁象尊
White porcelain Ritual Vessel

조선
정읍 고사부리성
길이 30(왼쪽)
국립전주박물관

101

연꽃무늬 수막새
蓮花文圓瓦當
Convex Roof-end Tile with
Lotus Design

조선
정읍 고사부리성
지름 16.8
국립전주박물관

102

글자를 찍은 암막새
銘文平瓦當
Flat Roof-end Tile with
Stamped Letters

조선(1503년)
정읍 고사부리성
너비 28.5
국립전주박물관(참고자료)

103

글자를 찍은 암막새
銘文平瓦當
Flat Roof-end Tile with
Stamped Letters

조선(1734년)
정읍 고사부리성
너비 24.7
국립전주박물관

부안 백산성

백산(해발 47.4m)의 정상부를 중심으로 여러 겹의 환호環濠를 시설한 원삼국~삼국시대의 취락이다. 부안 백산성에 대한 1965년 지표 조사에서는 토성으로 보고되었지만 최근 조사를 통하여 환호와 같은 방어 시설을 한 취락으로 파악되었다. 발굴 조사는 2차례 이루어졌는데, 백산의 정상부를 4중으로 감싸고 있는 환호 시설(둘레 1,064m)이 확인되었으며, 내부에서는 원삼국~삼국시대 집자리 19기가 확인되었다. 환호는 성곽이 출현하기 이전의 방어 시설로서, 전북 지역에서 본격적인 성곽이 등장하기 전 방어 시설의 모습을 보여 주는 유적이다.

부안 백산성 원경(항공촬영)

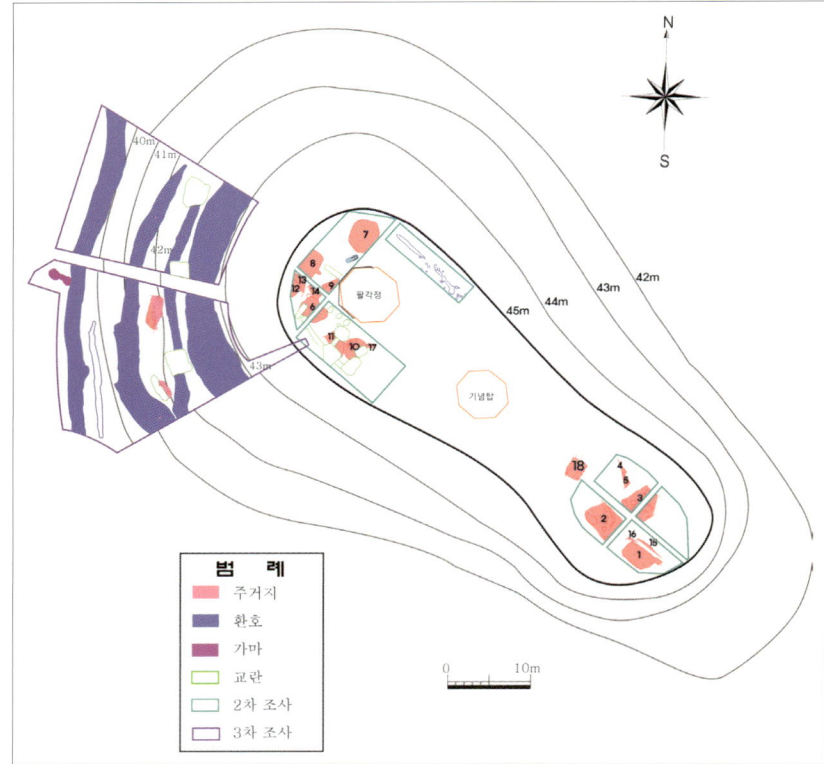

유구분포도

4중 환호 모습

7호 집자리 모습

104

둥근바닥 항아리
圓底短頸壺
Jar

원삼국
부안 백산성
높이 40.2
국립전주박물관

105

바리
鉢
Bowls

원삼국
부안 백산성
높이 12(오른쪽)
국립전주박물관

106

받침모루
內拍子
Anvils Used in Pottery Production

원삼국
부안 백산성
높이 7.5(오른쪽)
국립전주박물관

107

굽다리 접시
高杯
Mounted Dish

원삼국
부안 백산성
높이 7.6
국립전주박물관

고창 예지리토성

태봉(해발 111.9m)의 정상부를 둘러싸고 있는 둘레 361m의 테뫼식 산성이다. 예지리토성에 대한 조사는 현재까지 2차례 시굴 조사가 이루어졌다. 정상부를 중심으로 목책열로 추정되는 도랑과 나무 기둥이 확인되어 건물터가 있었을 가능성이 있으며, 성벽은 자연 경사면 일부를 깎아 내고 직각의 판재를 댄 후 일정한 두께로 얇은 판처럼 켜켜이 조성하여 다짐한 토성으로 파악되었다. 또한 마한과 관련된 토기 조각도 확인되어 일찍부터 이용되고 유지되어 온 것으로 추정된다.

조사 전 원경

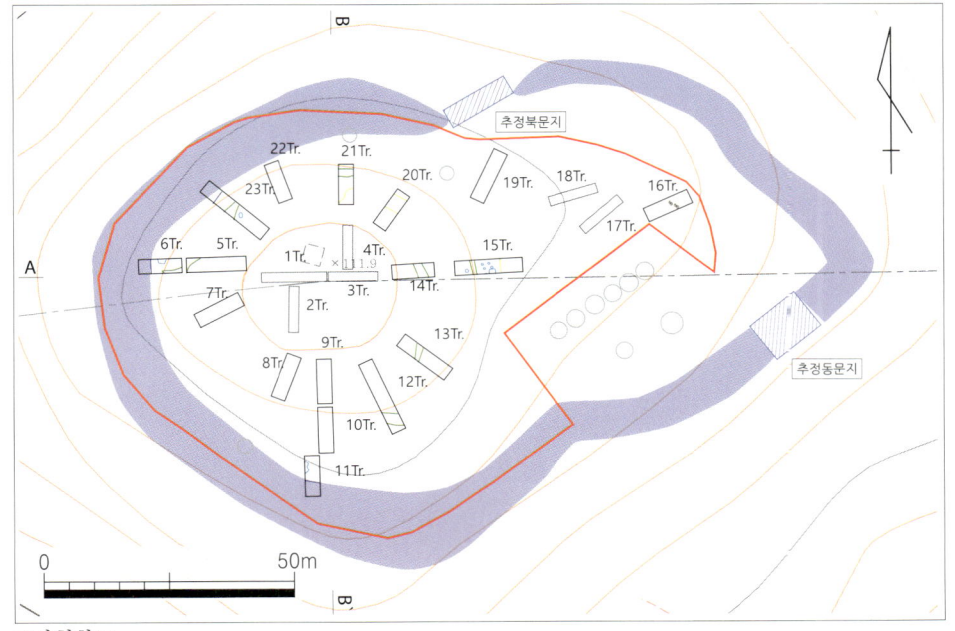

조사현황도

시굴 조사(1차) 1지점 전경

시굴 조사(1차) 2지점 전경

금강 유역과 금남 호남 정맥 북쪽의 성곽

금남 호남 정맥에 위치한 장수군 뜬봉샘(해발 897m)에서 발원하는 금강은 장수군과 진안군을 거쳐 무주군으로 흐른다. 이 지역은 백제의 백이군伯伊郡과 진잉을군進仍乙郡에 속하는 영역으로 금남 호남 정맥의 북쪽에 위치하고 있다. 고대 성곽들은 물거현物居縣(현재의 용담면)을 중심으로 집중적으로 분포하고 있으며, 백두대간의 육십령*을 넘어 진안 방면으로 진입하는 주요 교통로에도 삼봉리산성을 비롯하여 일부 성곽이 축성되어 있다. 또한 현의 치소성으로 추정되는 성곽들도 확인되고 있다. 고대 성곽이 물거현 지역에 집중적으로 분포된 것은 이 지역이 금강 중류와 금남 정맥을 넘어 익산이나 논산 지역으로 진출하거나, 역으로 금강 중류에서 금강 상류 지역으로 진출하기 위한 중요한 교통의 거점이었기 때문으로 추정된다.

* 육십령: 요해要害가 한 곳이니, 육십령六十嶺이다고 알려졌다. 현縣의 북쪽 40리, 경상도 안음현安陰縣의 경계에 있다. 신라시대로부터 요해지要害地로서 행인이 이곳에 이르면 늘 도적에게 약탈을 당하므로 반드시 60명이 되어야만 지나가고는 하였다. 이것이 이름이 되었다.(『新增東國輿地勝覽』권39, 장수현, 산천 조.)

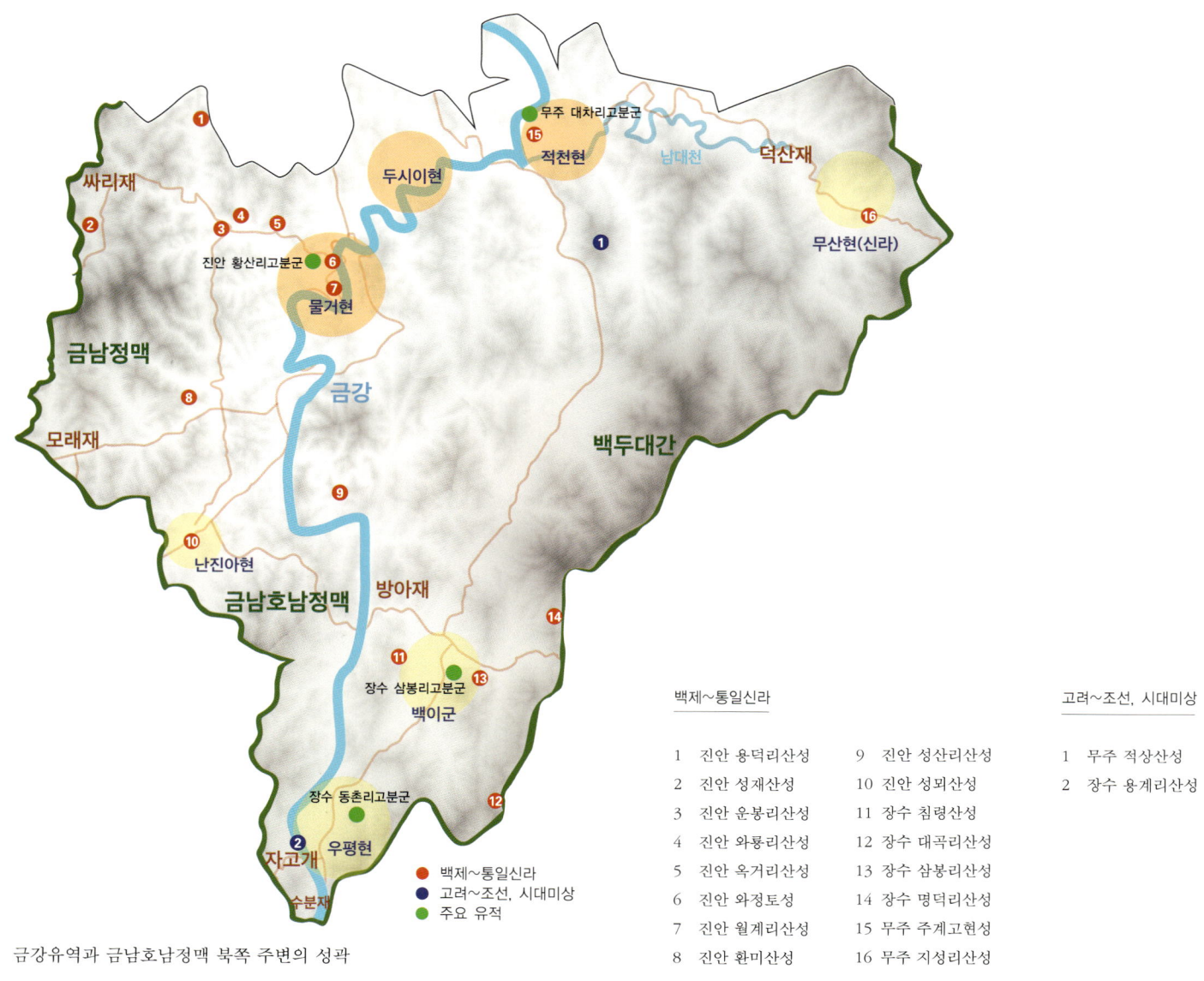

금강유역과 금남호남정맥 북쪽 주변의 성곽

발굴 조사된
성곽

**진안
와정토성**

현재 용담댐의 북쪽에서 서쪽으로 향하는 지방도 795호선 3km 지점에 'S'자로 선회하는 곳의 호안護岸에 가까운 섬으로 남아 있는 둘레 312m의 목책 토성이다. 2차례에 걸친 조사 결과, 사다리꼴에 가까운 평면 형태로 목책이 100~150cm 이상의 깊이로 박혀 있으며, 기둥의 지름은 30cm 내외로 확인되었다. 성의 안과 바깥쪽에 나무를 세우고 중간에 가로로 대를 대어 내부에 흙을 채운 방식으로 토루를 축조한 것으로 보인다. 서쪽 목책에 치 또는 문 터로 추정되는 곳은 깬돌이나 냇돌을 이용해 쌓은 것으로 추정된다. 와정토성의 형성 및 폐기 연대는 5~6세기경으로 추정되고 있으며, 백제의 진안 용담 지역의 진출 거점이자 대가야 세력의 금강 상류 진출을 위한 수륙 교통의 핵심지로써 양측의 격전지였을 것으로 추정하고 있다.

진안 와정토성 전경   현재모습

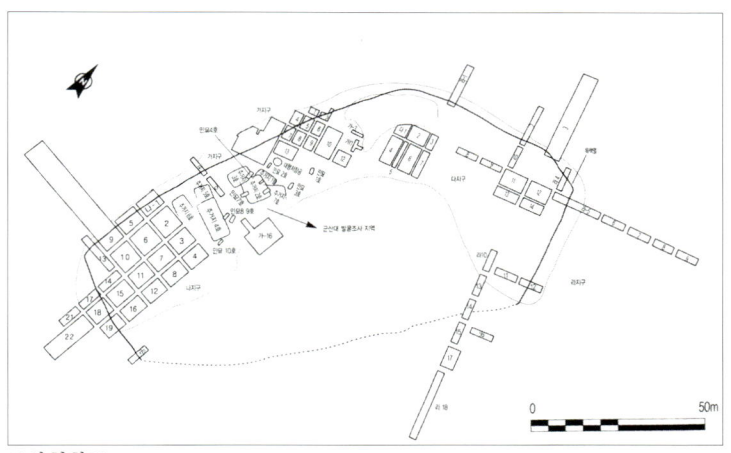

조사현황도

집 터 조사 후 모습

6호 구들시설

저장공

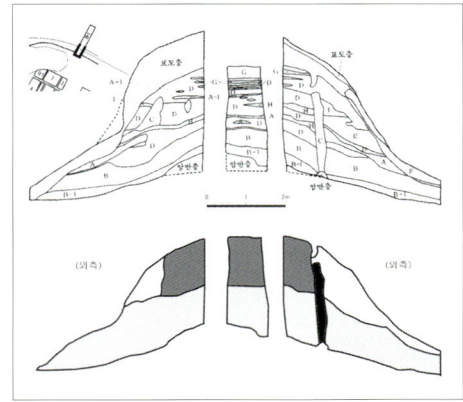

진안 와정토성 성벽 토층도(라-1Tr)

108

뚜껑
蓋
Lids

백제
진안 와정토성
입지름 12.9(오른쪽)
국립전주박물관(참고자료)

109

세발 접시
三足土器
Tripod Pottery

백제
진안 와정토성
높이 6
국립전주박물관(참고자료)

110

항아리
壺
Jar

백제
진안 와정토성
높이 15.5
국립전주박물관

111

깊은 바리
深鉢形土器
Bowls

백제
진안 와정토성
높이 11.2(왼쪽)
국립전주박물관

진안 월계리산성

금강 상류 방면으로 돌출된 능선의 말단부 산봉(해발 320m)과 동쪽 골짜기를 감싸고 있는 둘레 584m의 포곡식 산성이다. 월계리산성은 시굴 조사와 발굴 조사가 1차례씩 이루어졌다. 조사 결과 성벽 관련 시설과 수구, 건물터(초석, 적심), 석렬, 소성 유구, 구상 유구 등이 확인되었다. 성곽의 평면 형태는 동벽과 서벽은 남북 방향으로 긴 직선을 이루고, 남쪽은 동서로 짧지만 북쪽은 넓고 뾰족한 모양을 지녀 오각형의 배舟와 같은 형태가 확인되었다. 성곽을 축조하기 위해 완만한 구릉 사면을 'L' 자형 또는 계단식으로 삭토해 기저부를 조성하였으며, 적심부는 다듬지 않은 부정형 할석을 외성벽과 내성벽 사이에 채워 넣었다. 내성벽은 허튼층쌓기 방식을 사용했는데, 내성벽 상단부와 하단부의 석재가 축조 방식의 차이가 있어 후대에 개축되었을 것으로 추정된다. 성벽의 중단부에는 수구가 시설되었다. 진안 월계리산성은 와정토성, 황산리고분과 함께 진안에서 충남 금산군을 지나 대전광역시, 충북 옥천군을 연결하는 핵심 교통로에 위치하여 입지적으로 중요한 의미를 가지고 있다. 초축된 시기는 삼국시대(6~7세기)로 보이며, 나말여초(8~9세기)까지 운영되었을 것으로 추정하고 있다.

진안 월계리산성 전경

조사현황도

성벽 조사 모습

수구시설(서에서)

112
도장기와
印章瓦
Roof Tiles with Stamped Symbol

백제
진안 월계리산성
길이 18.7(오른쪽)
전라문화유산연구원

113
암키와
平瓦
Flat Roof Tile

백제
진안 월계리산성
너비 40.4
전라문화유산연구원(참고자료)

114
도장기와
印章瓦
Roof Tile with Stamped Symbol

백제
진안 월계리산성
너비 8.7
전라문화유산연구원

진안 운봉리산성

성재산(해발 433m)의 정상에 축조된 둘레 298m의 테뫼식 산성이다. 운봉리산성은 1차례 발굴 조사가 이루어졌다. 조사 결과, 현재 3~5m 높이와 4m 내외의 규모를 지닌 성벽과 함께 정상부 평탄면에서는 건물터와 배수 시설이, 성 내부에서는 집 터와 토광묘, 미상 유구 등이 확인되었다. 성벽은 주로 내탁식으로 축성되었으며, 북벽과 동벽의 일부는 협축식으로 축조된 것이 확인되었다. 북쪽 내탁식 성벽은 서쪽으로 갈수록 모서리의 모를 죽여 가는 형태로 석축 끝부분을 마감하였고 석축 성벽 내측에 토축이 확인되었다. 구간별로 성돌의 형태와 축성 방식이 달라 후대에 개축된 것으로 추정된다. 운봉리산성은 운봉리 봉수와 동서로 1km 정도 떨어져 있으며, 탁고개와 주자천을 비롯한 수륙의 교통로를 감시하기 위해 축성된 것으로 추정된다.

진안 운봉리산성 위치

조사 지역(항공촬영)

북벽

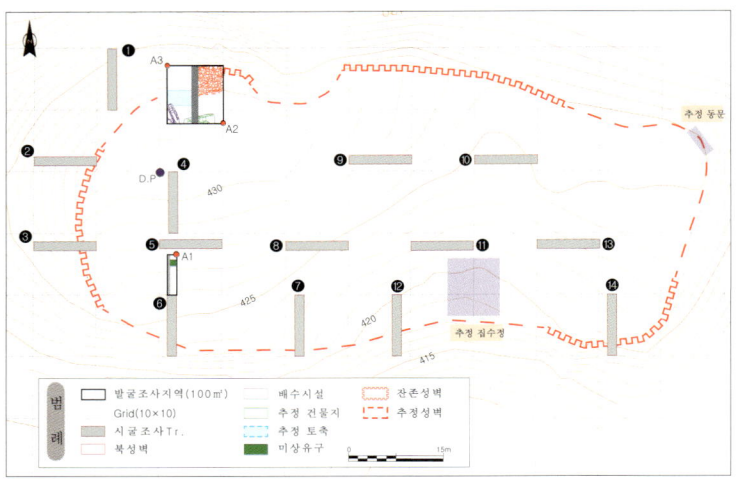
조사현황도

115
'尒生'글자가 새겨진 항아리
'尒生'銘壺
Jar with Inscription of 'Isaeng(尒生)'

삼국
진안 운봉리산성
너비 21.5
전주문화유산연구원

116
각종 토기
各種土器
Potteries

신라
진안 운봉리산성
입지름 13.7(오른쪽)
전주문화유산연구원

진안 환미산성

가치마을 동쪽 두 봉우리(해발 540m)와 서쪽의 8부 능선을 감싼 둘레 150m의 테뫼식 산성이다. 환미산성은 1차례 시굴 조사가 이루어졌다. 성벽은 내·외측을 모두 쌓은 협축식이며, 외벽의 경우, (세)장방형으로 가공된 석재를 수평 줄쌓기 방식으로 축조되었다. 내측이 잔존한 구간에서 역경사 공법이 확인되고, 문 터는 현문식일 가능성이 높아 신라의 석축산성으로 알려진 남원 아막성과 유사한 형태를 지니고 있다. 토축 성벽을 깎아 낸 다음 석축 성벽을 축성하였고, 내측에서 백제 기와가 확인됨에 따라 백제가 토성으로 축성하여 운영하다가 신라 또는 그 이후에 석축 성벽으로 개축했을 가능성이 있다. 성곽은 남쪽이 좁고, 북쪽이 넓은 역삼각형의 형태를 지니고 있다. 산성의 동쪽에는 금남호남 정맥의 고갯길이자 금강과 섬진강 수계를 최단 거리로 연결해 주는 가치마을이 위치하고, 남쪽에는 정자천이 흐르고 있어 이 주변의 내륙 교통로를 관할하는 기능을 담당했을 것으로 추정된다.

진안 환미산성 전경

조사 지역(항공촬영)

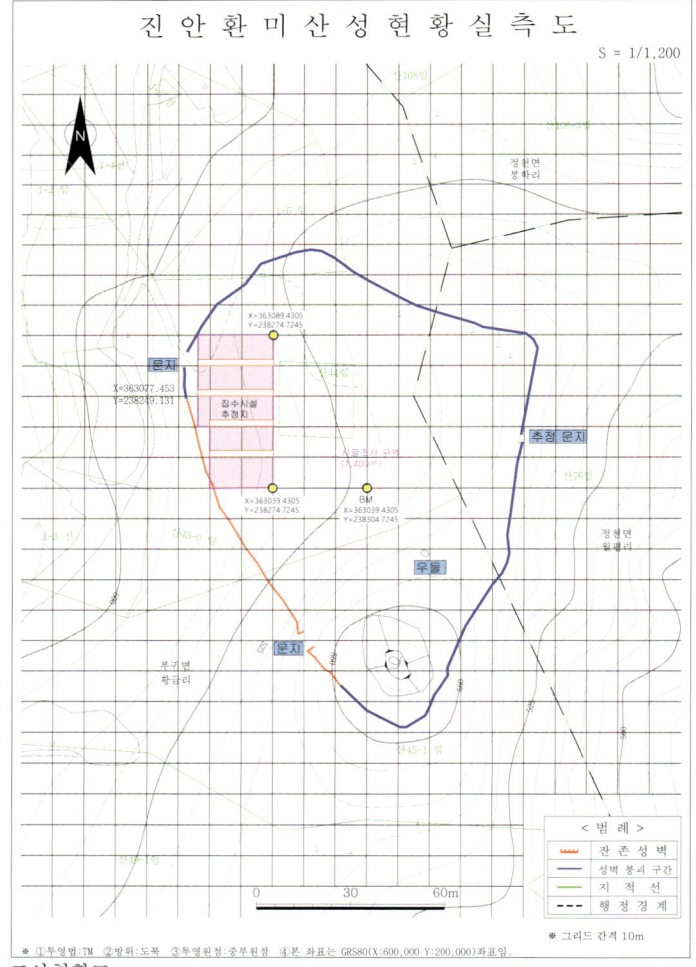
조사현황도

서남쪽 성벽

남문 터

117
기와
瓦
Roof Tiles

삼국~통일신라
진안 환미산성
길이 20(가운데)
군산대학교 가야문화연구소

장수 삼봉리산성

백화산에서 동북쪽으로 뻗어 내린 지류의 정상부(해발 120m)에 위치한 둘레 340m의 테뫼식 산성이다. 삼봉리산성은 1차례의 시굴 조사와 2차례의 발굴 조사가 이루어졌다. 조사를 통해 삼국시대 봉화로 추정되는 기초 시설 1기와 통일신라시대 화장묘 2기, 동북·서남으로 배치된 주공이 확인되었다. 성곽은 지형을 따라 타원형에 가깝게 조성되었으며 동북쪽에 익성처럼 돌출되어 있는 형태가 확인되었다. 잔존 상태가 양호한 서쪽과 남쪽 성벽을 고려할 때 편축식으로 축조된 것으로 보인다. 남쪽 외성벽은 자연 암반을 다듬고 할석을 깔아 면을 맞추었으며 그 위에 30~40cm 크기의 할석을 가로로 쌓아 축조되었다. 산성의 동북쪽에는 장수와 함양을 잇는 주요 교통로인 육십령과 이를 방어하기 위한 장수 명덕리산성이 자리한다. 가야 성곽과 축성기법이 유사해 가야와 관련성이 제기되고 있다.

장수 삼봉리산성 원경(서에서)

장수 삼봉리산성에서 바라본 모습

장수 삼봉리산성 전경(동에서)

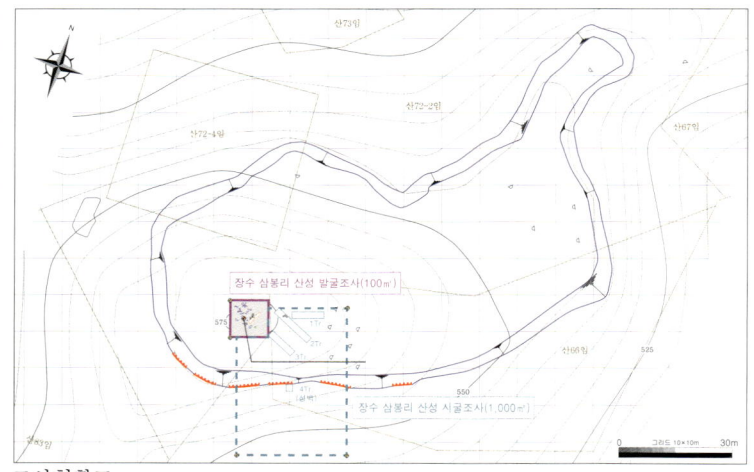
조사현황도

남쪽 성벽

집수 시설

118

각종 토기
各種土器
Potteries

삼국(왼쪽), 가야(오른쪽)
장수 삼봉리산성
복원지름 12.4(오른쪽)
국립전주박물관

119

뚜껑 있는 굽다리 사발
有蓋臺附盌
Mounted Bowl with Lid

통일신라
장수 삼봉리산성
높이 8.7(오른쪽)
국립전주박물관

장수 침령산성

장수군 장계면의 서쪽을 감싸고 있는 금남 호남 정맥의 지류의 정상부에 위치한 둘레 500m 내외의 포곡식 산성이다. 1차례의 지표 조사와 시굴 조사, 4차례의 발굴 조사가 진행되었다. 조사 결과 북쪽의 고지는 좁고 남쪽의 계곡은 넓게 아우르는 사다리꼴 형태로 성벽 일부와 문 터, 치, 건물 대지, 집수 시설 등이 확인되었다. 성벽은 내탁, 편축 공법으로 축조되었는데, 남쪽은 사각추 모양으로 다듬어 줄을 쌓았지만 북쪽은 다듬지 않은 석재로 허튼층쌓기 되어 있다. 이를 바탕으로 성벽의 축조에 여러 번 개·보수가 있었음을 추정할 수 있다. 침령산성의 북쪽에는 금남 호남 정맥의 큰 고갯길이자 영남에서 전주로 이어지는 지리적 요충지인 방아재가 위치하는데 입지상 방아재를 감시하고 방어했을 것으로 보인다.

장수 침령산성 원경

장수 침령산성 조사 지역(항공촬영)

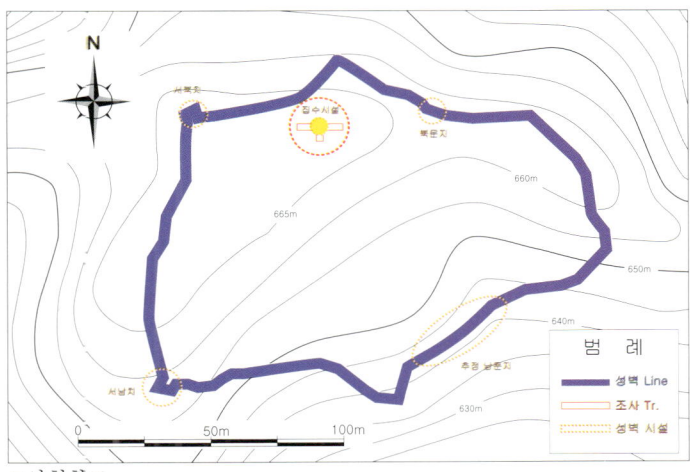
조사현황도

남쪽 성벽

북쪽 성벽 내벽

치성벽

대형건물터(항공촬영)

집수 시설(항공촬영)

집수 시설 동쪽 호안석축

120

짧은목 항아리
短頸壺
Short-necked Jar

백제
장수 침령산성
높이 24.4
국립전주박물관

121

짧은 굽다리 접시
短脚高杯
Mounted Dishes with Short Leg

신라
장수 침령산성
높이 5.4(오른쪽)
국립전주박물관

122

벼루
硯
Inkstone

삼국~통일신라
장수 침령산성
너비 16.2
국립전주박물관(참고자료)

123

항아리
壺
Jars

통일신라
장수 침령산성
높이 13(오른쪽)
국립전주박물관

124

주름무늬 병
皺文瓶
Bottle with Wrinkled Design

통일신라
장수 침령산성
높이 10.7
국립전주박물관

125

수키와
圓瓦
Convex Roof Tiles

통일신라~고려
장수 침령산성
길이 34.2(오른쪽)
국립전주박물관(참고자료)

섬진강 유역과 금남 호남 정맥 남쪽의 성곽

팔공산(해발 1,151m) 자락의 깃대봉 데미샘에서 발원하는 섬진강은 진안과 임실·순창·남원을 거쳐 곡성으로 흐른다. 이 지역은 백제의 임실군任實郡과 도실군道實郡(지금의 순창), 고룡군古龍郡(지금의 남원)의 영역에 속하는 지역으로 금남 호남 정맥의 남쪽에 위치하고 있다. 고대 성곽들은 임실군 관촌면과 삼계면을 중심으로 집중적으로 분포하고 있으며, 섬진강을 따라 주요 교통로에도 여러 성곽이 축성되어 있다. 또한 임실 월평리산성이나 장수 봉서리산성과 같은 주요 교통로가 교차하는 지점에도 성곽들이 분포하고 있다. 전북 동부 지역 내에서도 이 지역에 고대 성곽이 집중적으로 분포된 것은 이 지역이 지리적으로 상당히 중요한 지역이었음을 보여 준다.

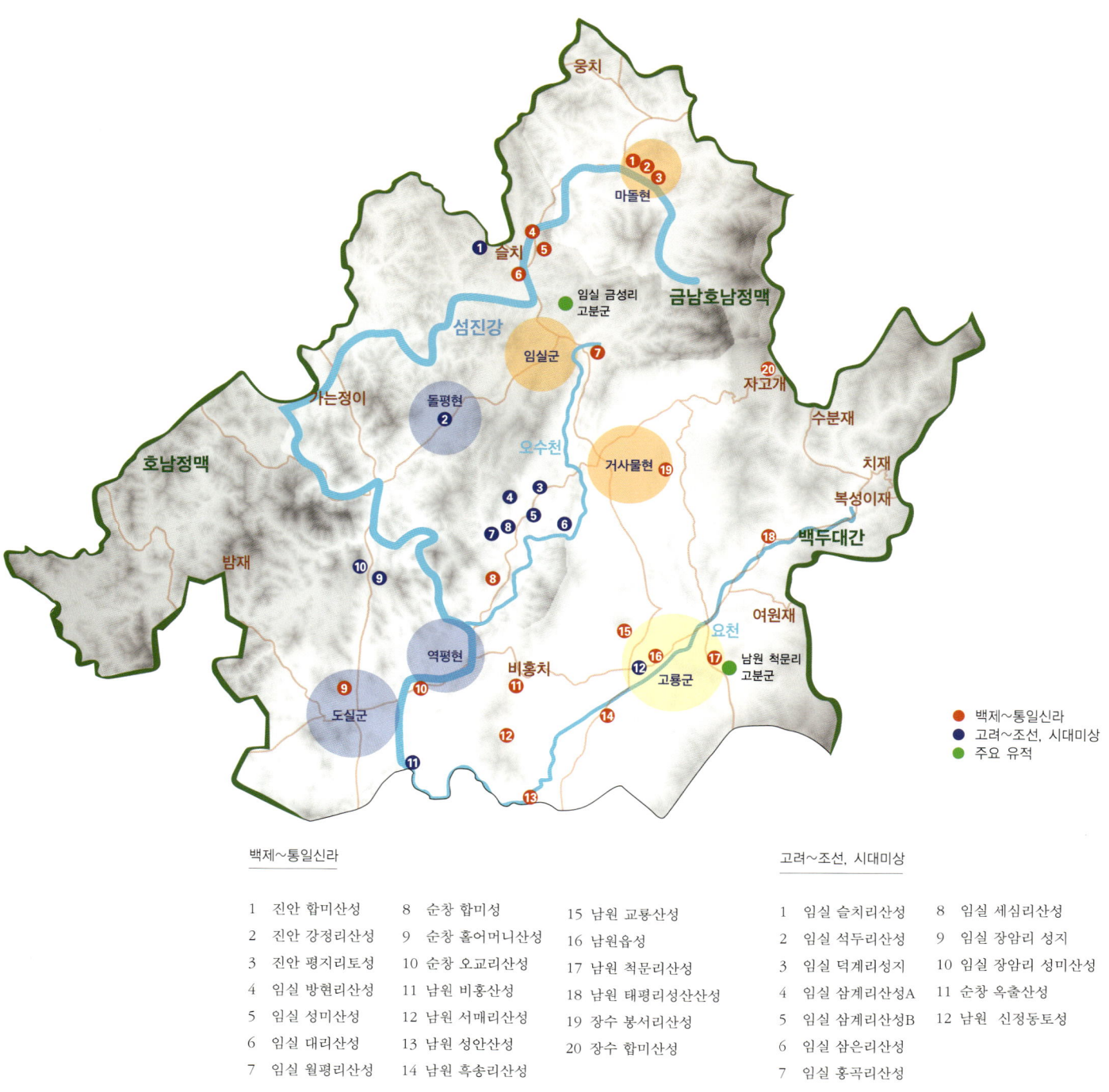

섬진강유역과 금남호남정맥 남쪽의 성곽

백제~통일신라

1. 진안 합미산성
2. 진안 강정리산성
3. 진안 평지리토성
4. 임실 방현리산성
5. 임실 성미산성
6. 임실 대리산성
7. 임실 월평리산성
8. 순창 합미성
9. 순창 홀어머니산성
10. 순창 오교리산성
11. 남원 비홍산성
12. 남원 서매리산성
13. 남원 성안산성
14. 남원 흑송리산성
15. 남원 교룡산성
16. 남원읍성
17. 남원 척문리산성
18. 남원 태평리성산산성
19. 장수 봉서리산성
20. 장수 합미산성

고려~조선, 시대미상

1. 임실 슬치리산성
2. 임실 석두리산성
3. 임실 덕계리성지
4. 임실 삼계리산성A
5. 임실 삼계리산성B
6. 임실 삼은리산성
7. 임실 홍곡리산성
8. 임실 세심리산성
9. 임실 장암리 성지
10. 임실 장암리 성미산성
11. 순창 옥출산성
12. 남원 신정동토성

발굴 조사된
성곽

진안 합미산성

마령면 강정리 월운마을 남쪽의 해발 400m 내외의 산·봉우리에 둘레 608m로 축조된 테뫼식 산성이다. 합미산성은 3차례 발굴 조사가 이루어졌다. 조사 결과 3동의 건물터와 반원형 석축 유구가 확인되었다. 동쪽과 서북쪽은 내탁식이며, 북쪽과 서남쪽은 협축식으로 축조된 것으로 확인되었다. 문 터는 서쪽을 제외한 3개소에서 확인되고, 성벽은 유실 정도가 심해 면석은 하단부에서만 확인되고 상부에서는 뒷채움석만 잔존해 있다. 하부는 장방형, 세장방 형태로 치석된 다양한 크기의 석재를 줄쌓기방식으로 쌓았으며 상부는 할석으로 허튼층을 쌓은 양상을 보인다. 삼국시대부터 이용된 것으로 보이며, 내부 건물터의 조성 시기는 출토 유물로 보아 9세기 이후로 판단된다.

진안 합미산성 전경

동성벽

남문 터(항공촬영)

건물터 조사 후 모습(서에서)

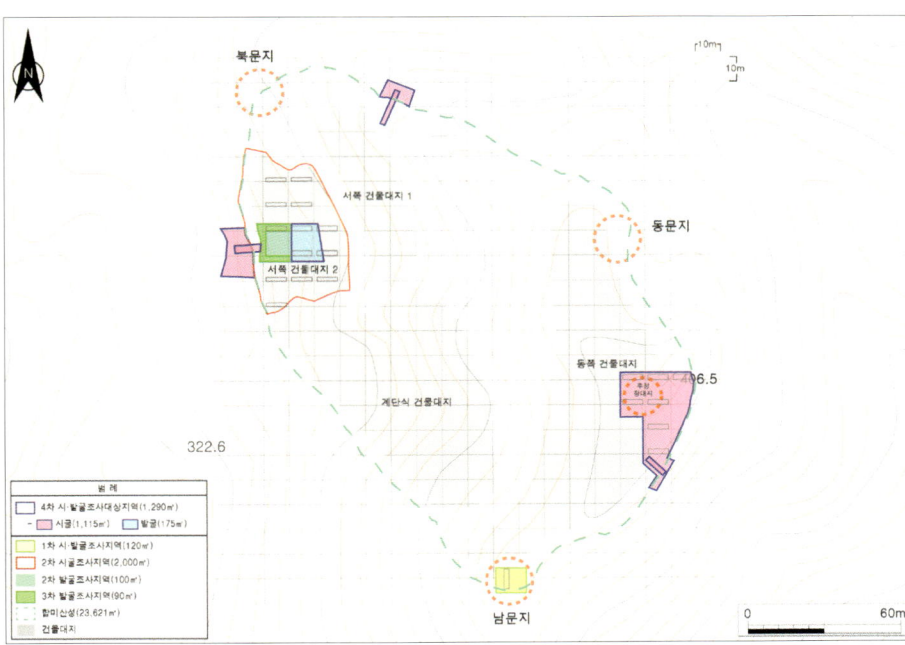
조사현황도

126
각종토기
各種土器
Potteries

백제
진안 함미산성
너비 10(오른쪽)
전라문화유산연구원

127
기와
瓦
Roof Tiles

백제
진안 함미산성
길이 10(가운데)
전라문화유산연구원

128
주름무늬 병
皺文瓶
Bottle with Wrinkled Design

통일신라
진안 합미산성
너비 5
전라문화유산연구원

129
'관'을 찍은 기와
'官'銘文瓦
Roof Tile with Stamped Letters 'Gwan(官)'

통일신라 말~고려 초
진안 합미산성
길이 10
전라문화유산연구원

임실 성미산성

성미산(해발 430m) 정상부를 에워싸고 있는 둘레 518m의 테뫼식 석축 산성이다. 평면 형태는 장타원형으로 북고남저의 지형을 이루고 있다. 조사 결과 성벽은 내·외벽을 모두 쌓고 그 사이를 석재로 채운 협축식으로 확인되었다. 성벽의 상단부와 하단부의 축조 상태가 달라 2차례 이상의 개축이 있었던 것으로 추정된다. 성벽의 기초부일 것으로 추정되는 내벽과 외벽 하단부 일부는 생토면을 'ㄴ'자형으로 파낸 다음 성벽을 축조할 때 장방형의 석재를 사용하여 수평으로 줄쌓기를 하였다. 고대부터 교통과 군사의 요충지로 추정되며, 주변에는 오원천을 사이에 끼고 방현리산성, 대리산성 등이 분포하고 있어 신라와 백제가 첨예하게 대립하던 6~7세기에 걸쳐 격전지였음을 추정할 수 있다.

성미산성과 섬진강

임실 성미산성 전경

임실 성미산성 허튼층쌓기

집수 시설 전경

130

도장기와
印章瓦
Roof Tiles with Stamped Letters

백제
임실 성미산성
너비 16(왼쪽)
국립전주박물관

131

도장기와
印章瓦
Roof Tiles with Stamped Letters

백제
임실 성미산성
너비 31.2(왼쪽)
국립전주박물관

132

뚜껑
蓋
Lid

백제
임실 성미산성
높이 6.4
국립전주박물관(참고자료)

133

짧은목 항아리
短頸壺
Short-necked Jar

백제
임실 성미산성
높이 34
국립전주박물관

금동으로 만든 부처
金銅佛立像
Gilt-bronze Buddha Sculpture

통일신라
임실 성미산성
높이 9.7
국립전주박물관

임실 월평리산성

성수면 월평리 성밑마을의 북쪽에 솟아있는 산(해발 250m)의 정상부와 그 남쪽의 계곡부를 아우르는 둘레 580m의 포곡식 석축산성이다. 평면형태는 사다리꼴이며, 북고남저의 지형으로 동쪽과 서쪽에 평평한 대지가 형성되어 있다. 성벽은 내·외벽을 모두 쌓고, 그 사이를 채운 협축식으로 확인되었다. 성벽의 하단부를 점성이 강한 점토로 보강하였으며, 보강면 위에 납작한 강돌을 깔았다는 점이 특징적이다. 성곽 내부에서는 시기를 달리한 건물터 2기(백제·후삼국)와 조선시대 우물 1기가 확인되었다. 또한, 북쪽·동쪽·남쪽에 3개의 성문 터가 확인된다.

월평리산성은 진안고원이나 장수에서 임실로 오는 길과 남원에서 전주로 가는 길의 삼각지점에 위치하며, 동-서와 남-북 교통로가 교차하는 교통의 요충지에 있어, 고대부터 상당히 중요한 성곽으로 사용된 것으로 보인다.

월평리산성 전경

월평리산성 남벽

월평리산성 건물터 중복모습

135
토기조각
土器片
Shards of Pottery

백제
임실 월평리산성
길이 9(왼쪽 위)
군산대학교 가야문화연구소(참고자료)

136
기와
瓦
Roof Tiles

백제
임실 월평리산성
길이 19.3(오른쪽)
군산대학교 가야문화연구소

137

수레바퀴무늬 수막새
車輪文圓瓦當
Convex Roof-end Tiles with Cart Design

통일신라
임실 월평리산성
길이 10.6(왼쪽)
군산대학교 가야문화연구소

138

글자를 찍은 기와
銘文瓦
Roof Tiles with Stamped Letters

통일신라
임실 월평리산성
길이 9.9(오른쪽)
군산대학교 가야문화연구소

139

도장
印章
Stamp

통일신라
임실 월평리산성
길이 5
군산대학교 가야문화연구소

140
주름무늬 병
皺文瓶
Bottle with Wrinkled Design

통일신라
임실 월평리산성
높이 4.7
군산대학교 가야문화연구소

141
편병
扁瓶
Flat Bottle

통일신라
임실 월평리산성
높이 26.8
군산대학교 가야문화연구소(참고자료)

장수 합미산성

팔공산에서 남쪽으로 뻗은 지류의 정상부부터 남사면(해발 800~825m)에 걸쳐 둘레 443m로 축성되어 있다. 합미산성은 1차례의 지표 조사와 4차례의 발굴 조사가 이루어졌다. 조사 결과 마름모에 가까운 평면 형태를 가지고 있으며 모든 구간이 돌로 축조된 것이 확인되었다. 성벽은 협축식으로 축조된 것으로 추정되며, 대체로 장방형의 성돌로 정연하게 줄쌓기되었으나, 일부 형태(가공 방법)가 달라 부분적으로 개축되었을 가능성이 있다. 외벽은 방형 성돌을 혼용하여 '品' 자형으로 쌓은 것으로 확인되었다. 외벽 안쪽은 부정형의 할석을 맞물리게 쌓아 견고하게 하였으며, 내벽은 수직에 가까운 형태이나 외벽에 비해 조잡한 것이 특징이다. 부속 시설로 서북쪽 모서리와 남쪽 중앙에 추정 문 터가 있으며, 서쪽과 서남쪽, 동쪽에 3개소의 치가 확인되었다. 산성 내부에는 계단상의 평탄지가 형성되었으며, 건물터와 집수 시설 등 부속 시설이 조사되었다. 합미산성은 삼국시대부터 통일신라시대를 거쳐 후삼국시대까지 운영된 것으로 추정되며, 금강과 섬진강 수계권을 연결해주는 관문으로서 북쪽의 원수봉 봉수와 함께 자고개를 감시 및 방어할 목적으로 축조된 것으로 보인다.

장수 합미산성 전경

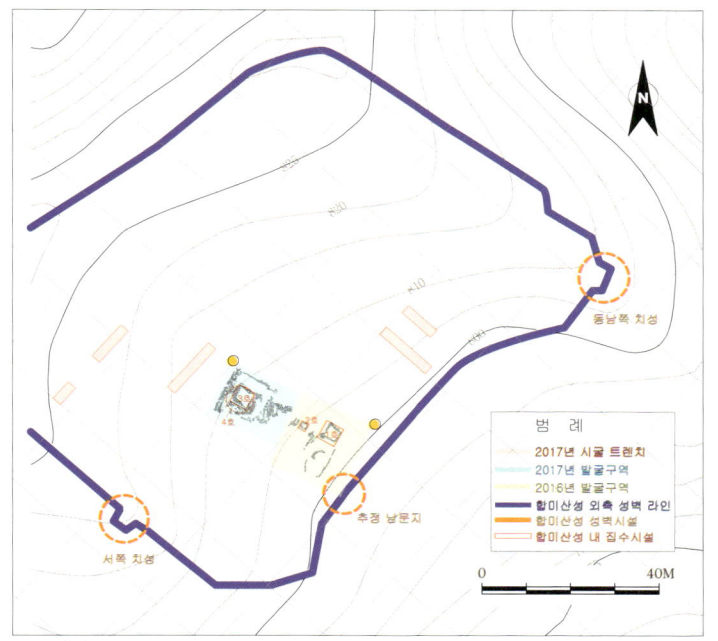
조사현황도

집수 시설(항공촬영)

성벽

치 세부

수구 세부

142

도장기와
印章瓦
Roof Tiles with Stamped Symbol

백제
장수 함미산성
길이 19.3(가운데)
국립전주박물관

143
뚜껑과 접시
蓋·杯
Lid and Dish

백제
장수 합미산성
지름 10.5(접시)
국립전주박물관(참고자료)

144
뚜껑과 굽다리 바리
蓋·臺附盌
Lids and Mounted Bowl

통일신라
장수 합미산성
입지름 12.6(오른쪽)
국립전주박물관

145
연꽃무늬 수막새
蓮花文圓瓦當
Convex Roof-end Tiles with Lotus Design

통일신라 말~고려 초
장수 합미산성
지름 17.1(왼쪽 위)
국립전주박물관

146
수키와
圓瓦
Convex Roof Tiles

통일신라 말~고려 초
장수 함미산성
길이 14.4(오른쪽)
군산대학교 가야문화연구소(참고자료)

147
절구모양 토제품
臼形土製品
Clay Object of Mortal Design

삼국~통일신라
장수 함미산성
높이 7.1
국립전주박물관

장수 봉서리산성 (남원 성시리산성)

장수군 산서면 봉서리와 남원시 보절면 성시리를 경계 짓는 성산城山의 정상부(해발 365m 내외)를 감싸고 있는 둘레 900m 정도의 테뫼식 산성이다. 봉서리산성은 2차례 시굴 조사와 1차례 발굴 조사가 이루어졌다. 삼각형에 가까운 평면 형태를 가지고 있으며, 문 터와 집수 시설로 추정되는 석렬 및 석재 등이 확인되었다. 성 내·외측으로 다양한 축성 방법(삭토법, 기초보강법, 구덩이기초식, 바른층쌓기+허튼층쌓기, 유사 판축 기법 등)이 사용된 것이 확인되었다.

산성의 내부는 서고동저의 지형으로 남쪽을 중심으로 평탄 대지가 발달해 있다. 성벽은 구간별로 다른 축성 기법을 가지는데, 외측은 내탁 기법으로 선행되어 축성되었으며, 외벽은 장방형으로 다듬은 석재를 바른층쌓기와 허튼층쌓기를 혼용해 축조한 것으로 확인되었다. 체성부 내측은 기저부에 마사토를 흙과 번갈아 성토 다짐한 것이 특징이다.

봉서리산성은 주변의 충적 대지와 금강 및 섬진강 수계권을 조망할 수 있는 위치에 입지해 있어 행정은 물론 군사적으로도 핵심 거점일 것으로 추정되며, 성곽은 백제 사비기에 초축된 후 나말여초까지 지속적으로 운영된 것으로 추정된다.

봉서리산성 원경

봉서리산성에서 바라본 산서면 일대

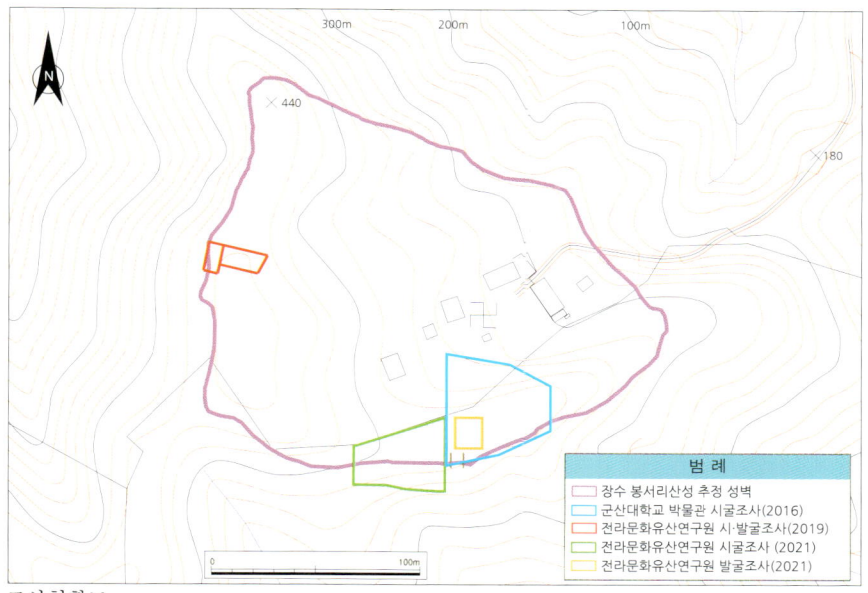

조사현황도

북서 성벽

집수 시설

148
글자를 찍은 기와
銘文瓦
Roof Tile with Stamped Letters

삼국~통일신라
장수 봉서리산성
길이 11.7
국립전주박물관

149
글자를 찍은 기와
銘文瓦
Roof Tile with Stamped Letters

삼국
장수 봉서리산성
너비 18
전라문화유산연구원

150
토기
土器
Pottery

통일신라
장수 봉서리산성
너비 15.8
국립전주박물관

151
굽다리 바리
臺附盌
Mounted Bowl

통일신라
장수 봉서리산성
높이 7.5
전라문화유산연구원

152
암막새
平瓦當
Flat Roof-end Tile

통일신라
장수 봉서리산성
너비 27.5
전라문화유산연구원

153
암키와
平瓦
Flat Roof Tiles

통일신라
장수 봉서리산성
길이 23.5(오른쪽)
전라문화유산연구원(참고자료)

154
금동귀걸이
金銅耳飾
Gilt-bronze Earings

통일신라(추정)
장수 봉서리산성
지름 3(왼쪽)
국립전주박물관

순창 합미성

신흥마을의 뒷산 산봉(해발 265.8m)을 감싸고 있는 테뫼식 석축 산성이다. 성곽은 동봉과 서봉, 남쪽의 짧은 곡부를 감싼 형태로 축조되었다. 순창 합미성은 시굴 조사와 발굴 조사가 각각 2차례씩 이루어졌다. 조사 결과 문 터와 내·외성벽 축조 양상이 확인되었고, 집수 시설, 초석 건물지, 수혈, 소결층, 주공 등이 확인되었다. 성곽은 북쪽의 경우 능선의 정상부에, 동벽과 서벽은 정상부에서 남쪽으로 이어지는 능선부에, 남벽은 주봉의 남쪽 사면에 축조되었다. 문 터는 '-'자형의 평문으로 열린문이며, 전체적으로는 장방형의 형태를 띠고 있다. 산사면을 계단식으로 삭토였고, 측벽은 장방형으로 다듬은 석재를 바른층쌓기로 축조하였다. 성문에서는 나무기둥이 확인되었으며, 성벽은 협축식으로 축성되었으나 일부 내탁 형태로 기초 시설을 마련한 것을 볼 때 협축과 내탁을 혼용한 축성 방법이 쓰인 것으로 보인다. 외성벽은 정읍 고사부리성, 익산 미륵산성, 장수 침령산성의 축조 기법과 비슷하게 상단으로 올라갈수록 들여쌓기 형식이 확인되며 석재와 석재 사이를 그랭이 기법으로 틈 없이 맞추고 일부 '品'자형의 쌓기 방식도 확인되었다. 조사된 집수 시설과 출토 유물로 볼 때 백제가 축성하고, 나말여초기에 재사용된 것으로 추정된다.

조사현황도

동문 터 조사 후 모습

집수 시설(항공촬영)

집수 시설 북벽

155

뚜껑
蓋
Lid

백제
순창 합미성
입지름 11.3
전라문화유산연구원(참고자료)

156

짧은목 항아리
短頸壺
Short-necked Jar

통일신라
순창 합미성
높이 17
전라문화유산연구원

157

기와
瓦
Roof Tiles

통일신라
순창 합미성
높이 13.5(오른쪽)
전라문화유산연구원

순창 홀어머니산성

대모산(해발 183m)의 정상부와 계곡부에 자리한 포곡식 산성이다. 6차례에 걸친 발굴 조사가 진행되었다. 조사 결과 황과 성벽, 남문 터, 집수 시설, 소성 유구, 수혈 유구 등이 확인되었다. 서쪽과 남쪽의 성벽에서는 황이 확인되었으며, 성벽은 다짐층을 굴착하고 기저부를 단단하게 쌓은 후 내탁법으로 축조된 것으로 보인다. 일부에서는 성벽을 개보수한 흔적과 접합한 부분이 확인되어 성벽의 전반적인 축조 과정이 나타난다. 순창 읍내와 담양으로 향하는 교통로를 관망하기 용이한 위치에 축조되었으며 백제 때 초축된 이래 조선시대 초기까지 군창으로 사용되었다. 또한 건물터에서 '官'자형 기와가 출토됨에 따라 행정 업무가 수행된 치소성 역할을 하였던 것으로 추정된다.

북문 터 동측벽 외벽

조사현황도

서성벽 조사 후(항공촬영)

북성벽

외벽 근경

후대 성문

158

'三秀'가 새겨진 기와
'三秀'銘瓦
Flat Roof Tiles with Inscription of 'Samsu(三秀)'

백제
순창 홀어머니산성
너비 26(왼쪽)
국립전주박물관

159

암키와
平瓦
Flat Roof Tiles

백제
순창 홀어머니산성
너비 12(왼쪽)
국립전주박물관(참고자료)

160
'정우원년'을 새긴 수키와
'延祐元年'名圓瓦
Convex Roof Tile with inscription of
'Jeong-uwonnyeon(延祐元年)'

고려
순창 홀어머니산성
길이 14.9
국립전주박물관(참고자료)

161
순창 홀어머니산성 출토품
淳昌大母山城 出土品
Artifacts from Hol-aomeoni Mountain Fortress in Sunchang

통일신라(아래), 고려(위)
순창 홀어머니산성
높이 6.4(왼쪽 위)
국립전주박물관(참고자료)

백두대간과 남강 유역의 성곽

백두대간이란 백두산에서 시작되어 금강산·설악산·태백산·소백산을 거쳐 지리산으로 이어지는 큰 산줄기로, 과거부터 역사와 문화의 주요 구분점이었다. 남원 지역의 운봉·아영분지의 경우 백두대간의 동쪽에 위치하며, 남강 유역권에 속해 백두대간 서쪽의 섬진강 유역권과 구분되고 있다. 백두대간을 넘어 전북 동부 지역으로 진출하기 위한 고개인 육십령이나 치재, 여원재와 같은 주요 고개는 예부터 중요한 교통로로 사용되었다. 이러한 고개를 방어하기 위하여 여러 성곽들이 백두대간을 따라 축성되었다. 특히 운봉·아영분지에는 고개를 중심으로 여러 성곽들이 축성되어 있는데, 이 성곽들은 백두대간의 고갯길을 차지하기 위한 치열한 격전의 중심적인 역할을 한 것으로 보인다.

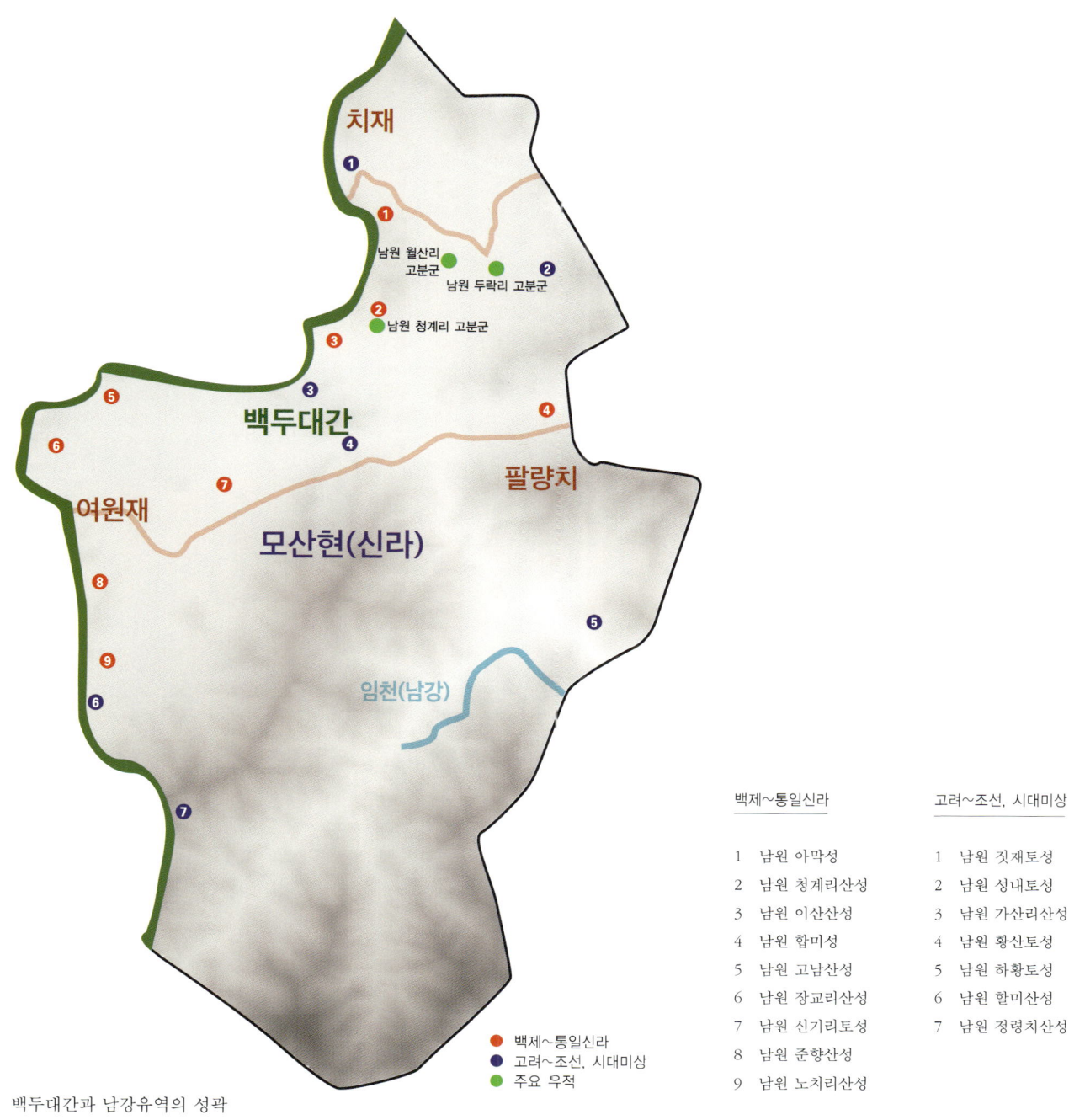

백제~통일신라	고려~조선, 시대미상
1 남원 아막성	1 남원 짓재토성
2 남원 청계리산성	2 남원 성내토성
3 남원 이산산성	3 남원 가산리산성
4 남원 합미성	4 남원 황산토성
5 남원 고남산성	5 남원 하황토성
6 남원 장교리산성	6 남원 할미산성
7 남원 신기리토성	7 남원 정령치산성
8 남원 춘향산성	
9 남원 노치리산성	

● 백제~통일신라
● 고려~조선, 시대미상
● 주요 우적

백두대간과 남강유역의 성곽

발굴 조사된 성곽

남원 아막성

백두대간의 시리봉(해발 777.7m)의 북쪽으로 뻗어 내린 산줄기 상에 축성된 둘레 640m 내외의 테뫼식 석축 산성이다. 북쪽의 짓재토성과 함께 치재와 복성이재를 방어하고 감시하는 역할을 했을 것으로 추정되며 백두대간의 여러 성곽 가운데 최대 규모를 자랑한다. 아막성의 조사는 최근인 2020년에 시작되었다. 성벽은 가공된 돌을 사용하여 협축 기법으로 바른층쌓기를 하였으며, 내부에서 건물터와 초대형 집수 시설 등이 확인되었다. 출토된 유물이나 유구가 대부분 6세기 중후반에서 7세기 전반경에 해당하며 신라와의 관련성이 높아 『삼국사기』에 기록된 아막성阿莫城으로 추정되고 있다.

남원 아막성 원경

남원 아막성 전경(항공촬영)

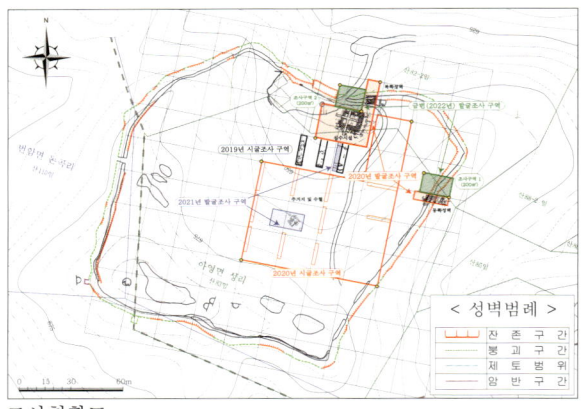
조사현황도

남원 아막성 성벽

남원 아막성 집수 시설

남원 아막성 집수 시설 세부

162

가야토기
伽倻土器
Potteries of Gaya

가야
남원 아막성
높이 8.5 (가운데)
군산대학교 가야문화연구소

163

신라토기
新羅土器
Potteries of Silla

신라
남원 아막성
높이 3 (왼쪽)
군산대학교 가야문화연구소

164

동물을 새긴 토기
動物文土器
Pottery with Inscription of Animal

신라
남원 아막성
길이 8.5
군산대학교 가야문화연구소

165

용도미상 토기
用途未詳土器
Potteries of Uncertain Purpose

신라
남원 아막성
높이 3.5 (오른쪽)
군산대학교 가야문화연구소

역사의 흔적을 간직하다

EMBODYING THE TRACES OF HISTORY

전북 지역의 성곽에는 수많은 역사의 흔적이 간직되어 있습니다. 왕궁리유적을 중심으로 고도인 익산 지역을 방어하는 주변 성곽들이 현재에도 그 자리를 지키고 있으며, 한성기~웅진기 백제의 진출을 보여 주는 완주 배매산성과 진안 와정토성과 같은 성곽들도 있습니다. 그리고 전북 지역은 백제 지방의 주요 거점이었던 다섯 개의 방성(5방성五方城) 중에 2개가 있었을 것으로 추정되는 곳으로, 백제의 사비기 지방 통치에서 상당히 중요한 지역이었습니다. 전북 동부 지역은 백제·가야·신라가 서로 영역을 확장하려고 전쟁을 벌인 장소였으며, 견훤甄萱(재위892~935)은 전주를 후백제의 도읍으로 정하기도 했습니다. 최근의 성곽 조사로 새로운 역사의 자취들이 확인되고 있습니다. 비록, 아직도 많은 수의 성곽들이 조사되지 못하여 당시 모습을 자세히 알기는 어렵지만, 1,500년 동안 지켜 온 성곽의 최근 조사 성과들은 전북 지역 고대 역사에 대해 새롭게 말해 주고 있습니다.

Numerous vestiges of history remain in the fortresses of the Jeollabuk-do region. Many of the fortresses built around the archaeological site Wanggung-ri to protect the old capital of Iksan have survived. There are also fortresses testifying to the advance of the Baekje Kingdom during the Hanseong and Ungjin periods, including Baemaesanseong Fortress in Wanju and Wajeongtoseong Fortress in Jinan. The Jeollabuk-do region appears to have contained two of the five bang provinces designated by the Baekje Kingdom for the purposes of local governance. The eastern portion of the Jeollabuk-do region was a site of conflict where Baekje, Gaya, and Silla fought to expand their territories. Gyeonhwon, the founder of Later Baekje, named Jeonju as the capital of his fledgling kingdom. Recent investigations into fortresses have provided new historical evidence on their construction and use. Since many fortresses have yet to be researched, it is difficult to know more about the exact circumstances of the time when they were being used. Nonetheless, the findings of recent investigations into these fortresses that have stood for 1,500 years testify to the ancient history of the Jeollabuk-do region.

1
백제의 지방 통치와 성곽

고도 익산과 주변 방어 체계

백제 제30대 무왕武王(재위 600~641년)대에 수도로 여겨지는 익산 왕궁리유적과 그 주변 성곽의 분포를 살펴보면 백제가 익산 왕궁리유적 주변으로 효율적인 방어 체계를 갖추기 위해 노력한 것을 알 수 있다. 백제는 무왕대에 익산에 왕궁 시설을 운영하면서 왕궁을 방어하기 위해 체계적인 방위 시설을 갖춘 것으로 보인다. 특히 익산토성은 왕궁리유적과 가장 가까운 산성으로 왕궁리유적과 익산토성의 관계는 '왕궁-방어성'으로 추정된다. 고도 익산의 방어 체계는 이원적 방어 체계를 갖춘 것으로 보이는데, 미륵사지를 중심으로 북쪽의 낭산산성부터 남쪽의 익산토성까지 호형으로 배치된 익산 지역의 방어선과 그 외곽으로 높은 산악 지대에 배치된 완주 지역의 방어 성곽이 있다. 첫 번째 방어선은 국가 사찰인 미륵사지와 왕궁인 왕궁리유적을 방어하기 위한 성격으로 추정되며 다른 하나는 동쪽으로부터의 신라 침공을 대비하기 위한 것으로 주요 교통로에 집중적으로 성곽을 축조하였다.

익산토성과 왕궁리유적

익산 왕궁리유적 전경

166

'중부을와'를 찍은 기와
'中卩乙瓦'銘印章瓦
Roof Tile with Stamped Letters
'Jungbueulwa(中卩乙瓦)'

백제
익산 왕궁리유적
길이 24
국립전주박물관

167

'후부을와'를 찍은 기와
'後卩乙瓦'銘印章瓦
Roof Tile with Stamped Letters
'Hubueulwa(後卩乙瓦)'

백제
익산토성
길이 10.1

168

'수부'를 찍은 기와
'首府'銘印章瓦
Roof Tile with Stamped Letters
'Subu(首府)'

백제
익산토성
길이 35

169

'북사'를 찍은 토기
'北舍'銘土器
Potteries with Stamped Letters
'Buksa(北舍)'

백제
익산토성(왼쪽), 부소산성(오른쪽)
길이 10.7(오른쪽)
국립부여박물관(오른쪽)

백제의 지방 통치와 지방 제도

웅진기 백제의 지방 통치와 배매산성

수도에 만들어진 도성과 달리 지방의 거점에 축조된 성곽은 지방 통치와 관계가 있다. 백제는 지방 통치를 효과적으로 수행하기 위해서 지방에 성곽을 축조하고 관리하였다. 웅진기 전북 지역 백제의 지방 통치를 보여 주는 성곽으로는 대표적으로 전북 서부 지역에 완주 배매산성이 있으며, 동부 지역에는 진안 와정토성이 있다. 만경강 유역을 한눈에 볼 수 있는 배매산성은 웅진기 백제의 전북 지역 지방 통치를 보여주는 상징적인 성곽이다. 배매산성의 축성 시기와 주변 대규모 고분군의 축조가 중단되는 시기가 일치해 이때부터 만경강 유역은 백제의 본격적인 지방 거점으로서의 역할을 한 것으로 보인다. 배매산성 축성 이후 이 지역에서 기존의 토착적인 무덤 양식은 사라지고, 백제 양식의 무덤으로 변화하는 것에서도 이러한 모습을 추정해볼 수 있다.

170
세발 접시
三足土器
Tripod Potteries

백제
완주 배매산성
입지름 12.3(가운데)
국립전주박물관

세발 접시와 굽다리 접시, 그릇 받침은 백제의 의례 행위 때 사용되었을 것으로 추정된다. 주로 고분이나 제사와 관련된 유적에서 출토되고 있어, 무덤을 만들거나 특별한 행사를 앞두고 있을 때 치렀을 가능성이 높다. 배매산성 출토 그릇 받침은 백제 무령왕 부부의 빈장지로 추정되는 공주 정지산 유적에서 출토된 그릇 받침과 유사하며, 다수의 세발 접시와 굽다리 접시가 확인되는 것은 배매산성이 중요한 성곽으로 기능하였음을 알려준다.

171
굽다리 접시
高杯
Mounted Dishes

백제
완주 배매산성
입지름 13.2(오른쪽)
국립전주박물관

172

뚜껑
蓋
Lids

백제
완주 배매산성
입지름 13.5(오른쪽)
국립전주박물관

173

그릇 받침
器臺
Vessel Stand

백제
완주 배매산성
높이 21.2
국립전주박물관

공주 정지산 유적 출토 그릇 받침

174

짧은목 항아리
短頸壺
Short-necked Jars

백제
완주 배매산성
높이 14.8(오른쪽)
국립전주박물관

175

자라병
扁瓶
Turtle-shaped Bottle

백제
완주 배매산성
너비 11
국립전주박물관

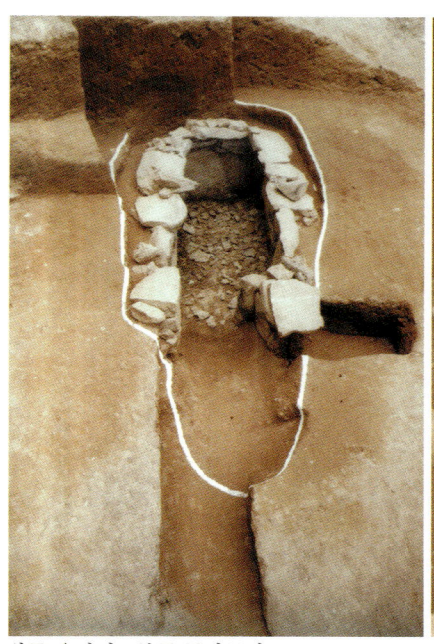

완주 은하리고분군 돌방무덤

176

뚜껑접시
蓋杯
Dishes with Lids

백제
완주 은하리고분군
입지름 10.8
국립전주박물관

177

뚜껑
蓋
Lid

백제
완주 은하리고분군
입지름 10.4
국립전주박물관

178

금동 귀걸이
金銅耳飾
Gilt-bronze Earring

백제
완주 은하리고분군
지름 2.15
국립전주박물관

완주 배매산성의 최근 조사 성과

박영민
(재)전라문화유산연구원 연구위원

칼럼 4

완주 배매산성은 완주군 봉동읍 용암리와 둔산리 소재의 배매산(해발 121.6m) 정상부를 감싸고 있는 테뫼식 토축 산성이다. 배매산은 배를 맸던 산에서 유래한 지명이며, 한때 야산夜山으로 현대 지형 지도에 표기되기도 하였다. 배매산성은 축성과 관련한 기록이나 존재 여부가 전혀 알려지지 않고 있다가, 1960년대 고故 전영래 박사의 지표 조사를 통해 학계에 처음 알려지게 되었다.(전영래 2003) 배매산은 전라북도 동부 산악 지대와 서부 평야 지대의 경계 지역 평야에 솟아 있는 낮은 야산으로, 서쪽 약 560m 지점에는 만경강의 지류인 석탑천이 남류하고, 남쪽 약 4.2km 지점에는 만경강의 본류가 서류한다. 따라서 배매산성 주변은 만경강과 석탑천 두 하천의 충적 작용에 의해 형성된 충적지가 넓게 펼쳐져 있다. 또한 동쪽 2.5km에는 전라북도 서부 평야 지대와 동부 산악 지대를 경계 짓는 호남 정맥이 남북으로 형성되어 있다. 이와 같이 배매산의 동쪽은 산지에 연결되지만 서쪽과 남쪽은 넓은 평야 지대와 낮은 구릉 지대가 넓게 펼쳐져 있으며, 남쪽은 만경강을 비롯하여 만경강 건너편인 전주시의 북쪽 시가지까지 넓은 지역을 조망하기에 매우 유리한 입지이다.

배매산성 및 발굴 조사 지점 전경

배매산성은 '배매산 배수지 공사'의 일환으로 지난 2000년 처음으로 발굴 조사가 이루어진 이후 2017년 문화재청과 (사)한국매장문화재협회가 주관하는 비지정 매장 문화재 학술 발굴 조사, 2018년과 2021년 연차적인 학술 발굴 조사 등 모두 네 차례의 발굴 조사가 이루어졌다.

2000년 완주 산업 단지 배수지 조성 공사의 일환으로 진행된 발굴 조사는 성 외측 배수장 부지의 진입 도로 부지와 성 내측 배수장 부지를 대상으로 이루어졌다. 발굴 조사 결과 성곽 외측인 '가'지구, '나'지구에서 수혈 주거지 3기와 원형 수혈 유구 31기, 성곽 내측인 '다'지구에서 목책열과 담수지 1기, 건물지 29기, 밀집 주공열 등 다수의 유구가 확인되었다. 당시 발굴 조사에서 출토된 유물은 대부분 토기류인데,

고배와 삼족 토기, 기대의 출토량이 많은 점이 특징적이다. 조사단은 배매산성을 제의용 유물이 많은 점에 착안하여 공주 정지산 유적과 비교하여 제사와 관련된 성격으로 추정하였다.(전북대학교박물관 2002) 이후 당시 발굴 조사에서 출토된 유물을 바탕으로 배매산성이 백제 한성도읍기 말에 축조되었으며, 백제의 호남지역 진출을 위한 군사적 거점 지역일 가능성이 제기된 바 있다.(박순발 2002) 또한 배매산성의 건물지를 온돌과 결합한 벽주 건물지로 규정하고 군사가 거주했던 특수 건물지로 인식하거나(권오영 외 2006) 백제 중앙 세력의 직접 지배 증거로 인식한 견해(이동희 2012)도 발표된 바 있다.

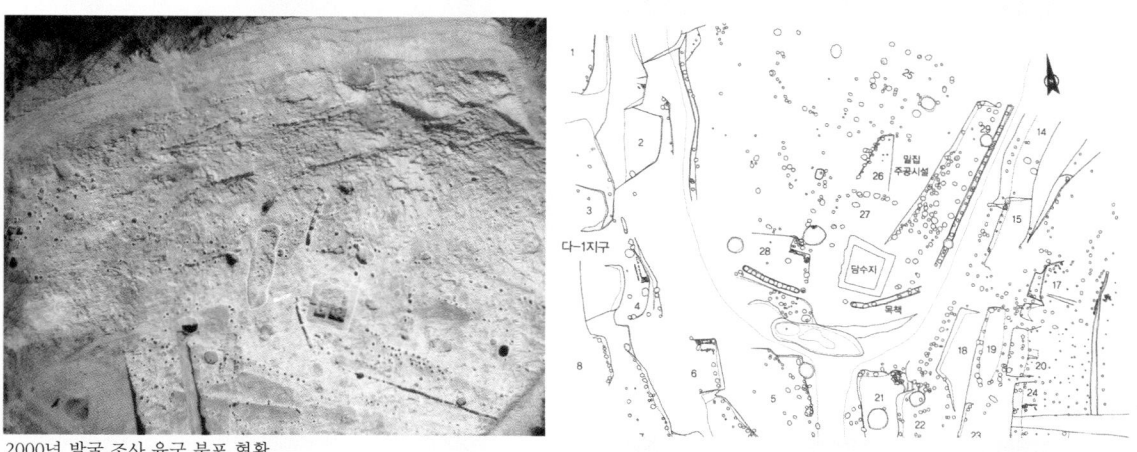

2000년 발굴 조사 유구 분포 현황

2017년 배매산성 발굴 조사는 (사)한국매장문화재협회 비지정 매장 문화재 발굴 조사의 일환으로 서성벽에 대한 학술 발굴 조사가 이루어졌다. 발굴 조사 결과 배매산성은 영정주를 활용한 판축 기법으로 축조된 토축 성곽임을 처음으로 파악할 수 있었고, 성곽 내부 평탄지에 석축 배수로, 부뚜막 시설, 석렬 등 건물터 관련 시설의 존재도 파악할 수 있었다. 또한 체성부는 점토 외에도 쇄석과 입자가 작은 산자갈이 성토재로 활용되었다. 특히 판축기법에 활용된 영정주공은 한차례 정도 안쪽으로 중심이 이동된 것으로 보아 체성부 축조시 영정주를 뽑아 올리면서 사용한 것으로 판단된다. 영정주를 뽑아 올리면서 체성부를 축조한 사례는 파주 덕진산성(중부고고학연구소 2014)과 안성 망이산성(단국대학교 중앙박물관 1996)에서 관찰할 수 있다. 유물은 장란형 토기, 고배, 삼족 토기, 촛부 등 백제 토기가 출토되었다. 조사단은 배매산성에서 백제 사비도읍기 유물이 출토되지 않아 백제의 사비 천도 이전에 성곽의 운영이 중단되었을 것으로 판단하였다.(전라문화유산연구원 2017)

체성부 층위와 영정주공

출토유물

2017년 발굴 조사

2018년 발굴 조사는 2017년에 조사된 성벽의 남쪽 성벽과 성내측 평탄 대지를 대상으로 당시 발굴 조사에서 밝히지 못했던 세부적인 성벽의 축조 방법과 서문 터의 존재 여부를 파악하기 위해 진행되었다.

이 발굴 조사를 통해 배매산성이 성벽 축조에 점토 외에 암반층에서 유래한 쇄석과 크기가 작은 역석이 성토재로 폭넓게 사용되었음을 다시 한번 파악할 수 있었고, 체성부 축조에 점토 블럭이 성토 단위로 활용되었다는 사실을 처음으로 밝힐 수 있었다. 이외에 영정주공이 조사 지역의 남쪽에서 또다시 확인되었는데, 단면 및 평면에서 확인된 영정주공은 간격이 80~100cm 내외로 2017년 발굴 조사에서 확인된 영정주공의 간격과 일치한다. 2018년도 발굴 조사는 이외에도 체성부 및 체성부 안쪽 경계에 존재하고 있던 석축열의 존재를 파악할 수 있었다. 4기가 조사된 석축열은 규모와 형태, 사용된 석재가 일정한 편이 아니지만, 성 외측인 서쪽으로 석재의 반듯한 면을 맞추고 50~100cm의 높이로 엉성하게 쌓은 점이 특징적이다. 이들 석축열은 내부 공간 활용 및 체성부 보강을 위해 조성되었을 것으로 추정된 바 있다.(전라문화유산연구원 외 2020)

체성부 외벽 성토층

체성부 점토 블럭 모습

2018년 발굴 조사

2021년 발굴 조사는 2017~2018년 발굴 조사 지역의 동쪽, 즉 성벽 안쪽을 대상으로 이루어 졌다. 이 지점은 배매산성의 서성벽이 동쪽의 산 정상부와 이어지는 곳으로 비교적 급한 경사를 이루고 있었다. 발굴 조사 결과 16기의 건물터와 주공, 석축열 등 성곽의 운영과 관련된 시설의 존재를 파악할 수 있었다. 이들 건물터는 평면 형태가 장방형이고, 암반이나 기반층을 'L'자형으로 굴착한 후 축조되었다. 건물터 가운데 8호 건물터는 점토 부뚜막과 석축 배연 시설이 일직선상으로 배치된 구조이다. 발굴 조사에서 출토된 유물은 기대, 고배, 삼족 토기, 뚜껑, 장란형 토기, 심발형 토기, 시루, 호 등 토기류가 다수를 이룬다. 건물터의 축조 및 운영 시기는 토기의 기종과 조합 양상, 기형을 고려하면 5세기 후엽~6세기 전엽으로 추정되며, 사비도읍기 유물이 출토되지 않은 것으로 보아 사비도읍시기 이전에 폐기되었을 것으로 추정된 바 있다.(전라문화유산연구원 외 2021)

건물터 전경

8호 건물터

2021년 발굴 조사

배매산성은 해발 600m이상의 금남 정맥 줄기와 만경강 주변의 너른 충적지가 서로 교차하는 지정학적 요충지에 축조되었다. 배매산성의 축조에는 삭토 기초 공법, 영정주를 이용한 판축 기법, 외성벽 보축 기법, 중심 성토층 내 석축렬의 배치, 쇄석과 역석의 활용, 점토 블럭 등 매우 다양한 토목 건축 기법이 폭넓게 활용되었다. 이와 같은 축성 기법은 서울 몽촌토성, 화성 길성리토성, 증평 추성산성, 천안 동성산성, 당진 성산리산성 등 중부지역 백제 토성에서 폭 넓게 확인된 바 있다. 그러나 체성부 축조시 쇄석이나 역석의 활용, 중심 성토층 내 석렬 구조의 배치 등은 다른 성곽에서 잘 관찰되지 않는 배매산성의 독특한 축조 특징으로 볼 수 있다. 따라서 배매산성은 백제의 중앙 세력이 백제 고유의 축조 기법을 활용해 축조하였지만 부분적으로 지역의 특성에 맞는 축조 기법도 활용되어 백제 토성이 지역화되는 양상을 잘 보여 주는 중요한 유적으로 평가할 수 있다. 배매산성과 유사한 판축 기법의 토성은 금강 상류인 진안 와정토성에서 이미 조사된 바 있으며, 이웃하고 있는 완주 구억리산성, 삼례토성도 비록 영정주공은 확인되지 않았지만 판축 토성으로 추정된다. 이들 백제 토성은 판축 기법 외에도 기와가 출토되지 않은 공통점이 있다. 또한 완주 배매산성은 5세기 후엽, 진안 와정토성은 5세기 중엽으로 편년되고 있어 전북 지역에서 가장 이른 시기에 축성되었던 성곽이다. 그뿐만 아니라 배매산성은 내부에 다수의 유구가 집중 분포하고 있으며, 시루와 장란형 토기, 심발형 토기, 부뚜막 틀, 호 등 생활 용기가 다량 출토되는 특징이 있다. 이는 배매산성이 실거주 성곽이며, 많은 인원이 오랫동안 상주했음을 알려 주는 중요한 증거이다.

성곽은 발달된 토목 기술과 인력이 집약된 대규모 토목 구조물로 그 축조에는 주변 지역에서 징발된 다수의 주민들이 동원된다. 따라서 성곽은 그 지역의 호구戶口를 파악하고 주민을 강제로 징발할 수 있는 강력한 정치 세력의 존재를 알려 주는 대표적인 유적이다. 따라서 배매산성은 이웃하고 있는 완주 구억리산성과 함께 백제가 일찍부터 전북 지역을 직접 지배하고 물류의 운송망인 만경강을 통제했음을 알려 주는 중요한 유적으로 평가할 수 있다.

참고 문헌

전영래, 2003, 『전북 고대 산성조사보고서』, 한서고대학연구소.

전북대학교박물관, 2002, 『배매산 -완주 봉동읍 배수지시설부지내 문화유적발굴조사보고서-』.

박순발, 2002, 「漢城期 百濟의 城郭」, 『향토서울』 제62호, 서울특별시사편찬위원회.

권오영·이형원, 2006, 「삼국시대 벽주건물 연구」, 『한국고고학보』 제 60호, 한국고고학회.

이동희, 2012, 「三國時代 湖南地域 住居·聚落의 地域性과 變動」, 『中央考古研究』 第 10號, 중앙문화재연구원.

中部考古學研究所, 2014, 『坡州 德津山城 -1·2次 學術發掘調査-』.

단국대학교 중앙박물관, 1996, 『望夷山城 發掘 報告書(1』.

(재)전라문화유산연구원·문화재청·한국매장문화재협희, 2017, 『완주 배매산성』.

(재)전라문화유산연구원·완주군, 2020, 『완주 배매산성 Ⅱ -서성벽 2차 발굴조사-』.

(재)전라문화유산연구원·완주군, 2021, 『완주 배매산성 발굴조사(3차) 약보고서』.

사비기 백제의 5방 제도와 고사부리성

백제는 사비기에 전국을 방方·군郡·성城 체계로 나누고 지방 거점에 5방을 둔 5방 체제를 구축하였다. 5방이란 수도를 중심으로 방위를 기준으로 중방中方, 동방東方, 남방南方, 서방西方, 북방北方으로 나눈 것이다. 각 방성의 치소성에 대한 표기도 함께 기록되어 있는데, 『삼국사기』 지리지地理志에 동일한 지명이 남아 있어 그 지역을 비정할 수 있다. 중방성은 전북 정읍 고부 지역으로 추정되며, 동방성은 충남 논산 은진 지역, 북방성은 웅진기 수도였던 충남 공주이다. 현재 남방성과 서방성의 경우는 다른 기록에서 지명을 찾기 어려워 구체적인 위치를 비정하기는 어렵다. 정읍의 고사부리성이 발굴되면서 백제 방성에 대한 연구가 활발하게 이루어졌다. 고사부리성에서는 백제의 상부上部·상항上港이 찍힌 기와와 목재가 확인되었는데, 주변에 위치한 대규모 백제 고분군인 정읍 은선리고분과 함께 중방성으로 비정하는 주요한 근거가 되고 있다. 남원 척문리산성은 아직 본격적인 조사가 이루어지지 않아 확실하지는 않지만, 주변 척문리고분군에서 백제의 관리가 착용한 것으로 추정되는 은 관모꾸미개가 확인되었고 남원 지역이 가야고지에 대한 신라와의 접경지로서 중요한 지정학적 위치를 가지고 있다는 점에서 남방성일 가능성이 제기되고 있다.

179
글자가 새겨진 표석
銘文標石
Stone Marker with Inscription

백제
부여 동남리
너비 72.6
국립부여박물관

부여 동남리에서 출토된 표석이다. '上部前部川自此以'이 새겨져 있다. 상부와 전부가 나뉜다는 것을 의미하는 일종의 도로 표지석으로 해석되고 있다.

'상부'와 '상항'을 찍은 수키와
'上卩'·'上巷'銘圓瓦
Convex Roof Tiles with Stamped Letters
'Sangbu(上卩)'·'Sanghang(上巷)'

백제
정읍 고사부리성
길이 15.2(왼쪽)
국립전주박물관

중국 사서인 『북사北史』에 "(백제)도성에는 1만 가家가 거주하고, 5부로 나뉘었는데, 상부上部, 전부前部, 중부中部, 하부下部, 후부後部이고, 부에는 5항이 있다"는 기록이 있어 사비가 5부五部로 나뉘어 있고, 각 부에는 5항五巷이 있는 5부5항五部五巷으로 구획된 사실을 보여준다. 고사부리성에서 출토된 이 기와에도 상부와 상항을 찍은 기와가 확인되어 백제 중앙에서 성을 축조한 사실을 알 수 있다.

181

벼루
硯
Inkstones

백제
정읍 고사부리성
길이 8.1(오른쪽)
국립전주박물관(참고자료)

182

벼루
硯
Inkstone

백제
정읍 고사부리성(수습품)
길이 7.5(참고자료)

183

은 관모꾸미개
銀製冠帽裝飾
Silver Cowl Cap Ornament

백제
남원 척문리
길이 10
전북대학교박물관

『삼국사기』와 중국 사서에 따르면 은 관모꾸미개는 6품인 나솔奈率 이상이 사용할 수 있으며, 자색 옷에 자색 띠를 둘렀다고 한다. 척문리에서 확인된 은 관모꾸미개는 척문리 지역에 백제 관리가 존재하였음을 알 수 있으며, 척문리 일대를 남방성으로 보는 주요 근거 중 하나이다.

백제의 5방과 주요 성곽

이진우
국립익산박물관

고대 전쟁에 필요한 대규모 군사력을 동원하거나 성이나 제방과 같은 거대한 시설의 축조의 노동력 확보를 위해서는 각 나라의 백성에 대한 관리와 지배가 뒷받침 되어야 한다. 삼국시대 각 국가의 백성들을 동원하기 위해서는 국가조직의 정비는 필수적이었는데, 백제의 경우 지방지배방식은 크게 5부제나 왕후제王侯制→담로제擔魯制→5방을 중심으로 한 방方-군郡-성城 체제로 변화하는 것으로 알려져 있다.

우선 담로제에 대한 기록은 중국의 기록인 「양직공도梁職貢圖」와 『양서梁書』에서 찾아볼 수 있다. 「양직공도」와 『양서』에는,

> 치성治城을 고마固麻라 하고 읍邑을 담로擔魯라 하는데, 이는 중국의 군현郡縣과 같다. 22담로가 있어 자제종족子弟宗族을 나누어 그곳에 둔다.
> "號所治城曰固麻 謂邑曰檐魯 如中國之言郡縣也 其國有二十二檐魯 皆以子弟宗族分據之"
> 「梁職貢圖」 百濟國使條

> 치성治城을 고마固麻라 하고 읍邑을 담로擔魯라 하는데, 이는 중국의 군현郡縣과 같은 말이다. 그 나라에는 22담로가 있는데, 모두 자제종족子弟宗族에게 나누어 웅거케 하였다.
> "號所治城曰固麻 謂邑曰檐魯 如中國之言郡縣也 其國有二十二檐魯 皆以子弟宗族分據之"
> 『梁書』卷 54 列傳 48 東夷 百濟條

라고 기록하고 있다. 담로의 기본적인 성격은 중국의 군현과 같은 기능을 갖는 지방통치조직으로 볼 수 있는데, 담로라는 지방의 거점성에 지방관을 파견하여 주변의 성촌城村을 하나의 지배구역으로 설정하는 것이다. 담로제는 중국 기록에 기록된 시점을 통해 볼 때 백제 웅진기에 실시된 것은 확실한 것으로 보인다. 담로제는 담로에 대한 관등제의 규정이 없고, 하부단위가 구체적으로 편제되어 있지 않았으며 자치성이 보장되고 있다는 점에서 지방통치에 문제점이 노출되었다. 담로제 이후에 나타나는 5방제도는 이러한 담로제를 보완하기 위하여 등장한 것으로 추정된다. 5방제의 특징은 전국을 5방으로 나누고 하부에 군과 성을 편제하는 방-군-성 체제를 시행하여 모든 지역에 대하여 직접지배를 실현한 것이다. 지방을 담로보다 군성으로 세분화함으로써 지방에 대한 지배력을 더욱 강화한 것으로 보인다. 5방제의 실시 시기는 사비기 이전 웅진기 단계부터 확립되었을 것으로 보는 견해도 존재하며, 늦어도 사비기 성왕대나 위덕왕대에는 실시된 것으로 추정된다.

『주서周書』백제조百濟條 나 『한원翰苑』 번이부蕃夷部 백제조百濟에는 백제의 지방제도인 5방제五方制에 대하여 설명하고 있다. 백제는 왕성을 중심으로 지방에 중방中方·동방東方·남방南方·서방西方·북방北方의 오방을 두었으며, 각 방은 7~10개의 군郡을 다스린다고 기록되어 있다.

> 도읍은 고마성固麻城이며 그 지방에 5방이 있으니 중방은 고사성古沙城, 동방은 득안성得安城, 남방은 구지하성久知下城, 서방은 도선성刀先城, 북방은 웅진성熊津城이라 말한다. …(중략)… 도읍 안에는 1만 가家가 있어 5부로 나누어 상부上部 전부前部 중부中部 하부下部 후부後部라고 하고 병사 500인을 통솔한다. 5방에는 각각 방령을 한 사람씩 두는데, 달솔達率이 이를 맡는다. 군장은 3인인데 덕솔

德率을 임명한다. 방은 병사 1,200인 이하 700인 이상을 통솔한다. 성의 내외 평민 및 나머지 작은 성은 모두 이에 분속된다.

"治固麻城. 其外更有五方, 中方曰古沙城, 東方曰得安城, 南方曰久知下城, 西方曰刀先城, 北方曰熊津城. … 五方各有方領一人, 以達率爲之. 方有十郡, 郡將三人, 以德率爲之. 方統兵一千二百人以下, 七百人以上. 城之內外民庶及余小城, 咸分隸焉."

『周書』 卷49 列傳41, 異域 上 百濟條

"… 또 5방이 있는데, 중국의 도독都督과 같으며, 방은 모두 달솔이 다스린다. 각 방은 군을 다스리는데, 많은 것은 열 개[군]에 이르고, 적은 것은 예닐곱 개[군]이다. 군장郡將은 모두 은솔恩率로 삼는다. 군현郡縣에는 도사道使를 두었는데, 또한 성주城主라고 하였다."…(중략)… 또한 나라 남쪽 260리에 고사성古沙城이 있는데, 성은 방 150보이며, 이것이 중방中方이다. 방에는 병사 1,200인이 둘러싸고 있다. 나라 동남쪽 100리에는 득안성得安城이 있는데, 성은 방 1리이며, 이것이 동방東方이다. 나라 남쪽 360리에는 변성卞城이 있는데, 성은 방 130보이며, 이것이 남방南方이다. 나라 서쪽 350리에는 역광성力光城이 있는데 성은 방 200보이며, 이것이 서방西方이다. 나라 동북쪽 60리에는 웅진성熊津城이 있는데, 일명 고마성固麻城이라고도 한다. 성은 방 1리 반이며, 이것이 북방北方이다. 여러 방의 성은 모두 산의 험함에 기대어 쌓았으며, 돌로 쌓은 것도 있다. 그 [가운데] 병사는 많은 것은 1,000인, 적은 것은 700~800인이다. 성안에 호가 많은 것은 1,000인[이고], 적은 것은 700~800인[이다]. 성안에 호가 많은 것은 500가에 이른다. 제성諸城좌우에는 또한 각각 소성小城이 있는데 모두 제방諸方이 솔한다.…"

"括地志曰 … 又有五方, 若中夏之都督, 方皆達率領之. 每方管郡, 多者至十, 少者六七. 郡將皆恩率爲之. 郡縣置道使, 亦名城主. … 又國南二百六十里, 有古沙城, 城方百五十步, 此其中方也. 方繞兵千二百人. 國東南百里, 有得安城, 城方一里, 此其東方也. 國南三百六十里, 有卞城, 城方一百三十步, 此其南方也. 國西三百五十里, 有力光城, 城方二百步, 此其西[方]也. 國東北六十里, 有熊津城, 一名固麻城. 城方一里半, 此其北方也. 其諸方之城, 皆憑山險爲之, 亦有累石者. 其兵多者千人, 少者七八百人. 城中戶多者千人, 少者七八百人. 城中戶多者至五百家. 諸城左右亦各[口]小城, 皆統諸方. …"

『翰苑』 卷30, 蕃夷部 百濟

『주서』 백제조에는 5방에 관한 기본적인 사항을 방의 위치, 규모 등의 나열을 통해 간단히 언급하였으나, 『한원』 백제조에는 조금 더 풍부한 내용을 담고 있다. 방에 소속된 군사수와 방성에 대한 묘사가 구체적이며 군장의 관등, 도사의 존재가 새롭게 기술되어 있다. 『한원』에 기록된 5방의 명칭과 위치를 정리하면 표1과 같다.

표 1 『한원』에 기록된 5방의 명칭 및 현재 추정 위치

5방	방성 이름	도성과의 거리	방성의 둘레	병력	방성 추정지
중방	고사성	남 260리	방 150보	1,200명	정읍 고부
동방	득안성	동남 100리	방 1리	700~1,000명	논산 은진
남방	구지하성(변성)	남 360리	방 130보	700~1,000명	?
서방	도선성(도광성)	서 350리	방 200보	700~1,000명	?
북방	웅진성	동북 60리	방 1리반	700~1,000명	공주

표1에서 보듯이 『한원』에서는 각 방성의 명칭과 도성과의 거리, 방성의 둘레, 병력 수 등이 세부적으로 기재되어 있다. 5방의 역할과 기능에서 군사적 성격은 중요했을 것으로 보이는데, 각 방에 700~1,200명의 방군이 직접 배속되어 있었으며, 방령의 활동이 대부분 군사적인 부분에 한정되어 나타나고 있다는 점에서 추정해볼 수 있다. 또한, 방성의 위치가 험한 산에 기대어 쌓았다는 점에서도 군사적 방어 성격의 중요성을 확인해준다.

현재의 방성 추정지에 대해서 5방성의 성격을 어떻게 보느냐에 따라 근본적인 입장의 차이가 있는데 5방성 자체를 수도 방위를 맡은 수도와 가까운 지역으로 한정시켜보느냐, 아니면 전국에 대한 편제로 보느냐에 따른 차이가 존재하고 있다. 하지만 5방성 가운데 중방·동방·북방에 대해서는 어느 정도 의견의 일치를 보이고 있으며, 특히 고사부리성의 발굴조사 성과는 고사부리성을 중방으로 추정하는 중요한 근거로서 작용하였다. 하지만 남방과 서방의 위치에 대해서는 여러 견해가 제기되고 있는 상태이다표2.

표 2 남방과 서방의 위치에 대한 기존 견해

	이병도(1977)	천관우(1979)	전영래(1988)	김영심(1997)	박현숙(1998)	최미경(2020)	지원구(2022)
남방 (久知下城)	장성	-	남원	남원	광주 또는 나주	나주 복암리	남원 척문리
서방 (刀先城)	-	서산·당진 방면 또는 예산 대흥	나주·영암	서산 또는 보령	예산 대흥	-	예산 장전리

일부 연구자들은 남방성을 남원 지역으로 보고 있으며, 이와 관련하여 남원의 척문리산성을 유력한 후보지로 거론하고 있다. 하지만 남방성을 나주·광주나 장성 지역의 영산강 유역으로 보는 견해도 여전히 존재하고 있다. 남원 지역으로 보는 연구자들은 백제의 가야고지 진출과 대신라와의 격전에 대한 중요성을 강조하고 있으며, 나주 또는 장성으로 보는 경우에는 영산강 유역권의 고고학적 자료를 바탕으로 영산강 유역권 세력에 대한 백제의 통제라는 측면에서 바라보고 있다.

서방성의 경우 후보지로 서산·당진, 예산 대흥·장전리, 보령, 나주·영암 지역 등이 거론되고 있지만 대체로 충남 서북부 지역에서 위치를 찾는데 의견이 접근하고 있다. 특히 예산 대흥 지역이 치소와 관련하여 가장 많은 주목을 받았다. 웅진도독부시기 당이 설치한 7주가 백제 5방제를 반영했다고 보아 지심주의 치소였던 예산 대흥 지역을 근거로 삼거나, 백제 서부를 서방으로 해석하고, 부흥운동기 거점이자 서부에 있다고 기록된 임존성을 서방성으로 비정하고 있다.

현재에도 백제 5방성에 대한 위치를 비정하는 많은 연구들이 진행되고 있다. 백제 5방성을 비정하는데 있어서 『한원』에 나타나는 '방성의 좌우에는 또한 각각 소성이 있는데 모두 방이 솔한다.'는 기록은 방성에 대한 위치를 비정하는데 있어서 중요하게 고려해야 할 사항이다. 또한 백제 5방제도가 방-군-성 체제를 바탕으로 누층적으로 어떠한 유기적인 연결 모습을 갖추고 있는지도 지속적으로 관심을 가져야 할 분야이다.

참고 문헌

金英心, 1997, 『百濟 地方統治體制 硏究:5-7세기를 중심으로』, 서울대학교 대학원 박사학위논문.
김영심, 2019, 「백제 중방성의 설치와 고부지역의 통치양상」, 『마한백제문화』33, 원광대학교 마한백제문화연구소.
盧重國, 1991, 「漢城時代 百濟의 檐魯制 實施와 編制基準」, 『啓明史學』2, 啓明史學會.
朴賢淑, 1998, 「百濟 泗沘時代의 地方統治와 領域」, 『百濟의 地方統治』, 學硏文化社.
이병도, 1977, 『國譯 三國史記』, 을유문화사.
지원구, 2022, 『百濟 五方城 硏究』, 고려대학교 대학원 박사학위논문.
전영래, 1988, 「백제지방제도와 성곽-전북지방을 중심으로-」, 『백제연구』19, 충남대학교 백제연구소.
千寬宇, 1979, 「馬韓諸國의 位置試論」, 『東洋學』9, 檀國大學校 東洋學硏究所.
최미경, 2020, 「사비시기 백제의 영산강유역 지배와 南方城」, 『한국고대사탐구』34, 한국고대사탐구학회.

그림 1. 백제 방성(추정) 위치도

2
삼국의 격전지, 전북 동부 지역

전북 동부 지역이 백제·가야·신라 세 나라의 치열한 격전지로서 주목받은 것은 비교적 최근의 일이다. 남원 아막성, 무주 대차리고분군 등 신라 관련 성곽과 무덤이 발견되면서 5~6세기 가야와 백제의 각축전에 더불어 새롭게 신라와의 관계가 밝혀지고 있다. 특히 백제가 섬진강을 따라 남해안으로 진출한 후 신라와의 접경 지역에 축조한 것으로 여겨지는 순천·광양·여수 등 전남 동부 지역의 산성들과 전북 동부 지역 산성과의 관계가 주목된다. 5세기 전북 동부 지역에는 대가야계 세력이 자리잡고 있었으며, 신라도 5세기 후반에는 현재의 무주 지역까지 진출한 것으로 추정된다. 6세기 전반 전북 동부 지역에서는 가야 세력과 백제와의 격전이 있었을 것으로 추정되며, 562년 대가야가 멸망한 후 장수와 남원 운봉 지역까지 진출한 신라와 백제는 7세기 대에 전북 동북 지역을 차지하기 위해 치열한 격전을 벌인 것으로 보인다.

금강 상류 지역을 둘러싼 백제와 가야의 전쟁

5세기 이후 전북 동부 지역은 가야 세력이 자리잡고 있었다. 전북 동부 지역의 가야 세력은 장수와 남원을 중심으로 커다란 세력을 구축하였는데 대표적으로 남원 월산리고분군과 장수 삼봉리고분군 등이 있으며, 삼봉리고분군과 인접한 장수 삼봉리산성의 경우 성벽의 축조 기법을 볼 때 가야가 쌓은 성일 가능성도 제기되고 있다. 백제는 웅진 천도 이후 정치적인 불안을 극복하고 실추된 왕권을 회복시키기 위해 노력하였으며, 가야 세력 역시 자신들의 영역을 확장하기 위해 노력하였다. 진안 와정토성에서 보이는 화재의 흔적을 당시 백제와 가야 간 격전의 흔적으로 추정하기도 한다. 와정토성과 인접한 진안 황산리고분군에서도 백제 토기와 가야 토기가 혼재되어 나타나는 것은 이 지역의 주도권이 변화하는 모습을 보여 주는 것으로 추정된다. 진안 와정토성은 백제가 섬진강 유역으로 진출하기 위한 핵심 지역이었으며, 가야의 입장에서는 진안 지역에서 금강 중류나 논산 지역으로 진출하기 위한 중요한 교통의 허브였다. 와정토성의 폐성과 가야 고지에 축성된 백제의 성곽을 통해 우리는 섬진강 유역을 차지하기 위한 두 나라 간의 치열한 격전을 상상해 볼 수 있다.

진안 용담호와 진안 와정토성, 월계리 산성(남에서)

진안 용담호와 진안 와정토성, 월계리 산성(북에서)

장수 삼봉리고분군

184

긴목 항아리
長頸壺
Long-necked Jars

가야
장수 삼봉리고분군
높이 22.7(오른쪽)
국립전주박물관

185

뚜껑접시
蓋杯
Dish with Lid

가야
장수 삼봉리고분군
입지름 12.5(뚜껑)
국립전주박물관

186

짧은목 항아리
短頸壺
Long-necked Jar

가야
장수 삼봉리고분군
높이 18.1
국립전주박물관(참고자료)

187

바리
鉢
Bowls

가야
장수 삼봉리고분군
높이 14.2(오른쪽)
국립전주박물관(참고자료)

장수 동촌리고분군

188
항아리
壺
Jars

가야
장수 동촌리고분군
높이 22.7(오른쪽)
국립전주박물관

189

뚜껑과 굽다리 접시
蓋・高杯
Lid and Mounted Dish

가야
장수 동촌리고분군
높이 12.5(굽다리 접시)
국립전주박물관

190

뚜껑접시
蓋杯
Dish with Lid

가야
장수 동촌리고분군
입지름 13.9(뚜껑)
국립전주박물관

남원 월산리고분군

191

뚜껑 있는 긴목 항아리와 그릇 받침
有蓋長頸壺 · 鉢形器臺
Long-necked Jar with Lid and Vessel Stand

가야
남원 월산리고분군
높이 33.8(그릇 받침)
국립전주박물관

192

뚜껑과 굽다리 접시
蓋 · 高杯
Lid and Mounted Dish

가야
남원 월산리고분군
높이 12.2(굽다리 접시)
국립전주박물관

193

짧은목 항아리와 그릇 받침
短頸壺 · 器臺
Short-necked Jar and Vessel Stand

가야
남원 월산리고분군
높이 21(짧은목 항아리)
국립전주박물관

194

긴목 항아리 조각
長頸壺片
Shards of Long-necked Jar

가야
장수 합미산성, 진안 와정토성(오른쪽)
높이 10.2(오른쪽)
군산대학교 가야문화연구소, 국립전주박물관(오른쪽)

195

긴목 굽다리 항아리
臺附長頸壺
Mounted Long-necked Jar

가야
장수 삼봉리산성
높이 29.5
국립전주박물관

196

뚜껑
蓋
Lids

백제
진안 와정토성
입지름 10.3(왼쪽)
국립전주박물관

197

세발 접시
三足土器
Tripod Pottery

백제
진안 와정토성
입지름 9.5
국립전주박물관

198

뚜껑
蓋
Lids

삼국
진안 와정토성
입지름 13.8(오른쪽)
국립전주박물관

진안 황산리고분군 전경

진안 황산리 14호분 모습

199

진안 황산리고분 출토 토기
鎭安 黃山里古墳 出土 土器
Artifacts from Hwangsan-ri
Acient Tomb In Jinan

가야, 백제
진안 황산리 1호분
높이 23.3(가운데)
국립전주박물관

200
진안 황산리고분 출토 토기
鎭安 黃山里古墳 出土 土器
Artifacts from Hwangsan-ri
Acient Tomb In Jinan

가야, 백제
진안 황산리 11호분
높이 23.6(가운데)
국립전주박물관

전북 지역 백제 도장기와로 본
백제의 섬진강 유역 진출

이진우
국립익산박물관

도장기와란?

'도장기와(인장와)'란 문자 또는 기호 도장을 찍은 기와로 사비기 백제의 특징적인 기와로 알려져 있다. 백제 도장기와는 사비기 정치적 중심지였던 부여·익산 지역을 중심으로 확인되는데, 도장 무늬는 주로 문자이고, 크기·형태·글자 등이 동일한 형식이다. 도장 무늬의 성격을 체계적인 통제 하에 검증 인 혹은 인증 인의 성격으로 추정하고 있다. 최근에 전북 동부 지역에서도 여러 성곽에서 도장기와가 확인되고 있어 주목되고 있는데, 이 글에서는 전북 동부 지역을 중심으로 백제 도장기와와 백제의 섬진강 유역 진출에 대하여 살펴보려고 한다.

백제 도장기와가 출토된 지역은?

현재까지 도장기와가 출토된 지역은 부여·익산·공주·논산·정읍(고부)·청주·대전·금산·진안·임실·장수·여수·순천·광양 등이며, 각각의 출토 지역을 크게 세 가지로 나눠 살펴볼 수 있다.

첫째로, 대다수의 도장기와는 사비 시기 도성과 관련이 깊은 부여와 익산 지역을 중심으로 출토되었다. 부여와 익산 지역은 사비기 백제의 수도와 관련된 지역으로 도장기와는 부소산성, 익산 왕궁리, 익산 미륵사지 등 백제 중앙과 관련된 유적에서 확인되고 있다.

둘째로, 일부 도장기와가 공주·논산·정읍(고부) 등 백제 5방성으로 추정되는 거점 지역에서 확인되었다. 공주와 논산, 정읍은 각각 백제의 북방성, 동방성, 중방성으로 추정되는 지방의 거점 지역으로, 역시 백제의 중앙과 관련성이 깊다고 할 수 있다.

마지막으로 백제의 접경 지대인 청주·연산·대전·금산·임실·장수·여수·순천·광양 등에서 도장기와가 출토되었다. 특히 최근에 기존 충청·전남 동부 지역과 함께 전북 동부 지역의 산성에서도 여러 도장기와들이 확인되었다. 따라서, 이 지역 역시 백제의 중앙과 관련성이 높은 지역이라고 추정해 볼 수 있다.

백제 도장기와가 출토된 세 지역들은 모두 백제의 중앙과 밀접한 관련이 있는 지역이다. 대다수의 수량이 사비 시기 도성과 관련된 지역에서 확인되는 것은 제작에 있어서 백제 중앙과 밀접한 관련이 있음을 말해 주고 있는데, 특히 부여 지역은 가장 다양한 도장기와의 종류가 확인되고 있다. 익산토성에서 확인되는 도장기와는 대부분 백제의 5부와 관련된 것으로 추정되며 간지·글씨가 찍힌 기와나 기하학적 무늬의 기와도 일부 확인된다. 그림1 익산토성에서 보이는 기와는 주변의 익산 왕궁리, 미륵사지 출토품과 동일한 도장으로 추정된다.

그림 1. 익산토성에서 출토된 주요 도장기와

도장기와의 출토 범위를 도성 지역에서 전북 지역으로 넓혀보면, 현재까지 전북 서부 지역에서는 익산 낭산산성과 정읍 고사부리성에서만 확인되었으나, 전북 동부 지역에서는 여러 성곽에서 확인되었다.그림2 현재까지 전북 동부 지역에서 도장기와가 출토된 유적들을 살펴보면 백제의 섬진강 유역 진출과 관련된 교통의 요지에 축성된 성곽들에서 확인되는 특징을 보이고 있다. 성곽의 축조를 위해서는 대규모 노동력이 필수적으로 필요하였기 때문에 성곽을 백제 중앙 차원에서 기획하고 축성했을 가능성이 높다. 이러한 가능성을 뒷받침해주는 것이 익산토성과 전북 동부 지역 성곽에서 출토된 도장기와와의 관련성이다.

그림 2. 전북 지역의 성곽에서 출토된 주요 도장기와

백제 사비기 전북 동부 지역에 축성된 성곽에서 도장기와가 확인되는 것은 『삼국사기』의 기록에 나타난 무왕과 의자왕대 신라와의 치열한 전쟁 관련 기사와 연관될 것으로 생각된다. 7세기 대 전북 동부 지역은 백두대간을 사이에 두고 백제와 신라가 치열한 격전을 벌인 곳으로 추정되며, 따라서 많은 성곽들이 교통의 요지에 집중적으로 축성되었다. 백제 중앙에서 사용하는 도장기와가 지방에서도 확인되는 것은 성곽의 축조에 있어서 백제 중앙이 일정 부분 관여했음을 보여 주고 있다고 생각된다. 하지만 5부나 간지가 찍힌 글씨 명 도장기와가 출토되는 중앙과 달리 지방에서는 대부분 기하학적 무늬가 확인되고 있어 일부 차이점도 보이고 있는데, 5부명이 찍힌 도장기와가 출토된 성곽을 지방의 치소성으로 추정하기도 한다.

백제의 도장기와로 본 백제의 섬진강 유역 진출

백제의 한성기에 주요 교통로는 백제의 수도였던 서울에서 출발하여 광주-이천-진천분지-청주분지-대전분지-새고개-금산분지-진안 용담면으로 진출한 것으로 보인다. 백제가 진출할 당시에 전북 동부 지역에는 가야 세력이 자리잡고 있었기 때문에 본격적인 동부 지역의 내륙까지 진출하지는 못했을 것으로 추정된다. 가야 멸망 이후 백제는 섬진강 유역의 내륙 지역으로 본격적으로 진출하면서 전북 동부 지역에

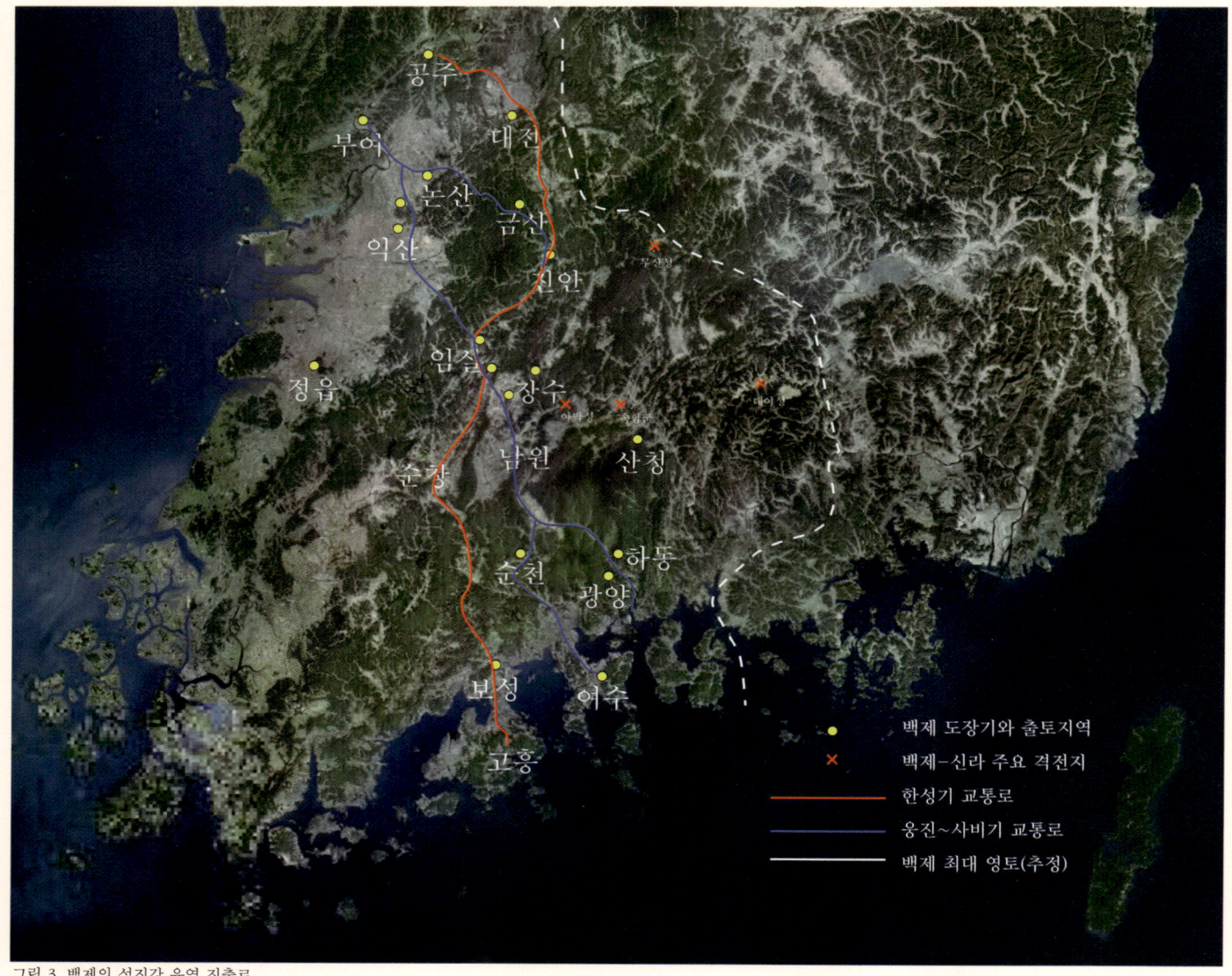

그림 3. 백제의 섬진강 유역 진출로

많은 성곽을 축조한 것으로 보인다. 성곽의 위치를 통해 백제의 섬진강 유역 진출로를 고려해 보면, 기존 한성기 주요 교통로와 함께 익산·논산-진안 월계리산성-임실 성미산성·월평리산성-장수 봉서리산성-남원 척문리산성-순천 성암산성-광양·여수의 진출로와 익산·논산-전주 동고산성-임실 성미산성-임실 월평리산성-장수 봉서리산성-남원 척문리산성-순천 성암산성-광양·여수의 두 가지 진출로를 생각해볼 수 있을 것 같다.그림3 특히 남원 척문리 지역의 경우 섬진강의 하류 지역으로의 진출과 백두대간을 사이에 둔 신라와의 접경지를 방어하는 데 중요한 지정학적인 위치를 차지하고 있다. 이러한 중요성을 봤을 때, 남원 척문리 지역은 백제의 5방 중 남방일 가능성이 상당히 높아 보인다.

전남 동부 지역에서 출토된 도장기와는 현재까지 광양·여수·순천·보성 지역에서 확인되고 있다. 이 지역의 백제 도장기와는 원형·삼각형·마름모형 등 다양한 도장 형태와 무늬가 출토된다는 점이 특징적이다.그림4 특히 5부와 관련된 명문이 찍힌 기와는 여수 선원동산성에서만 확인되었으며, 대부분의 기와는 기하학적 무늬로 기와를 제작하였다. 백제 중앙에서 확인되지 않는 인장의 형태를 보아 지역에서 독자적으로 생산한 것으로 보고 있다. 하지만 지역에서 생산했다고 하더라도, 백제 중앙의 개입은 상당히 있었을 것으로 추정된다.

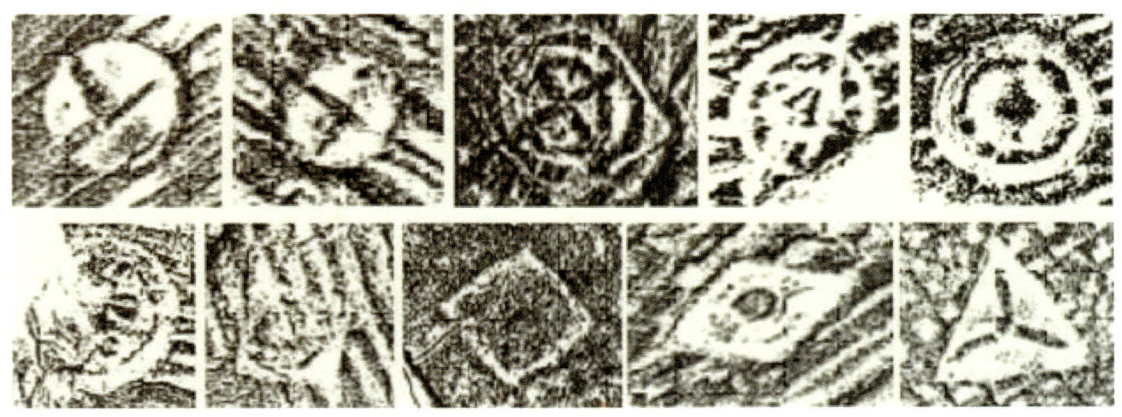

그림 4. 여수 고락산성에서 출토된 도장기와 세부(김환희 2014)

참고 문헌

곽장근, 2011, 「전북지역 백제와 가야의 교통로 연구」, 『한국고대사연구』63, 한국고대사학회.
심상육, 2010, 「백제 인각와에 대하여」, 『목간과 문자』5호, 한국목간학회.
송미진, 2015, 「호남지역 백제시대 평기와」, 『한국기와학회 학술대회 발표자료집』제12회, 한국기와학회.
김환희, 2015, 「백제 사비기 인장와의 변천과 제작체계」, 『한국고고학보』94, 한국고고학회.
국립광주박물관·순천대학교박물관·목포대학교박물관 전남대학교박물관, 2022, 『광주·전남의 성곽』.
이병호, 2022, 「한국 고대 문자기와의 전개양상」, 『한국학논총』58, 국민대학교 학국학연구소.

백두대간을 사이에 둔 백제와 신라의 치열한 격전

전북 지역과 관련하여 신라의 진출이 확인되는 기록은 『삼국사기』에 신라가 알야산현을 차지한 기록이다. 『삼국사기』에는 위덕왕 25년(578년)에 신라가 알야산성閼也山城을 침공한 사실이 기록되어 있다. 알야산성은 지금의 낭산산성으로 추정하고 있는데, 이 기록은 이미 백제 영역의 깊숙한 곳까지 신라가 진출할 수 있음을 말해 주고 있다. 562년 대가야의 멸망으로 인하여 전북 지역에서 백제와 신라의 완충 지대로서 존재하던 가야 세력의 영역이 사라지고 만다. 이후 본격적으로 두 나라는 전북 지역에서 위로는 금강 상류와 아래로는 백두대간을 경계로 국경을 맞대고 치열한 격전을 벌인 것으로 보인다. 특히 무왕대의 아막성 공격(602년)은 백제와 신라의 치열한 전쟁 모습을 보여 주고 있다. 이 공격은 백제 군사 보병과 기병 4만 명을 동원한 대규모 공격이었으며, 이에 실패한 이후 백제는 10년 후에나 군사 활동을 재개할 수 있었다. 무왕이 14년 후 아막성 탈환에 성공(616년)한 뒤 속함성速含城[현재의 함양]까지 진출하였으며 의자왕대에는 대야성大耶城[현재의 합천]까지 진출하여 신라를 위협한다. 또한 신라의 무산성茂山城[현재의 무주 무풍면]을 포위(647년)하고 그 동쪽으로 진출하기도 하였다. 하지만 이후 김유신을 필두로 한 신라의 반격으로 신라가 점차 서쪽으로 진출하게 된다.

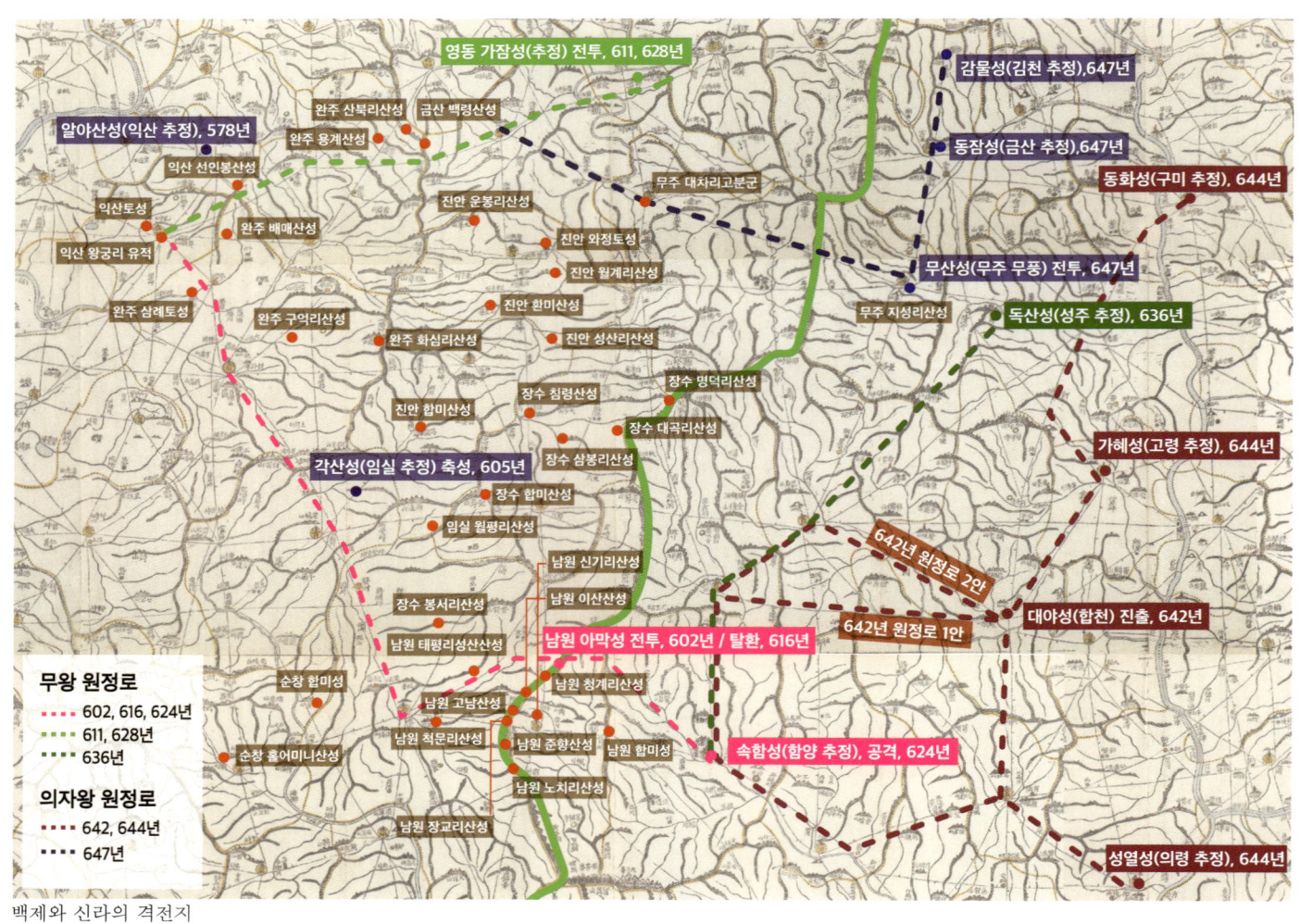

백제와 신라의 격전지

201

뚜껑과 굽다리 접시
蓋・高杯
Lids with Mounted Dishes

신라
무주 대차리고분군
높이 11.5(굽다리 접시)
군산대학교 가야문화연구소

202

굽다리 긴목 항아리
臺附長頸壺
Mounted Jars with Long Neck

신라
무주 대차리고분군
높이 19.3(오른쪽)
군산대학교 가야문화연구소

삼국사기에서 보이는 전북 지역 관련 백제와 신라의 주요 격전 기록

백제 알야산성闕也山城을 주었다
『三國史記』권4, 진지왕 3(578)년 조. "與百濟闕也山城"

가을 8월에 백제가 와서 아막성阿莫城을 공격했다. 왕王이 장사將士들로 하여금 역전逆戰하게 하여 이들을 대패시켰다. 귀산貴山·추항箒項이 이곳에서 죽었다.
『三國史記』권4, 진평왕 24(602)년 조. "秋八月 百濟來攻阿莫城 王使將士逆戰 大敗之 貴山·箒項死之"

가을 8월에 왕이 출병出兵하여 신라 아막산성阿莫山城을 포위하였다[혹은 모산성母山城이라고 한다]. 신라 왕 진평眞平이 정기精騎 수천數千을 보내 이에 거전拒戰하였다. 우리 군대가 패하여 돌아왔다.
신라가 소타小陁·외석畏石·천산泉山·옹잠甕岑 4성城을 쌓았다.
우리 강경疆境을 침략하여 핍박하자 왕이 노하여 좌평 해수解讎에게 명하여 보기步騎 4만을 거느리고 그 4성으로 진격하여 공격했다. 신라 장군 건품乾品·무은武殷이 무리를 거느리고 거전拒戰하니, 해수가 패하여 군대를 이끌고 천산 서쪽 대택大澤 중中으로 물러나, 복병伏兵으로 이들을 기다렸다. 무은이 이긴 것을 타고 갑졸甲卒 1천千을 거느리고, 추격하여 대택에 이르러, 복병을 발發하여 이들을 급격急擊하였다. 무은이 말에서 떨어지니, 사졸들이 놀라서 어찌할 바를 몰랐다. 무은의 아들 귀산貴山이 크게 말하기를 "내가 일찍이 스승에게 가르침을 받은 바를 말한다면 "사士는 전쟁에서 물러나지 말라고 하였으니, 어찌 감히 달아나서 스승의 가르침을 떨어뜨리겠는가?" 말을 아비에게 주고는 곧 소장小將 추항箒項과 더불어 창을 휘두르며 역투力鬪하다가 죽었다. 나머지 병사들도 이 장면을 보고는 더욱 분투하여 아군은 패하였고, 해수는 간신히 모면하여, 군마로 돌아왔다.
『三國史記』권27, 무왕 3(602)년 조. "秋八月 王出兵 圍新羅阿莫山城[一名母山城] 羅王眞平遣精騎數千拒戰之 我兵失利而還 新羅築小陁·畏石·泉山·甕岑四城 侵逼我疆境 王怒 令佐平解讎 帥步騎四萬 進攻其四城 新羅將軍乾品·武殷 帥衆拒戰 解讎不利 引軍退於泉山西大澤中 伏兵以待之 武殷乘勝 領甲卒一千 追至大澤 伏兵發急擊之 武殷墮馬 士卒驚駭 不知所爲 武殷子貴山大言曰 吾嘗受教於師曰 士當軍無退 豈敢奔退 以墜師敎乎 以馬授父 卽與小將箒項 揮戈力鬪以死 餘兵見此益奮 我軍敗績, 解讎僅免 單馬以歸"

겨울 10월에 달솔達率 백기苩奇에게 명하여 군사 8천을 거느리고 신라 모산성母山城을 공격하게 하였다.
『三國史記』권27, 무왕 17(616)년 조. "冬十月 命達率苩奇領兵八千 攻新羅母山城"

겨울 10월에 신라의 속함速含·앵잠櫻岑·기잠歧岑·봉잠烽岑·기현旗懸·용책冗柵 등 6성城을 공격하여 이곳을 취했다.
『三國史記』권27, 무왕 25(624)년 조. "冬十月 攻新羅速含·櫻岑·歧岑·烽岑·旗懸·冗柵等六城 取之"

203

진안 황산리고분 출토 토기
鎭安 黃山里古墳 出土 土器
Artifacts from Hwangsan-ri
Acient Tomb In Jinan

백제(왼쪽), 신라(오른쪽)
진안 황산리 6호분
높이 17.9(오른쪽)
국립전주박물관

204

암키와
平瓦
Flat Roof Tile

백제
남원 태평리 성산산성
길이 36
국립전주박물관

205

암키와
平瓦
Flat Roof Tile

백제
장수 합미산성
길이 51.4
국립전주박물관

206

도장기와
印章瓦
Roof Tiles with Stamped Symbol

백제
장수 봉서리산성
길이 13.6(왼쪽)
국립전주박물관

207

세발 접시
三足土器
Tripod Pottery

백제
장수 봉서리산성
높이 5.4
전라문화유산연구원

208

뚜껑과 굽다리 사발
蓋 · 臺附盌
Lid with Mounted Bowl

신라
장수 침령산성
높이 6.6(오른쪽)
국립전주박물관

209

사발
盌
Bowls

신라
장수 침령산성
높이 6.4(왼쪽)
국립전주박물관

210

백제 토기
百濟土器
Pottery of Baekje

백제
남원 아막성
높이 8.5(오른쪽)
군산대학교 가야문화연구소

211

신라 토기
新羅土器
Pottery of Silla

신라
남원 아막성
높이 5.2(왼쪽)
군산대학교 가야문화연구소

3 통일신라~후백제의 성곽

삼국을 통일한 신라는 전국을 9주九州 5소경五小京으로 정비하고 지방 군사 기구인 10정十停을 설치한다. 전북 지역에는 이 가운데 완산주完山州(지금의 전주)와 남원경南原京(지금의 남원)이 있었으며, 거사물정居斯勿停(현재의 임실·남원 부근)이 있었다. 완산주와 남원경의 통일신라시대 성곽과 관련하여 전주 동고산성과 남원 교룡산성이 주목되고 있으며, 거사물정은 장수 봉서리산성(남원 성시리산성)과의 관련성이 제기되고 있다.

최근 전북 지역에서는 통일신라시대에 개축된 것으로 추정되는 많은 고대 성곽들이 조사되었다. 이 성곽들이 통일신라시대 치소성과 관련된 성곽인지, 통일신라 말의 지방 호족들에 의해 만들어졌는지, 후백제와 관련되었는지 앞으로 많은 조사와 연구가 필요한 것으로 보인다.

또한, 견훤이 세운 후백제와 도성도 중요한 연구 주제이다. 견훤이 완산주完山州(지금의 전주)에 900년 도읍을 정한 후, 전주는 이후 936년 후백제가 멸망할 때까지 36년간 도읍지 역할을 한다. 당연히 그 증거가 남아 있으며 1942년 발간된 『전주부사全州府史』를 비롯한 이후의 연구에서 꾸준히 후백제 도성과 궁성에 관한 연구가 이루어졌다. 후백제의 왕성의 위치에 대하여 전주부성 일대로 보는 견해와 노송동 물왕멀 일대, 중노송동 인봉리 일대, 전주 동고산성으로 보는 견해 등이 있으나 향후 연구와 관련 자료가 지속적으로 발굴된다면 그 실체가 드러날 것으로 보인다.

후백제의 고토성古土城에 대한 연구도 이루어졌다. 『전주부사』에서 후백제 도성벽으로 소개된 고토성은 그 흔적이 남아 있으며 항공사진, 지형도, 지적도 그리고 현장에서 통일신라 말~고려 초에 해당하는 토성벽의 유구와 기와, 도기·자기편 등 다양한 유물로도 확인할 수 있다. 현재까지의 연구에 의하면 후백제 도성은 현 전주시가지에 통일신라시대 치소를 중심으로 전주시의 남동쪽 배후에 동고산성을 두고, 동고산성 좌우의 기린봉과 승암산 자락에서 흘러내린 자연성벽을 이용하여, 북서에서는 고토성으로 남서에서는 오목대 토성벽, 노송정 90-2번지 토성벽과 연결한 다음, 남서쪽은 전주천의 자연 해자를 이용하여 전주시가지를 보호하는 구조로 확인된다. 아울러 황방산성, 서산과 완산 7봉의 봉우리 그리고 남고산성의 줄기는 이러한 후백제 도성의 외곽을 2차적으로 방어하는 시설로 추정되며 통일신라 전주에 구축된 지정학적 방어체계는 통일신라 말 풍수도참사상風水圖讖思想에 기반을 둔 지리적 환경의 맥락에서 크게 벗어나지 않는 것으로 보인다.

전주 오목대토성벽 단면

기린로를 가로지르는 고토성벽 조사

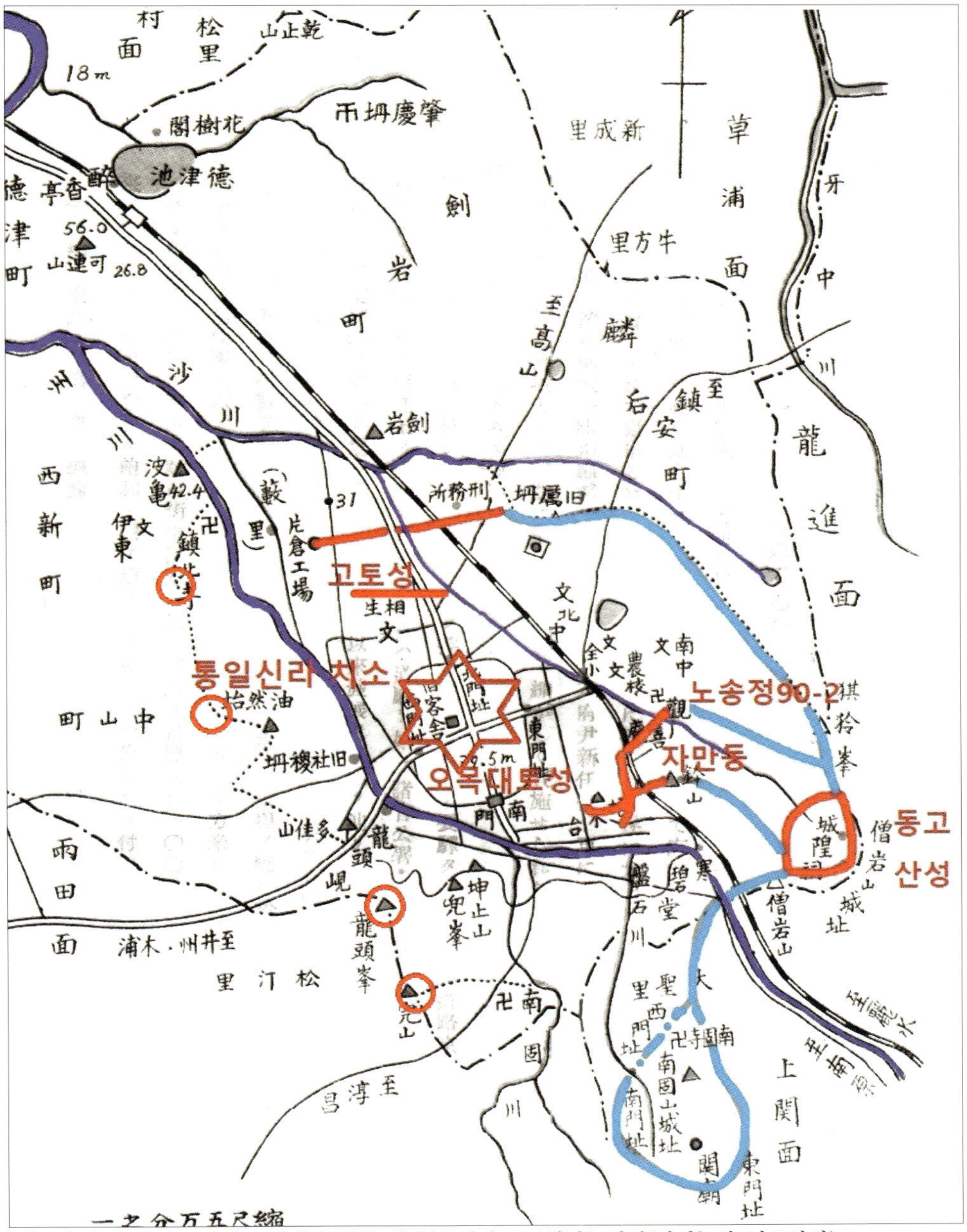

『전주부사』후백제 도성에서 확인된 성벽, 적색(후백제 고토성벽), 청색(자연능선+남고산성)

212

'전주성'을 찍은 암막새
'全州城'銘平瓦當
Flat Roof-end Tile with Stamped Letters
'Jeonju-Seong(全州城)'

통일신라 말~고려 초
전주 동고산성
길이 43.8
국립전주박물관

213

'관'을 찍은 기와
'官'銘文圓瓦
Convex Roof Tile with Stamped Letters
'Gwan(官)'

통일신라 말~고려 초
전주 동고산성
길이 30
국립전주박물관

214

연꽃무늬수막새와 넝쿨무늬 암막새
蓮花文圓瓦當・唐草文平瓦當
Convex Roof-end Tile with Lotus Design and
Flat Roof-end Tile with Scroll Design

통일신라 말~고려 초
전주 오목대토성・전주 풍남동
지름 13.8(왼쪽)
국립전주박물관

215

명문을 찍은 기와
銘文瓦
Roof Tiles with Stamped Letters
'Dae(大)'・'Gwan(官)'

통일신라 말~고려 초
전주 오목대토성・전주 풍남동
길이 9.7(가운데 아래)
국립전주박물관

216

인물이 찍힌 기와
人物文平瓦
Roof Tile with Stamped of Man
Figure

통일신라 말~고려 초
전주 풍남동
길이 9.7
국립전주박물관

217
'본피관'을 찍은 암키와
'本彼官'銘文平瓦
Flat Roof Tiles with Stamped Letters
'Bonpigwan(本彼官)'

통일신라
정읍 고사부리성
길이 22.1(왼쪽)
국립전주박물관

본피관本彼官은 통일신라시대의 신라 왕경의 6부 조직과 관련된 명칭으로, 이 기와는 통일신라시대 지방 통치 제도를 연구하는데 있어 귀중한 자료이다. 신라 6부 중 본피부本彼部의 사람들이 파견되었을 것으로 추정하고 있으나, 남원경과 같은 소경에서도 왕경과 같은 6부가 존재하였을 가능성도 제기되고 있다.

218
'대'를 찍은 기와
'大'銘文瓦
Roof Tile with Stamped Letters
'Dae(大)'

통일신라 말~고려 초
임실 월평리산성
길이 13
군산대학교 가야문화연구소

219
'관'을 찍은 기와
'官'銘文瓦
Roof Tile with Stamped Letters
'Gwan(官)'

통일신라 말~고려 초
진안 합미산성
길이 12
전라문화유산연구원

220

'관'을 찍은 암키와
'官'銘文瓦
Flat Roof Tile with Stamped Letters
'Gwan(官)'

통일신라 말~고려 초
김제 성산성
길이 30.8
국립전주박물관

221

'대'·'왕'을 찍은 기와
'大'·'王'銘文瓦
Roof Tile with Stamped Letters
'Dae(大)'·'Wang(王)'

통일신라 말~고려 초
익산 금마도토성
길이 24.3
국립전주박물관

222

'관'을 찍은 기와
'官'銘文瓦
Roof Tile with Stamped Letters
'Gwan(官)'

통일신라 말~고려 초
순창 홀어머니산성
길이 9.1
전라문화유산연구원

성문 형식으로 본 동고산성

강원종
전주문화유산연구원

우리나라 고대 국가들은 왕도王都를 방비하고 또 유사 시 피난할 수 있도록 주변에 산성을 축조하는 2성 체제二城體制를 구축하였다. 후백제 견훤왕 역시 전주를 수도로 정하면서 동고산성을 피난避難의 목적으로 개축하게 된다. 하지만 동고산성은 삼국시대까지 거슬러 올라갈 수 있는 흔적들이 성문의 형식 변화에서 관찰되고 있어서 이에 대해 간단히 살펴보고자 한다.

성문은 사람이나 물자의 출입이 용이한 지점에 두는 게 일반적이지만, 성의 보안保安과 방비, 그리고 위급 시 구원 요청을 위해 출입이 어렵거나 사람의 왕래가 드문 곳에 두고 있다. 따라서 성문의 위치와 형식은 사용 목적이나 용도, 그리고 시대적 상황에 따라 다르게 나타나게 된다.

지금까지 동고산성에는 4방위에 각각 성문 터가 있는 것으로 알려져 있으며, 그 중에 북·동·서문 터가 조사되었고, 남문 터는 그 위치만 추정되고 있다. 최근 서문 터에 대한 전체 조사가 이루어지면서 서문의 형식과 규모 등이 파악되었다. 서문은 산성 내 가장 핵심적이고 대형인 주 건물터1와 축선 방향이 마주하고 있고, 성문 중 통로부가 가장 넓으며, 계곡이 시작되는 지대가 낮은 곳에 자리하고 있는 점, 지금도 동고산성에 오르려면 이 서문쪽 방향으로 등산해야 편리할 정도로 접근이 가장 쉬운 점 등으로 미루어 보아 동고산성의 정문일 가능성이 높을 것으로 생각된다.

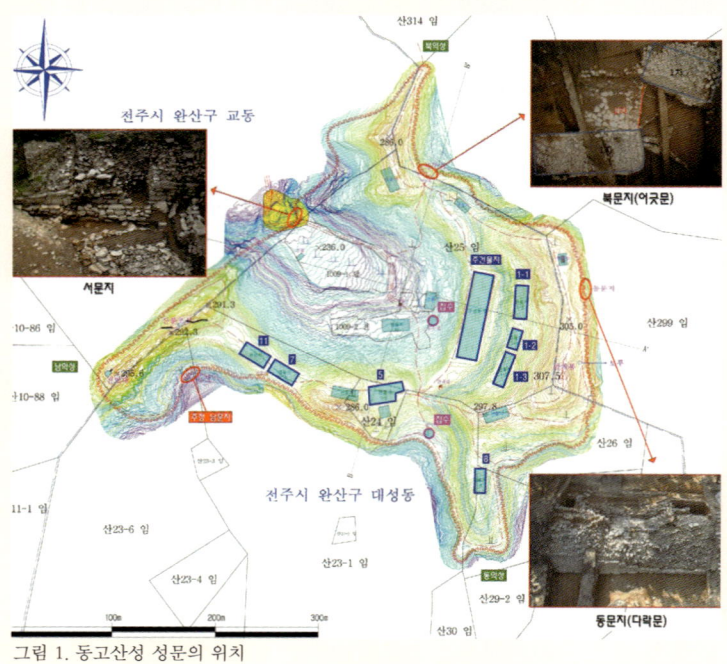

그림 1. 동고산성 성문의 위치

동고산성의 성문은 2007년에 북문 터, 2009년에 동문 터, 그리고 2014년과 2020년에는 서문 터를 조사하였다. 각각의 성문에서 서로 다른 형식이 확인되고 있으며, 그 시기는 삼국~후백제시기에 해당된다.

---

1 주 건물지의 규모는 길이 84.2m, 너비 14.1m이며 정면 22칸, 측면 4칸 등 총 88칸의 단독 대형 건물로서 산성 내 핵심 건물이었음을 알 수 있으며, 전주성全州城명 암·수막새 기와가 이곳에서 출토되었다.

북문 터는 기린봉 방향의 능선과 이어지는 익성翼城(날개 모양으로 돌출된 성벽)이 시작되는 계곡의 시작 부분에 자리한다. 일반적으로 성의 출입은 성벽을 직각 방향으로 통과하는 방식인 반면에 북문 터의 성문은 성벽을 비스듬하게 통과하는 형태로써 성벽이 서로 겹치는 사이 공간을 이용한 형태로 어긋문식 또는 중첩식重疊式으로 불리운다. 어긋문식 성문은 성 밖에서 볼 때 착시 현상으로 인해 적으로부터 성의 입구가 잘 보이지 않아 비밀문처럼 사용되었을 것으로 여겨진다. 이러한 어긋문은 삼국시대 성곽에서 주로 보여지는데, 청주 정북동 토성의 남·북문 터, 충주 장미산성 남문 터, 옥천 성치산성 동·서문 터, 정읍 고사부리성의 북·서문 터, 순창 홀어머니산성의 북문 터, 익산 낭산산성의 동문 터 등 충청도와 전북 지역에서 확인되고 있다.

그림 2. 북문 터

한편, 북문 터는 삼국시대 이후에 다른 형식으로 고쳐진다. 삼국을 통일한 신라는 685년(신문왕 5)에 전주에 완산주完山州를 설치하는데 이와 비슷한 시기에 어긋문식의 통로부를 메우고 그 위에 평문식의 성문(2차 북문 터)으로 개축하였다. 메워서 높아진 통로부 바깥쪽으로는 계단을 만들어 오르기 쉽게 하였으며, 통로부의 입구 양쪽에는 각각 문확석을 두고 성문이 성 안쪽으로 열리도록 하였다. 바닥에는 판석이 깔려 있고 바닥과 벽 모서리에는 문틀을 세우기 위한 하인방구(기둥과 기둥을 연결하는 목재를 끼우는 홈)가 패여져 있다. 특히 2개의 문확석 중 한 곳에서는 확쇠가 그대로 꽂혀진 채 출토되어 성문의 개축 시기를 가늠할 수 있는 단서가 되었다. 확쇠의 형태적인 측면에서 볼 때 6세기 중반에서 7세기 후반경의 양식으로 주로 신라 산성에서 확인되고 있다. 따라서 통일신라 때 완산주 설치 이후인 7세기 중반 또는 후반경에 평문식으로 개축되어 사용되었던 것으로 볼 수 있겠다.

| 고모산성 서문지 | 삼년산성 남문지 | 삼년산성 동문지 | 청주 부모산성 북문지 | 양주 대모산성 동문지 | 충주 남산성 북문지 | 전주 동고산성 북문지 |

그림 3. 확쇠 출토 산성

그리고 위와 비슷한 시기에 동문이 새롭게 만들어진다. 동문 터는 산성의 북쪽 성벽과 동쪽 성벽이 만나는 모퉁이에서 남쪽으로 50m 떨어진 지점인 KBS 송신탑의 남쪽에 해당한다. 이곳은 사람이 근접하기 어려운 급경사지의 성벽 윗부분에 통로부를 만든 현문식懸門式이며, 다락문식으로도 불리운다. 현문식은 하남 이성산성·양주 대모산성·서울 아차산성·이천 설봉산성·단양 온달산성 등 신라 계통의 성에서 주로 보이는 특징으로 알려져 있으며, 익산 미륵산성 남문 터, 장수 침령산성 북문 터 등 전북 지역, 통일신라시대의 산성에서 보여지고 있다. 현문식은 성문을 오르기 위해서 사다리 등을 이용해야 하는데, 통로부의 높이가 3m 가까이 되기 때문이다. 즉, 동문의 현문식은 출입의 편리함보다는 방어에의 이점을 살리기 위한 것으로써 유사시에 사다리를 거두어 들이는 방식으로 농성籠城을 위주로 하는 산성에서 잘 나타나고 있다.

그림 4. 현문식(한국의 성곽 인용)

다시 북문 터로 돌아가서, 통일신라시대에 개축된 평문은 후백제에 이르러 다시 한번 고쳐지는데, 이전의 성문 너비인 4.2m에서 1.8m으로 폭을 크게 줄여 사용하게 된다. 이는 성의 방비를 위해 암문(3차 북문 터)으로 용도를 변경한 것으로 보여진다. 이 문 터의 퇴적층에서는 장판 타날의 어골문魚骨文 기와가 출토되고 있는데, 이러한 기와는 신라 말·고려 초에 증가되는 것으로 파악되고 있다. 그래서 3차 북문 터는 9세기 말에서 10세기 초인 후백제에 의해 개축되었던 것으로 판단된다.

그리고 앞서 언급했던 서문 터는 남·북익성 사이의 계곡에 꺾쇠 모양처럼 오목한 형태로 축성된 성벽의 가운데 부분에 자리한다. 성문의 형태는 성벽이 단절되었다가 다시 이어지고 그 사이를 통로로 이용하는 개거식開据式이다. 통로부의 너비는 6.1m로 성문 중에서 넓은 편에 속하며, 동고산성에서도 가장 규모가 크다. 통로부의 가운데 부분 지점에는 석축 시설이 있고, 북쪽 측벽을 따라 계단상의 출입부가 있다.

아쉽게도 이 서문 터는 폐쇄가 이루어지는데, 성문의 출입구에 내·외벽을 쌓고 뒤채움을 한 성벽으로 통로부를 막았다. 그리고 채움부에는 성 내부의 물을 밖으로 배출하기 위한 수구가 마련되어 있다. 막음 성벽의 경우 성문 주변의 성돌과 유사한 방식으로 축성하였는데, 잘 다듬은 할석과 화강석을 면석面石으로 사용하였다. 즉, 성문 주변의 성벽은 후백제 때 대규모로 개축한 성벽으로써 견훤왕이 전주를 수도로 정한 시기에 이루어진 것이다. 그런데 그와 유사한 방식으로 성문을 폐쇄한 것은 개축 시기와 동떨어지지 않은 시점에서 성의 기능을 완전히 상실시키기 위한 폐성廢城의 방안일 것으로 추측된다. 일반적으로 성문의 폐쇄는 입구를 막아 방어적인 성격이 고려되고 있는 반면에, 서문 터는 출입구를 완전히 봉쇄한 것으로 936년 후백제의 멸망 이후 성문 입구를 막음으로써 백성들에게 패망의 종지부終止符를 다시 한번 보여 주면서 반란의 집결지를 사전에 차단하기 위한 일환으로도 생각해 볼 수 있겠다.

이상과 같이 삼국시대에 축조된 중첩식의 북문 터, 삼국 통일 이후 개축된 2차 북문 터와 신축된 현문식의 동문 터, 후백제 견훤에 의해 개축된 3차 북문 터와 개거식의 서문 터, 그리고 후백제의 멸망과 더불어 서문 터의 폐쇄 등을 살펴보았다. 이 고찰을 통해, 성문의 형식은 역사적 정황과 시대상을 반영한 문화유산 중 하나라는 것을 다시금 생각해 보는 계기가 되었다.

그림 5. 서문 터

논고

전북 서부지역 고대 성곽의
연구성과와 과제
박영민

전북 동부지역 고대 성곽
조사 성과
조명일

전북 서부지역 고대 성곽의 연구성과와 과제

박영민
전라문화유산연구원 연구위원

목차

I 머리말
II 전북 서부지역 고대 성곽의 현황
III 전북 서부지역 고대 성곽 조사연구의 성과와 과제
IV 맺음말

I 머리말

전라북도는 한반도의 서남부지역에 위치하고 있는 지역으로 동쪽은 소백산맥을 경계로 경상남도, 서쪽은 황해, 남쪽은 노령산맥을 경계로 전라남도, 북쪽은 금강 하류를 경계로 충청남도와 접하고 있다. 전라북도의 지형은 도의 중앙을 남북으로 종단하는 노령산맥을 경계로 동부산악지대와 서부평야지대로 크게 구분할 수 있다. 전라북도 동부산악지대는 노령산맥에서 소백산맥에 이르는 산간지대로 해발고도 1,000m 이상인 산이 많고, 그 사이 여러 곳에 산간분지와 고원이 분포한다. 소백산맥에는 덕유산·적상산·지리산 등이 발달해 있고 노령산맥에는 운장산(1,126m)을 주봉으로 성치산·명덕산·만덕산·고덕산·경각산·갈미산·고당산·내장산·입암산·방장산·문주산 등이 발달해 있으며, 여기에서 갈라져 나온 지맥으로 대둔산·천호산·마이산·모악산 등이 솟아 있다. 전라북도 동부산악지대에 속하는 시군은 무주군, 장수군, 진안군, 완주군의 동부지역, 임실군, 순창군, 남원시 등 7개 시군이다.

반면 서부 지역은 만경강과 동진강의 운반퇴적작용으로 주로 형성되었으며, 하천성 충적평야와 간석지들이 포함되는 지역으로 미작농업의 중심을 이루는 호남평야(김제만경평야, 소위 금만평야)의 대부분이 이에 속한다. 또한 전북 서부 평야지대의 북쪽은 금강의 하류역에 속해 있으며 군산시와 익산시의 북부지역에 넓은 충적지가 형성되어 있다. 한편 전북지역 서남부지역인 고창군은 고창천과 주진천, 해리천 등 소규모 하천을 중심으로 낮은 구릉지대가 형성되어 있으며, 하천과 구릉사이의 곡간부를 중심으로 넓은 충적지가 형성되어 있다. 이와 같이 전북 서부 평야지역은 금강, 만경강, 동진강, 고창천·주진천 일원에 넓게 형성된 충적지형을 특징으로 하며, 이들 충적지를 중심으로 도시가 형성되었다. 전라북도 서부 평야지대에 속하는 시군은 군산시, 익산시, 전주시, 완주군의 서부지역, 김제시, 정읍시, 부안군, 고창군 등 8개 시군이다.

본 논고는 그동안 시굴 및 발굴조사가 이루어진 전라북도 서부지역 고대 성곽을 중심으로 연구성과와 과제를 정리하고 아울러 전북지역 성곽의 보존방향을 간략하게 제시하는데 그 목적이 있다. 이에 따라 본 논고는 우선 전라북도 서부지역 8개 시군의 성곽 현황을 파악하였다. 전북 서부지역의 고대 성곽은 1960~1970년대 고故 전영래 박사의 지표 및 측량조사, 개별 지자체의 학술지표조사, 문화재청 문화유적분포지도 작성을 위한 지표조사, 한국학중앙연구원에서 연차적으로 추진하고 있는 향토문화전자대전 과정 중 연구자들의 개별적인 지표조사, 국립문화재연구소의 학술지표조사, 지방자치단체의 보존과 활용을 위한 지표조사 등 다양한 목적으로 꾸준한 지표조사가 이루어져 왔다. 이와 같은 다양한 지표조사를 통해 전북 서부지역 성곽의 분포와 현상은 대략으로 파악된 바 있다. 따라서 본 논고는 그동안 전북 서부지역 성곽연구의 결과물인 성곽의 분포현황을 먼저 정리하였고 그 후 전북 서부지역 성곽연구를 주제별로 구분한 후 그 연구성과를 정리하였다. 그리고 마지막으로 전북 서부지역 고대 성곽연구의 한계와 과제에 대해서도 간략하게 의견을 제시하였다.

II 전북 서부지역 고대 성곽의 현황

전북 서부지역은 북쪽부터 군산시, 익산시, 전주시, 완주군, 김제시, 정읍시, 부안군, 고창군 등 8개 시군이 해당된다. 개별 시군에 분포하는 성곽의 분포현황을 정리하면 다음과 같다. 내용은 전북 서부지역의 북쪽부터 남쪽순으로 기술하였다.

1 군산시[1]

군산시는 전라북도 서북쪽 끝에 위치하고 있는 지역으로 동쪽은 익산시, 서쪽은 황해, 남쪽은 만경강萬頃江을 경계로 김제시, 북쪽은 금강을 경계로 충청남도 서천군과 접하고 있다. 행정구역은 1읍(옥구읍) 10개면(개정·나포·대야·서수·성산·옥도·옥산·옥서·임피·회현면)이 소속되어 있다. 이 가운데 옥구읍과 개정·서수·옥산·옥구·임피·회현면은 군산의 남쪽에 위치하며, 만경강의 하류에 속하는 지역이다. 군산시에 현재까지 잔존하고 있는 성곽은 모두 12개소이다. 이 가운데 옥구읍성과 임피읍성은 조선시대 읍성이다. 그러나 옥구읍성은 내부 및 주변에서 백제토기[2]가 산재하고 있고, 임피읍성은 서성벽 외곽의 해자에서 임피의 백제 때 지명인 시산屎山이 양각된 시산관초屎山官草[3]명 명문기와를 비롯해 통일신라시대의 기와가 다량 출토되었다. 뿐만 아니라 필자의 지표조사에서도 성곽 내부에서 통일신라~고려시대의 유물이 수습된 바 있다. 따라서 임피읍성 또한 옥구읍성과 마찬가지로 조선시대 읍성 이전 선행하는 성곽의 존재 가능성을 배제할 수 없을 것으로 판단된다.

그림 1 군산 임피읍성 북성벽 협축구조 및 성내부 유물(2019년 필자촬영)

군산지역의 성곽은 옥구읍성 성벽 일부를 대상으로 시굴조사가 이루어 졌을 뿐 본격적인 학술발굴조사 이루어지지 않아 축성시기를 비롯해 구체적인 양상을 파악하기 어렵다. 다만 임피면 축산리 소재의 용천산성은 그 규모가 크고 내부에서 다량의 유물이 산재하고 있어 임피읍성과 함께 이 일대의 핵심 거점성곽으로 이용되었을 가능성이 매우 크다고 할 수 있다. 또한 필자의 지표조사에서 '□泉寺'명 기와가 수습되었는데, 이 명문은 『신증동국여지승람』 임피현 불우조佛宇條의 '용천사龍泉寺'로 추정된다.[4]

---

[1] 각 시군의 자연지리적 환경은 한국민족문화대백과사전을 참조하였다.

[2] 필자의 지표조사 결과 옥구읍성의 북쪽 능선지대에서 다량의 백제토기가 수습된 바 있다.

[3] 『삼국사기』 지리지 신라 : 임피군(臨陂郡)은 본래 백제의 시산군(屎山郡)이었는데, 경덕왕이 이름을 고쳤다. 지금까지 그대로 따른다. 거느리는 현은 3개이다.

[4] 『신증동국여지승람』 전라도 임피현 불우조(條) : 용천사, 취성산에 있다.

그림 2 군산 용천산성 동성벽 및 龍泉寺 명문기와 (2020년 필자 촬영)

군산시의 성곽은 금강 하류를 마주보고 있는 오성산토성과 도청산성을 제외하면 모두 만경강 하구와 만경강 지류인 탑천 및 주변 충적지를 조망할 수 있는 곳에 입지하고 있다. 또한 관원리산성, 도청산성, 오성산토성, 회미현성을 제외하면 성곽의 둘레가 1km이상인 점도 특징적이다. 이는 군산시 성곽이 창안토성과 같이 고려시대 군창과 관련된 성격과 밀접한 관련이 있을 것으로 판단된다.

군산시 성곽과 현황을 간략하게 정리하면 다음 표와 같다.5

표 1. 군산시 성곽 현황표

연번	성곽명	소재지	입지유형	둘레(m)	구조/특징/유물	시대(초축)	비고
1	옥구읍성	옥구읍 상평리 산129	포곡	1,390	석축/조선시대 읍성/내부 및 주변 능선에서 삼국시대 토기편 산재/선행성곽 가능성	조선	시굴
2	대산산성	옥구읍 수산리 산21-3임	-	-	유구 미확인	-	-
3	관원리산성	서수면 관원리 산132-1	테뫼(산복)	600	석축/삼국~고려시대 기와	-	-
4	도청산성	나포면 나포리 157-1	테뫼(산정)	160	토축/붕괴가 심함	-	-
5	오성산토성	성산면 성덕리 산38-14	테뫼	730	토석혼축/1947년 항공사진	-	-
6	창안토성	성산면 창오리 산102-3	포곡	2,880	토축/4km로 알려졌으나 항공사진 검토 결과 3km추정	고려	발굴
7	박지산성	옥산면 옥산리 산99-9	테뫼	1,000	토축 추정/성벽 여부는 불명	-	-
8	성산토성	옥서면 옥봉리 115-11임	테뫼	-	토단지형 확인/성벽 여부 불명	-	-
9	남산산성	임피면 보석리 산63-1	포곡	1,000	1954년 항공사진/백제 및 고려시대 기와	-	-
10	임피읍성	임피면 읍내리 산46-2	포곡	1,380	석축/조선시대 읍성/서성벽 해자 발굴조사 결과 통일신라~조선시대 기와 출토	통일신라	발굴
11	용천산성	임피면 축산리 523	포곡	1,000	토축/협축/내부에서 삼국~조선시대 유물	-	-

5 옥구읍성, 관원리산성, 도청산성, 오성산토성, 창안토성, 남산산성, 임피읍성, 용천산성, 회미현성의 둘레는 국토지리정보원의 해방 이후 항공사진에 관찰되는 성곽 거리를 측량하였다. 대산산성은 성곽의 윤곽이 확인되지 않으며, 성산토성은 토단만 관찰되어 둘레는 표기하지 않았다. 박지산성은 디지털군산문화대전 성곽(조명일 집필)내용을 참조하였다. 초축시기는 비교적 명확한 성곽만 표기하였다.

2 익산시

익산시는 전라북도 북쪽에 위치하고 있는 지역으로 동쪽은 완주군, 서쪽은 군산시, 남쪽은 만경강을 경계로 김제시와 접하고, 북쪽은 충청남도 부여군·논산시와 접하고 있다. 행정구역으로는 1개 읍, 14개 면, 14개 행정동(31개 법정동), 581개 행정리(114개 법정리)가 있다.

익산시를 구성하는 15개 읍면 가운데 함열읍, 낭산·망성·성당·여산·용동·용안·웅포면의 7개면은 금강수계이고, 익산시가지를 비롯해 금마·삼기·오산·왕궁·춘포·함라·황등면의 7개면은 만경강수계에 속한다. 익산시의 현존하는 성곽은 모두 12개소이며, 금강수계권 5개소, 만경강수계권 7개소이다.

익산시의 성곽은 주로 하천 주변의 충적지와 접하고 있는 산지에 분포하고 있는데, 금강하류와 접하고 있는 함라산 일원, 미륵사지와 왕궁리유적 북쪽의 미륵산과 용화산 일원에 집중 분포하고 있는 양상이다. 익산시의 성곽 가운데 발굴조사가 이루어져 구조와 특징, 축성시기 등을 파악할 수 있는 성곽은 낭산산성, 금마도토성, 익산토성, 미륵산성 등 모두 4개소에 불과하다.

익산시 성곽 현황을 표로 정리하면 다음과 같다.6

표 2. 익산시 성곽 현황표

연번	성곽명	소재지	입지유형	둘레(m)	구조/특징/유물	시대	비고
1	어래산성	함라면 신목리 산114	테뫼(산복)	485	석축/협축-편축/백제토기	-	-
2	함라산성	웅포면 웅포리 산1	포곡	1,200	석축/협축-편축/백제~조선 기와, 토기	-	-
3	낭산산성	낭산면 낭산리 산46	테뫼(산복)	870	석축/협축-편축/자연석 허튼쌓기/외황/백제~조선시대 기와, 토기	백제	발굴
4	당치산성	여산면 여산리 산7	테뫼(산복)	683	석축/협축-내탁/백제토기	-	-
5	선인봉산성	여산면 제남리 산82	테뫼(산정)	213	석축/협축-편축/거칠게 가공한 장방형 석재 횡적/백제토기/통일신라~조선 기와	-	-
6	천호산성	여산면 호산리 산9	테뫼(산복)	669	석축/협축-내탁/장방형 석재 횡적/백제토기, 통일신라~조선시대 기와	-	-
7	용화산성 주성	금마면 신용리 산48	테뫼(산복)	435	석축/협축-편축/거칠게 가공한 장방형 석재 횡적	-	-
8	용화산성 부성	금마면 신용리 산22-1	테뫼(산정)	189	석축/편축/자연석 허튼쌓기/백제토기	-	-
9	금마도토성	금마면 서고도리 산14-2	테뫼	369	토석혼축/외황-토루/백제~통일신라 기와 및 토기류	백제~통일신라	발굴
10	익산토성	금마면 서고도리 산52-2	테뫼(산복)	690	토석혼축/외황/문지-내외 선단부 곡선/후대 폐쇄/백제~통일신라 기와 및 토기류	백제	발굴
11	학현산성	왕궁면 동용리 산52	테뫼(산복)	700	석축/내탁-협축/장방형 가공석 횡적/그렝이기법/백제토기, 통일신라~조선 기와	-	-
12	미륵산성	금마면 신용리 산124-1	포곡	1,776	석축/내탁-협축/장방형 가공석 횡적/백제토기, 통일신라 기와~조선시대 기와 등	통일신라	발굴

금마, 왕궁 일대 고대 성곽은 부여(사비성), 공주(웅진성)으로 연결되는 주요 경로를 중심으로 배치되어 있다. 미륵사지 방면으로부터 연결되는 교통로상에 익산토성과 금마도토성이, 여산을 경유하여 공주방면으로 연결되는 루트 상에 용화산성, 당치산성, 천호산성, 학현산성 등이 위치하고 있다. 또한 금강으로부터 북천을 경유하여 금마면으로 연결되는 교통로상에는 낭산산성, 선인봉산성, 미륵산성, 용화산성과 함께 금마도토성이 자리하고 있다. 이와 같이 익산지방의 성곽은 왕궁리유적을 기준으로 남쪽보다는 북쪽과 금강변에 관방체계를 구축한 특징이 있다.7

---

6   익산시 관내 성곽의 명칭 및 규모 등은 익산의 성곽(원광대학교 마한·백제문화연구소, 2016)의 자료를 참고하였다.

7   이경찬, 2014, 「백제후기 익산 왕궁리유적의 도성계획사적 의미」, 『왕궁성 上 -古代 東亞細亞 都城과 益山-』, p133~134.

3   완주군

완주군은 전라북도 북부 중앙에 위치하며, 전주시를 둘러싸고 있는 군이다. 동쪽은 진안군, 서쪽은 김제시·익산시, 남쪽은 임실군·정읍시, 북쪽은 충청남도 금산군과 논산시에 접하고 있다. 행정구역으로는 3개 읍, 10개 면, 496개 행정리(106개 법정리)가 있다. 완주군 읍면 가운데 용진읍, 삼례읍, 봉동읍, 이서면은 주로 평야지대이며, 나머지 면은 전라북도 동부지역의 산지와 이어지는 산간지대이다.

완주군 성곽은 모두 17개소로 전북지역 시군 가운데 그 수효가 가장 많다. 완주군의 성곽은 만경강 상류, 강 주변 충적지와 접하고 있는 구릉성 산지에 입지한 삼례토성, 배매산성, 구억리산성, 상삼리산성, 화심리산성이 있으며, 나머지는 산간 내륙의 만경강 상류와 교통로를 따라 분포하고 있다. 특히 만경강과 소양천이 합류하는 만경강과 그 주변에 인접한 구릉성산지에 분포하는 산성, 즉 삼례토성, 배매산성, 구억리산성, 상삼리산성, 화심리산성은 초축시기가 모두 백제 토성이며, 내부에 다량의 백제유물이 산재하거나 출토되는 공통점이 있다. 반면 만경강 최상류 내륙 산간에 입지하고 있는 완주군 관내의 백도리산성, 종리산성, 대아리산성, 고성산성, 용복리산성 등은 모두 험준한 산봉을 의지하고 각지게 다듬은 성석을 횡적하여 축조한 석축산성이며, 내부에서 유물이 거의 수습되지 않는 공통점이 있다. 이외에 읍내리산성, 소향리산성, 용계산성, 산북리산성은 비록 산지에 입지하지만 내부에서 다량의 백제기와가 수습된다. 완주군 성곽은 삼례토성, 구억리산성, 상삼리산성을 제외하면 둘레가 200~600m 이내로 소규모에 해당된다. 그러나 이전리산성은 둘레가 3.6km에 달한 포곡식 산성으로 완주군 소재 고대 성곽 가운데 가장 큰 규모이다. 이전리산성은 중앙의 낮은 평지성 곡부를 감싸고 있는 산능선을 따라 성곽이 축조되었는데, 이와 같은 입지는 구억리산성과 매우 유사해 주목된다. 또한 이전리산성은 대부분 석축성이지만 남성벽 일부 구간은 토축성이고, 내부에서 백제토기가 수습되었다. 따라서 이전리산성은 완주군의 다른 산성과 다른 목적으로 축성된 성곽이며, 규모가 클 뿐 아니라 주변에 읍내리산성, 백현리산성, 백도리산성, 소향리산성, 종리산성이 집중 분포하고 있어 지정학적으로 매우 중요한 성곽임을 짐작케 한다.

고성산성   백도리산성

이전리산성   종리산성

그림 3   만경강 최상류 내륙 산간지역 석축산성 외벽형태(2016년 필자촬영)

완주군 성곽 현황을 표로 정리하면 다음과 같다.[8]

표 3. 완주군 성곽 현황표

연번	성곽명	소재지	입지유형	둘레(m)	구조/특징/유물	시대(초축)	비고
1	삼례토성	삼례읍 후정리 118	테뫼	590 내성	백지 토축성벽 확인/원형수혈유구/백제토기	백제	시굴
2	봉실산성	봉동읍 은하리 산110	테뫼(산정)	250	석축/부정형 할석으로 허튼쌓기/백제토기	백제~통일신라	-
3	배매산성	봉동읍 용암리 772	테뫼(산복)	526	백지 판축토성/집수시설·목책열·건물지/백제 한성기 말~공주도읍기 축성	백제	발굴
4	구억리산성	용진읍 구억리 산96-1	포곡	983	백지 판축토성/방형 점토집수시설/한성기말~공주도읍기 축성	백제	발굴
5	상삼리산성	용진읍 구억리 산126-1	테뫼	986	석축/백제 기와 및 토기	백제	-
6	화심리산성	소양면 화심리 134-1	테뫼(산복)	341	토성/백제~통일신라 기와	백제	-
7	백현리산성	고산면 서봉리 산27-1	테뫼	347	토석혼축/협축/고려~조선 기와	고려	-
8	소향리산성	고산면 소향리 산88	테뫼(산정)	347	석축/편축/백제기와	백제	-
9	읍내리산성 (관동리)	고산면 읍내리 산1-1	테뫼(산복)	762	토석혼축/협축/백제~통일신라 기와	백제	-
10	용복리산성	경천면 용복리 산86-1	퇴뫼(산정)	300	석축/편축-협축/절벽상단 축조	통일신라	범위오류
11	백도리산성	비봉면 백도리 산148	테뫼(산복)	425	석성/수습유물 無	-	
12	이전리산성	비봉면 이전리 산114	포곡	3,670	토석혼축/협축-편축/석축-장방형 대형석재 횡적/백제~통일신라 토기	백제~통일신라	-
13	산북리산성 (고중리)	운주면 산북리 산103	테뫼(산정)	150	석축/협축/백제기와	삼국	
14	용계산성	운주면 금당리 산80	테뫼(산복)	493	석축/협축(북서남벽)-편축(동벽)/판상석 축조/백제~통일 기와 및 토기류	백제	
15	종리산성	화산면 종리 산4-4	테뫼(산복)	564	석측/협축-편축/장방형 대형석재 횡적/절벽 상단 축조/수습유물 無	통일신라	-
16	고성산성	화산면 화평리 산26-2	테뫼(산정)	370	석측/협축-편축/장방형 대형석재 횡적/절벽 상단 축조/수습유물 無	통일신라	
17	대아리산성	동상면 대아리 산77	포곡	4,350	석측/협축-편축/판상석 횡적/수습유물 無	통일신라	

4 전주시

전주시는 전라북도 중앙에 위치한 도시로 대부분의 지역이 완주군에 둘러싸여 있으며, 서남쪽의 일부가 김제시에 접하고 있다. 행정구역으로는 2개 구 33개 행정동(83개 법정동)이 있다. 전주시는 노령산맥과 만경평야의 경계부에 위치하여, 시의 남쪽에는 북동·남서방향으로 모악산(母岳山, 794m)·고덕산(高德山, 603m)·묵방산(520m) 등의 노령산맥에 속하는 산지가 완주군과 경계를 이룬다. 전주의 시가지는 시의 남동쪽에 있는 기린봉·남고산·완산칠봉·다가산 등의 구릉지에 둘러싸인 전주천의 충적평야에서 시작하여 전주천 유역을 따라 북서쪽으로 점차 발달하였다.

전주시에 현존하는 성곽은 동고산성, 오목대토성, 남고산성, 서고산성, 원당리산성, 전주도성의 6개소이다. 이 가운데 동고산성과 서고산성은 백제 초축으로 추정되고 최근 발견되어 조사된 오목대토성은 통일신라시대에 축조되었다.

---

8   성곽의 규모는 전북 고대산성조사보고서(전영래 2003)를 참고하였다. 내륙 산간지역의 대형석재나 판상석으로 축조한 성곽의 통일신라로 추정하였다.

오목대토성은 다만 성벽의 일부만 확인되어 평면형태와 규모 등은 아직까지 명확하지 않다. 남고산성은 조선시대 후기 남고진南固鎭이 있었던 대표적인 조선시대의 석축성이다. 그러나 성내부에서 통일신라~고려시대 유물이 산재하고 있으므로 보다 이른 시기에 축성되었을 가능성을 배제할 수 없다.

그림 4　전주 남고산성 내부 유물(2022년 필자 촬영)

원당리산성은 붕괴가 심하지만 남성벽의 석축성벽 일부가 잔존하고 있고, 내부에서 백제토기가 다량 산포되어 있다. 이외에 전주시에는 후백제의 도성으로 추정되는 도성벽이 1950년대 항공사진에는 관찰되지만 현재는 거의 멸실되었고, 전주 동초등학교 북쪽담장에 그 일부가 잔존한다.9

표 4. 전주시 성곽 현황표

연번	성곽명	소재지	입지유형	둘레(m)	구조/특징/유물	시대(초축)	비고
1	동고산성	대성동 산25	포곡	1,712	석축/장방형 성석/층단쌓기/대형 기단석/어긋문/백제~통일신라 기와, 토기	백제	발굴
2	오목대토성	교동 산1-11	테뫼(산복)	-	토석혼축/통일신라~고려시대 기와, 토기	통일신라	발굴
3	남고산성	완산구 동서학동 산157	포곡	5,300	조선시대 남고진/내부에서 고려시대 유물 다량 산포	고려(추정)	발굴
4	서고산성	완산구 효자동3가 산96	테뫼(산복)	764	토축+석축/토성외벽에 석성을 덧붙인 구조/토성-백제, 석성-통일신라	백제	발굴
5	원당리산성	완산구 원당동 산87	테뫼(산정)	595.5	석축/백제토기	백제~통일신라	-
6	전주도성	-	평지	-	-	후백제	-

전주시의 토성 가운데 주목할만한 자료로는 서고산성이 있다. 서고산성은 비교적 최근에야 조사가 이루어진 성곽으로 전주 황방산 남쪽의 해발 209m의 두 산봉과 그 사이의 곡간부를 감싸고 있는 포곡식 석축산성이다. 서고산성은 2차례의 발굴조사 결과 선행하는 토축성벽의 외벽을 절개하고 통일신라시대에 석축성을 덧붙인 구조임이 밝혀졌다. 또한 토축성곽 체성부에서 다량의 백제기와, 백제토기와 함께 백제 연화문수막새가 출토되었다.10 서고산성은 규모도 크고 중심부에 수원水源을 해결할 수 있는 곡간부가 있는 포곡식 산성으로 이 일대 거점성곽으로 이용되었을 것으로 추정된다.

9　전주시·전북문화재연구원, 2022,『전주 남동부권역(승암산~기린봉~왜망실) 후백제유적 정밀지표조사보고서』.
10　전주시·전라문화유산연구원, 2022,『전주 서고산성 -남서성벽 1차 발굴조사-』.

5 김제시

김제시는 전라북도 중앙부의 서쪽에 위치한 도시로 동쪽은 노령산맥의 주능선을 경계로 완주군, 남쪽은 동진강을 경계로 정읍시·부안군, 북쪽은 만경강 및 그 하구를 경계로 익산시·군산시, 서쪽은 황해에 접하고 있다. 행정구역으로는 1개 읍, 14개 면, 4개 행정동(30개 법정동), 542개 행정리(121개 법정리)가 있다. 김제시는 동남부에 노령산맥의 서사면에 해당하는 높이 500~700m의 산지가 분포하는 것을 제외하고는 나머지 전 지역이 대체로 해발고도 50m 미만의 구릉지와 저평한 충적평야, 소위 비산비야非山非野로 불리는 지형으로 이루어져 있다.

김제시 성곽은 모두 11개소가 알려져 있으나 상당수 성곽의 체성부가 명확하지 않으며, 성산성, 금구산성, 금산사성지, 상두산성, 명금산성, 사창산성의 6개소 성곽만 성체가 뚜렷하게 확인된다. 또한 발굴조사가 이루어진 성곽은 성산성과 금산사성지 2개소에 불과하다. 김제시 성곽은 중앙의 성산성을 중심으로 주위의 낮은 구릉성 산지에 분포하고 있다. 이들 성곽 가운데 만경고성 추정지는 백제의 두내산현豆乃山縣으로 추정되는 곳이다. 이 지역은 만경읍성 북성벽 외측 산능선 정상부에 해당되는데, 능선 정상의 테두리를 따라 단이 형성되어 있고 내부에서 백제토기가 다량 산재하고 있다. 이 지역이 『세종실록지리지』의 기록에 등장하는 읍토성邑土城[11]지로 추정된다. 명금산성은 그동안 삼국시대 성곽으로 알려졌지만 필자의 조사 결과 토축 체성부에서 분청자기가 포함되어 있어 조선시대까지 운영되었을 것으로 추정된다. 사창산성은 백제 때 수동산현首冬山縣 치소로 추정되며, 내부에서 통일신라~조선시대에 이르는 유물이 다량 산재하고 있다.

표 5. 김제시 성곽 현황표

연번	성곽명	소재지	입지유형	둘레(m)	구조/특징/유물	시대(초축)	비고
1	성산성	교동 262-4	테뫼(산정)	559	토성/최하층-백제판축(영정주공)/상층-통일신라·고려 개축/삼국~고려 유물	백제	발굴
2	월성토성	월성동 474-1	-	-	성체 미확인	-	-
3	난산성	난봉동 224-21	테뫼(산정)	450 추정	-토성으로 추정되는 지형이 확인되나 성곽여부는 명확치 않음	-	위치 오류
4	만경고성 추정지	만경읍 만경리 산20-1	퇴뫼(산정)	-	세종실록지리지-토성기록/성곽 미확인/백제토기 다량 수습	백제(추정)	-
5	금구산성	금구면 선암리 산28	퇴뫼(산복)	540	석축/협축-편축/통일신라~고려 유물	-	-
6	금산사성지	금산면 금산리 산19	포곡		금산사 홍예문 남쪽 잔존/전체 범위 미확인/통일신라~고려 기와	통일신라	발굴
7	상두산성	금산면 선동리 산67	포곡	1,966	석축/내부 건물지	-	-
8	명금산성	부량면 신두리 산22	테뫼(산정)	284	토축/조선시대 분청자	-	-
9	성덕산토성	성덕면 성덕리 산58	-	-	성체 미확인	-	-
10	사창산성	용지면 구암리 420-4	테뫼(산정)	540	석축/삼국토기, 통일신라~조선시대 기와 등	-	-
11	동지산리 산성	청하면 동지산리 440	-	-	성체 미확인	-	-

6 정읍시

정읍시는 전라북도 남서부에 위치한 도시로 동쪽은 임실군·완주군, 서쪽은 부안군·고창군, 남쪽은 순창군과 전라남도 장성군, 북쪽은 김제시와 접하고 있다. 행정구역으로는 1개 읍, 14개 면, 8개 행정동(27개 법정동), 555개 행정리(141개 법정리)가 있다. 정읍시는 대부분 지역은 구릉지와 평야지대지만, 내장산이 있는 정읍시 용산동과 칠보면 일원은 노령산맥과 접해 비교적 험준한 산지를 이룬다.

---

11 『세종실록지리지』 만경현조(條) : 읍 토성, 둘레가 1백 보인데 무너져서 수축하지 아니하였다.

정읍시 성곽은 모두 17개소가 알려졌으나 영원면의 수성, 용호리산성, 외칠리산성, 무성리산성은 성체가 뚜렷하게 확인되지 않았다. 정읍시의 성곽은 정읍시의 남쪽(죽림동산성, 초산성), 영원면과 고부면 일원(고사부리성, 두승산성, 금사동산성, 은선리토성, 우덕리산성), 동진강 최상류인 칠보면과 산외면 일원(상두산성, 평사리산성, 산성리산성, 행단산성)에 집중 분포하고 있다. 상두산성과 행단산성을 제외하면 성곽의 전반적인 입지는 하천 및 충적지와 접하고 있는 산봉에 입지하고 있다. 이들 성곽 가운데 고사부리성을 제외하면 발굴조사가 이루어지지 않아 구체적인 양상을 파악하기 힘들다. 정읍시 성곽 가운데 고사부리성은 백제 중방이었던 고사부리의 치소로 비정되고 있다.

정읍시 성곽 현황은 아래 표와 같다.[12]

표 6. 정읍시 성곽 현황표

연번	성곽명	소재지	입지유형	둘레(m)	구조/특징/유물	시대	비고
1	죽림동산성	연지동 산8	테뫼	538	토축/통일신라~고려 기와	-	-
2	초산성	시기동 산67	테뫼(산복)	1,061	석축/통일신라~고려 기와	-	-
3	백산리산성	신태인읍 백산리 산21	테뫼(산정)	713 (외성)	석축/삼국~고려시대 기와, 토기편	-	-
4	고사부리성	고부면 고부리 산1	테뫼(산복)	1054	석축/장방형 성석/층단쌓기/백제~조선기와/ 상부상항명 기와 및 목기	백제	발굴
5	두승산성	고부면 입석리 산23	포곡	5,052	석축/장방형 성석/통일신라~조선 기와	-	-
6	우덕리산성	덕천면 우덕리 산6	테뫼(산정)	415	토축/백제토기	-	-
7	평사리산성	산외면 평사리 산71	테뫼(산복)	403	석축/백제토기	-	-
8	상두산성	산외면 상두리 산356-1	포곡	1,965	석축/백제토기, 통일신라~고려 기와	-	-
9	수성	영원면 앵성리 603-4	-	-	성체 미확인	-	-
10	금사동산성	영원면 은선리 산65	포곡	2,365	토축	-	-
11	은선리토성	영원면 은선리 193	테뫼(산복)	680 추정	토축/백제 인각와 및 백제토기	백제	-
12	산성리산성	옹동면 산성리 산79	테뫼(산복)	666.5	석축/백제토기	-	-
13	용호리산성	옹동면 용호리 산42	-	-	성체 미확인	-	-
14	외칠리산성	옹동면 칠석리 산8	-	-	성체 미확인	-	-
15	대산리산성	정우면 대산리 135-54	테뫼	379	토축/통일신라 기와	-	-
16	무성리산성	칠보면 무성리 산4-1	-	-	성체 미확인	-	-
17	행단산성	칠보면 시산리 산30-2	테뫼	482	석축/삼국시대 기와·토기	-	-

7 부안군

부안군은 전라북도 중서부에 위치한 군으로 동쪽은 정읍시, 남쪽은 곰소만을 경계로 고창군, 북쪽은 동진강 하구를 경계로 김제시와 인접하며, 서쪽은 황해에 접하고 있다. 행정구역으로는 1개 읍, 12개 면, 510개 행정리(99개 법정리)가 있다. 북동부는 평야지대이고 남서부는 산지로 이루어져 있다. 남서부의 서해에 돌출한 변산반도는 군면적의 2/3를 차지하며, 대부분이 산지로 서해바다의 인접지역을 포함하여 변산반도국립공원을 이룬다. 충적평야는 주로 동진강 하류와 고부천 연변에 넓게 발달했다.

부안군 성곽은 모두 16개소가 알려져 있다. 그러나 필자의 현지조사 결과 수문산성, 용화동토성, 용정리토성, 구지리토성, 반곡리토성은 성곽의 체성부 뚜렷하지 않아 성곽여부는 불투명하다. 다만 토단 주변에서 원삼국~백제유물이 다량 산포되어 있으므로 목책이나 환호를 두른 취락유적일 가능성이 있다. 백산성은 발굴조사 결과 성곽은 없으며, 원삼국시대 취락유적임이 밝혀졌다. 따라서 현재까지 체성부가 확인된 성곽은 10개소로 추정할 수 있다. 이 가운데 정식

---

[12] 성곽의 규모 등은 전북 고대산성조사보고서(전영래 2003)를 참고하였다.

발굴조사가 이루어져 축조시기 등이 밝혀진 사례는 우금산성이 유일하다. 부안군 고대 성곽 가운데 역리산성은 동문이 어긋문 형태이고, 내부에서 다량이 유물이 산재하고 있으므로 백제 초축일 가능성이 높은 성곽이다.

부안군의 성곽은 주로 줄포만 일원(영전리토성, 유천리토성, 장동리토성), 고부천 주변(사산리산성, 소산리산성, 부곡리산성), 부안읍 일원(상소산성, 역리산성)에 집중되어 있다. 염창산성은 서허를 접하고 있고, 우금산성은 오랫동안 백제 부흥운동의 중심지였던 주류성으로 비정되어 왔으나 수차례 발굴조사 결과 이를 입증할만한 유구 및 유물은 현재까지 확인되지 않고 있다.

부안군 성곽 현황은 아래 표와 같다.[13]

표 7. 부안군 성곽 현황표

연번	성곽명	소재지	입지유형	둘레(m)	구조/특징/유물	시대	비고
1	상소산성	부안읍 동중리 산4-2	테뫼(산복)	810	석축/삼국~조선시대 유물	-	-
2	수문산성	계화면 창북리 336-4	-	-	성곽 미확인/토단 확인/토단 주변 원삼국~삼국토기 다량 산포	-	-
3	염창산성	계화면 창북리 산50-1	테뫼	473	토축/협축	-	-
4	용화동토성	계화면 창북리 711-21	-	-	성곽 미확인/토단 확인/토단 주변 원삼국~삼국토기 다량 산포	-	-
5	용정리토성	계화면 궁안리 산44-1	-	-	성곽 미확인/토단 확인/토단 주변 원삼국~삼국토기 다량 산포	-	-
6	구지리토성	동진면 당상리 883-9	-	-	성곽 미확인/토단 확인/토단 주변 원삼국~삼국토기 다량 산포	-	-
7	반곡리토성	동진면 안성리 424-1	-	-	성곽 미확인/토단 확인/토단 주변 원삼국~삼국토기 다량 산포	-	-
8	백산성	백산면 용계리 산8-1	-	-	원삼국시대 취락유적	-	발굴
9	부곡리산성	보안면 부곡리 산13-7	테뫼(산복)	564	토축/협축/동문지	-	-
10	영전리토성	보안면 영전리 476-23	테뫼(산복)	527	토축/고려~조선 기와	-	위치오류
11	유천리토성	보안면 유천리 산10-18	테뫼(산복)	798 내성	토축/내성 및 외성	고려	-
12	우금산성	상서면 감교리 산99	포곡	3,950	석축/통일신라~조선 기와, 토기	고려	발굴
13	사산리산성	주산면 사산리 산47	테뫼(산정)	271	토축/백제토기 및 조선 기와, 분청자 등	-	-
14	소산리산성	주산면 소산리 산34	테뫼(산정)	326	석축/백제토기·통일신라 기와	-	-
15	장동리토성	줄포면 장동리 406-40	테뫼(산정)	325	토축/백제토기·고려기와	-	-
16	역리산성	행안면 역리 산135-1	테뫼(산복)	535	토축/동문-어긋문/백제토기·고려~조선기와, 청자, 분청자	-	-

8 고창군

고창군은 전라북도 서남단에 위치한 군으로 동북쪽은 정읍시, 동남쪽은 노령산맥을 경계로 전라남도 장성군, 남쪽은 전라남도 영광군, 서쪽은 황해, 북쪽은 줄포만을 사이에 두고 부안군과 접하고 있다. 행정구역으로는 1개 읍, 13개 면, 563개 행정리(189개 법정리)가 있다. 고창군의 지형은 동남쪽과 북쪽의 아산면 일대가 높은 편이며 중앙은 낮은 구릉성 산지를 이루고 있다. 전체적으로 구릉지가 넓고 충적지가 좁은 게 특징이다. 하천은 대체로 짧고 수량도 많지 않으며, 충적평야는 이들 하천 유역에 좁게 형성되어 있다. 주요 하천으로는 노령산맥 서사면에서 발원해 고창읍을 관통한 후

---

[13] 성곽의 규모는 전북 고대산성조사보고서(전영래 2003)를 참고하였다.

선운산지의 중앙을 지나 줄포만으로 흘러드는 인천강仁川江이 있다. 인천강에는 고수천古水川이 문수산에서 발원해 고수면을 관통한 뒤 아산면에 흘러든다. 그 밖에 주진천舟津川은 경수산과 소요산에서 발원해 선운사 옆을 지나 줄포만으로 흐른다.

고창군 성곽은 모두 8개소가 알려져 있고, 『신증동국여지승람』에 등장하는 오태리고성[14]을 포함하면 9개소이다. 이 가운데 예지리토성만 시굴조사가 이루어졌다. 예지리토성과 성남리산성은 낮은 구릉상에 축조된 규모가 작은 토성이고, 창내토성과 고산성은 험준한 산을 감싸고 있는 대규모 포곡식 산성이다. 장사산성과 서산산성, 흥덕읍성은 하천과 충적지를 조망하는 산지에 입지하고 있다. 이 가운데 흥덕읍성은 비록 조선시대 읍성이지만 내부에서 통일신라~조선시대에 이르는 유물이 다량 산포되어 있으므로 선행하는 성곽이 존재할 가능성이 있다.[15] 또한 필자의 현지조사에서 흥덕읍성 내부에 선행할 것으로 추정되는 토축성벽, 백제토기, 통일신라~고려시대 기와, 전 등이 수습된 바 있다.

그림 5 고창 흥덕읍성 내부 토성벽 및 유물(2019년 필자 촬영)

고창군은 군의 크기와 고고학적 유적의 수에 비해 성곽의 수가 상대적으로 적은 편이고, 밀집하지 않고 드문드문 떨어져 분포하는 특징이 있다.

고창군 성곽 현황은 아래 표와 같다.[16]

표 8. 고창군 성곽 현황표

연번	성곽명	소재지	입지유형	둘레(m)	구조/특징/유물	시대	비고
1	예지리토성	고수면 예지리 산52-1	테뫼	361	토축/백제토기·고려기와	백제	시굴
2	성남리산성	대산면 성남리 산55	테뫼	280	토축	-	-
3	창내토성	부안면 검산리 산71	포곡	3,005	석축/남문지 주변 성벽-높이 4m, 너비 약 6m/고려시대 조창과 관련	-	-
4	장사산성[17]	상하면 하장리 산63	테뫼	703	석축/문지 4개소/서문지 확인	백제	-
5	고산성	성송면 산수리 산164	포곡	3,400 추정	석축/산 경사면을 'ㄴ'자로 깎아낸 후 바깥쪽에만 석축을 하였고, 안쪽의 뒷채움은 흙과 잡석 채움	-	-
6	서산산성	아산면 하갑리 산1	테뫼(산복)	730	석축/내탁식/성돌은 판석형의 자연석 이용/백제기와 및 토기	백제	-
7	왕촌리성지	해리면 왕촌리 산43-1	-	-	성곽 미확인	-	-
8	흥덕읍성	흥덕면 흥덕리 산2-8	테뫼(산정)	1,030	토석혼축/협축-편축/통일신라~조선 기와, 토기	-	시굴

14 『신증동국여지승람』흥덕현 고적조(條) : 오태리고성, 현의 서쪽에 있다[吳泰里古城在縣西].
15 고창군·(재)조선문화유산연구원, 2022, 『고창 흥덕공원 조성사업부지 내 문화재 표본조사 약보고서』.
16 고창군 향토문화전자대전 성곽편(강원종 집필)과 영산강유역 고대 산성(국립나주문화재연구소)을 참고하였다.
17 (재)전주문화유산연구원, 2013, 『고창 장사성지』.

고창군 관내에서 주목해야 할 성곽은 장사산성과 서산산성이다. 이 두 산성은 양쪽에 솟은 두 산봉, 즉 테뫼식 가운데 마안봉형馬鞍峰形 입지이다. 이러한 입지는 두 산봉사이에 작은 협곡이 있어 성내의 군사가 음용할 식수를 공급하기에 유리한 지형으로 정읍 고사부리성이 대표적이다. 이 두 산성내부에서는 여러 시기의 유물이 혼재하고 있어 오랫동안 주요 거점성곽으로 이용되었을 것으로 추정된다.

그림 6 고창 장사산성 성벽 및 추정 서문지(전주문화유산연구원 2012)

Ⅲ   전북 서부지역 고대 성곽 조사연구의 성과와 과제

1   발굴조사 현황

이상과 같이 전북 서부지역 성곽의 현황을 시군별로 간략하게 살펴보았다. 전북 서부지역 8개 시군 지역의 성곽은 모두 98개소이다. 그러나 이들 성곽은 성곽이 실제 확인되지 않아 성곽 여부가 불투명한 사례가 다수 있으므로 그 수효는 더 줄어들 것으로 판단된다. 전북 서부지역 성곽은 성벽이나 해자 등 일부분이라도 시굴이나 발굴조사가 이루어진 성곽은 20개소이고, 체성부를 대상으로 발굴조사가 이루어진 사례는 14개소에 불과할 정도로 학술조사가 매우 미진한 상태임을 알 수 있다.

표 9. 전북 서부지역 성곽 발굴조사 현황

시군	군산시	익산시	완주군	전주시	김제시	정읍시	부안군	고창군	계
성곽 수	11	12	17	6	11	17	16	8	98
발굴(시굴) 성곽	3	4	3	4	2	1	1	2	20
체성부 발굴	-	4	2	4	2	1	1	-	14

전라북도 서부지역 성곽은 1960~1970년대 고故 전영래 박사의 전라북도 전역을 대상으로 치밀한 현지조사와 측량조사가 진행되어 연구기반이 확립되었고, 그 이후 각종 지표조사를 통해 그 위치와 규모 등이 대략적으로 파악되었다. 전북 서부지역 성곽의 발굴조사는 1980년 전주시립박물관의 전주 동고산성 발굴조사와 원광대학교 마한·백제문화연구소의 익산 보덕성(현 익산토성) 발굴조사 이후 본격화되었다. 전북 서부지역 성곽의 발굴조사를 연표로 정리하면 다음과 같다.[18]

---

[18] 각 유적조사에 대응하는 보고서는 본 논고 뒤의 참고문헌에 별도로 정리하였다.

표 10. 전북 서부지역 성곽 발굴조사 연표

연번	조사기관(연도)	성곽명	조사대상	조사내용
1	전주시립박물관(1980)	전주 동고산성	개괄 측량조사	
2	원광대학교 마한·백제문화연구소(1980)	익산토성(보덕성)	남문지/수구석벽열	최초 발굴조사
3	원광대학교 마한·백제문화연구소(1984)	익산토성(오금산성)	남문지/남성벽/체성부 탐색조사	남문지 구조/체성부 구조와 축조기법 파악-토축+석축구조/일본 神籠石式 산성과 최초 비교
4	원광대학교 마한·백제문화연구소(1990)	전주 동고산성	1차 발굴조사	22칸 건물지 초석확인
5	원광대학교 마한·백제문화연구소(1994)	전주 동고산성	2차 발굴조사/주건물지/1-1·2건물지	전면 40칸, 측면 4칸 주 건물지 확인/전주성명 수막새
6	원광대학교 마한·백제문화연구소(1995)	부안 우금산성	우금산성 정밀지표	주류성 추정
7	원광대학교 마한·백제문화연구소(1996)	전주 동고산성	3차 발굴조사/1-3건물지 발굴, 5~7건물지, 11건물지 시굴조사/성벽시굴조사	/1-3건물지 구조 파악/건물지의 위치와 범위 확인
8	전주대학교박물관(1997)	부안 우금산성	성내부 건물지	건물지 6동 확인/천순명 암막새
9	원광대학교 마한·백제문화연구소(1997)	전주 동고산성		
10	원광대학교 마한·백제문화연구소(2000)	전주 남고산성	서문지/서암문	조선시대 서문지 및 서암문지 구조 파악
11	원광대학교 마한·백제문화연구소(2000)	익산 미륵산성	동문지 및 동문지 주변	조선시대 개축된 동문지와 동문지 주변 성벽구조 파악
12	전북대학교박물관	완주 배매산성	성내부 건물지	집수시설, 건물지, 목책
13	원광대학교 마한·백제문화연구소(2001)	금마도토성(저토성)	동·서·남문지 일대/성벽 탐색조사	석축+판축토성이 결합된 축성방식 확인/익산토성과 유사
14	전북문화재연구원(2003)	정읍 고사부리성	성 내부 시굴조사	조선시대 건물지 확인
15	전북문화재연구원(2004)	정읍 고사부리성	1차 발굴/성내부 조선시대 건물지	관아 건물지 확인/옹정 12년명 수막새 출토
16	원광대학교 마한·백제문화연구소(2004)	전주 동고산성	4차 발굴조사/5, 7~8, 11건물지 발굴조사	건물지 구조와 형태 등 파악/官자명 명문와
17	전북문화재연구원(2004)	군산 창안토성	남성벽 일부 발굴조사	석축+토축 성벽 확인
18	원광대학교박물관(2004~2006)	익산 미륵산성	성내부 건물지/남문지	현문식 남문지-3차 이용/통일신라~고려 건물지/장방형 집수시설
19	전북문화재연구원(2005~2006)	군산 임피읍성	서성벽 해자	통일신라~고려시대 기와 및 청자/屎山官草 명문기와
20	전북문화재연구원(2005)	정읍 고사부리성	2차 발굴/북문지/성벽 탐색조사/객사지	백제 초축 확인/북문지 및 체성부 구조 파악/상부상항명 기와
21	전북문화재연구원(2006)	정읍 고사부리성	3차 발굴/집수시설 및 북성벽 수구시설	장방형 집수시설/백제 기마병 선각 기와 출토
22	전북문화재연구원(2006)	전주 동고산성	5차 발굴/북문지	북문지-1차 및 2차 사용/1차문지-어긋문
23	전북문화재연구원(2006)	익산 낭산산성	남문지 및 주변성벽	개석식 문지 확인
24	전북문화재연구원(2009)	전주 동고산성	6차 발굴/남성벽/동문지/집수시설 등	석축성벽 구조 파악/동문지-현문구조/완산주 설치시 배후성-후백제 치소성 추정
25	전라문화유산연구원(2009)	김제 금산사 성지	금산사 홍예문 남측 성벽 발굴조사	자연암반을 정지하고 토석혼축으로 축조/연화문수막새 등
26	전북문화재연구원(2010)	정읍 고사부리성	4차 발굴조사/서문지/남문지/남성벽 발굴	어긋문형태의 서문지 확인/남성벽 축조기법 파악
27	전북문화재연구원(2011)	정읍 고사부리성	5차 발굴조사/서문지/남문지/남서성벽	남서성벽 구조와 형태, 축조시기 파악
28	전주문화유산연구원(2013~2014)	전주 동고산성	7차 발굴조사/서문지 및 주변 성벽 발굴조사	개거식 서문지/1차 및 2차성벽
29	전주문화유산연구원(2014)	부안 우금산성	추정 남문지, 남성벽 시굴조사	남문지 미확인/남성벽 구조 파악

연번	조사기관(연도)	성곽명	조사대상	조사내용
30	전북문화재연구원(2015)	익산 미륵산성	정상부 평탄지 및 치성	정상부 평탄지-구들건물지/장방형 성석으로 치밀하게 축조한 치성 및 성벽
31	전북문화재연구원(2015)	부안 우금산성	남문지/남성벽	추정 남문지 박석시설 확인
32	국립전주박물관(2015)	전주 오목대토성	체성부 발굴조사	통일신라시대 토축성벽, 주공열
33	원광대학교 마한·백제문화연구소(2016)	익산토성	서성벽-북성벽 시굴조사	성곽 확인
34	원광대학교 마한·백제문화연구소(2016~2018)	익산토성	서문지 및 서성벽/북성벽	백제 체성부 구조와 축조기법/개거식 서문지·폐쇄 확인
35	군산대학교박물관(2016)	완주 구억리산성	동성벽 및 내측 시굴조사	토축성벽 확인/고배, 뚜껑 등
36	전라문화유산연구원(2015~2016)	전주 남고산성	남동우각부 성벽 및 건물지	성벽-2차 개축/우각부 성벽-곡성/성벽외측 장방형 건물지
37	전라문화유산연구원(2016)	김제 성산성	서성벽 2개소	백제 초축 판축토성-통일신라~고려시대 석축+토성 개축
38	전라문화유산연구원(2017)	완주 배매산성	1차 발굴조사/서성벽	백제 판축토성 확인
39	전주문화유산연구원(2017)	완주 삼례토성	성벽 탐색조사	백제 판축토성 확인
40	군산대학교박물관(2017)	군산 옥구읍성	동성벽 탐색조사	조선시대 읍성 확인
41	전북문화재연구원(2017)	금마도토성	서문지 일대 발굴조사	서문지 미확인/서성벽, 암거형 배수로, 배수시설
42	전북문화재연구원(2017~2018)	부안 우금산성	남문지, 동문지 일원	남문지 및 동문지 구조 파악
43	전라문화유산연구원(2017)	정읍 고사부리성	남성벽, 동성벽 시굴	성벽 및 성외측 주공열 확인
44	조선문화유산연구원(2018)	완주 구억리산성	서성벽 내측 발굴조사	토축성벽, 지상건물지, 주거지, 주공, 수혈/고배, 장란형토기 등
45	전라문화유산연구원(2018)	완주 배매산성	2차 발굴조사/서성벽	서문지 미확인/영정주공 및 체성부내 석축열 확인
46	전라문화유산연구원(2018~2019)	정읍 고사부리성	7차 발굴조사/남성벽	남성벽 구조 파악/조선~백제 수구/백제 및 고구려계 토기
47	전라문화유산연구원(2019)	전주 서고산성	성벽 및 성내측 평탄지	백제~통일신라시대 성벽 및 건물지 확인
48	전주문화유산연구원(2019)	전주 동고산성	서문지 긴급발굴조사	서문지 구조 추가 확인
49	조선문화유산연구원(2019)	고창 태봉토성(예지리토성)	전면 시굴조사	토축성벽 확인
50	전북문화재연구원(2019)	부안 우금산성	성내부 건물대지	유구 미확인
51	전라문화유산연구원(2020)	전주 서고산성	1차 발굴조사/남서우각부	백제 초축 토축성벽+통일신라 개축 석축성벽 확인
52	전라문화유산연구원(2020)	정읍 고사부리성	8차 발굴조사/남성벽 및 남성벽 내측	백제 배수시설, 추정 문지 석열 上部上港명 목기 출토
53	전주문화유산연구원(2019)	전주 동고산성	서문지 시발굴조사	서문지 내벽확인/문지폐쇄부 해체조사/집수시설
54	전라문화유산연구원(2021)	정읍 고사부리성	9차 발굴조사/추정 남문지	남문지 추가 확인
55	전라문화유산연구원(2021)	완주 배매산성	3차 발굴조사/서성벽 내측	건물지 16기/구들 건물지 확인
56	전라문화유산연구원(2021)	전주 서고산성	2차 발굴조사/추정 서문지	서문지 미확인/서성벽 구조 및 축조기법 파악/토축(백제) 절개 후 석축(통일신라) 개축/백제 연화문 수막새 등
57	조선문화유산연구원(2022)	고창 흥덕읍성	성벽 내부 시굴조사	성토층 및 구상유구 등 확인

2   조사연구 성과

이상과 같이 그동안 시굴 및 발굴조사가 진행되었던 전북 서부지역 성곽을 조사연도 순으로 알아 보았다. 이 지역의 성곽연구는 2000년대에 들어와 조사 사례가 급증하는 양상이며, 이에 따라 성곽의 구조와 특징이 점차 밝혀지고 있다. 전북 서부지역 성곽 발굴조사와 연구 성과를 성곽조사의 특성에 따라 첫째 백제 성곽의 구조·특징 및 축조배경 확보, 둘째 익산지역 백제 고도자료의 확보, 셋째 후백제 도성자료의 확보의 세 가지로 크게 분류할 수 있다.[19]

1) 백제 성곽의 구조·특성 및 축조배경

그동안 발굴조사된 전북 서부지역의 백제 성곽은 토성土城인 완주 배매산성·구억리산성·삼례토성, 전주 서고산성, 김제 성산성과 석성石城인 익산 낭산산성, 정읍 고사부리성, 익산토성 등이 있다.

(1) 백제 토성

① 체성부의 구조와 특징

백제는 서울 풍납토성과 몽촌토성과 같은 대규모 토성을 일찍부터 축조하였고, 백제의 성장과 함께 점차 남쪽으로 축성 범위를 넓혀 갔다. 이와 같은 백제 한성도읍기 토성은 화성 길성리토성, 당진 성산성, 증평 추성산성, 천안 동성산성 등이 있다. 따라서 한강 이남의 각 지역의 백제 성곽은 전반적으로 토성이 먼저 축성되고 뒤이어 석성이 축조된다. 전북 서부지역도 예외는 아니어서 전북지역 백제 성곽은 완주 배매산성과 구억리산성이 먼저 축조되었고, 그 후 낭산산성이나 정읍 고사부리성 등 석축성이 축조되었다. 물론 백제 토성은 부여 부소산성처럼 백제 멸망기까지 오랫동안 축조·운영된다.

전북지역 백제 토성은 진안 와정토성이 처음 발굴되었다. 발굴조사 당시 조사단은 체성부에서 열을 지어 확인된 주공열을 목책열로 파악하였고, 대규모 목탄층은 화재폐기의 결과로 파악하였다.[20] 그러나 와정토성에 확인된 주공열은 목책이 아닌 판축토성의 고정식 영정주이고, 체성부의 목탄층은 성토재로 활용된 표토블럭이라는 의견이 제시된 바 있다.[21] 진안 와정토성은 전북지역에서 백제 판축토성이 조사된 최초의 사례라는 점, 백제의 금강상류지역 진출이 비교적 이른 시기인 5세기 중엽이며 가야와 연관을 맺고 있었음을 밝혔다는데서 큰 의의를 둘 수 있다.

전북 서부지역에서 처음으로 발굴조사된 백제 토성은 완주 배매산성이다. 완주 배매산성은 완주군 봉동읍 용암리와 둔산리를 경계 짓는 배매산(해발 121.6m) 정상부를 감싸고 있는 테뫼식 토축산성이다. 2000년 발굴조사 결과 성 내부에서 기반층을 굴착하고 축조한 다수의 벽주건물지와 목책시설, 목책시설 내부의 건물지와 목조 집수시설이, 성외부에서 원형수혈과 주거지 등이 조사되었다.[22] 이 발굴조사를 계기로 금강하류지역의 익산 입점리고분과 함께 간접지배 단계에 속해 있던 전주지역이 배매산성의 축성과 함께 직접지배 방식으로 변화하였다고 파악하거나,[23] 호남지역 주거 양식의 관찰을 통해 만경강유역 주거문화가 단계적인 변화를 거쳐 완주 배매산성 축조 단계에 이르러 백제의 완전한 직접지배로 인식하는 견해[24]가 발표된 바 있다. 배매산성은 그 후 2017년 문화재청 비지정매장문화재 발굴조사의 일환으로 서성벽에 대한 발굴조사가 이루어 졌고 영정주를 활용한 백제 판축 토성임이 밝혀 졌다.[25] 또한 2018년 발굴조사는 2017년 발굴조사된 서성벽의 남쪽을 대상으로 진행되었고, 역시 영정주공과 함께 토축 체성부 내부에 조성된 석축유구의 존재를 새롭게 파악할 수 있다. 토축 체성부내에 조성된 석축열은 전반적으로 조잡한 형태로 쌓았고 그 형태와 규모가 일정치 않으며 성외측 방향으로 면을 맞춘 구조이다. 조사단은 이 석축열이 백제 토성인 당진 성산산성의

---

19   이 분류는 발굴조사의 목적과 크게 관계 없이 발굴조사된 결과를 토대로 필자가 임의로 정리한 것임을 밝혀둔다.
20   군산대학교박물관·전북대학교박물관, 2001, 『臥亭遺蹟』.
21   이혁희, 2014, 「鎭安臥亭土城의 構造와 性格再檢討」, 『호서고고학』 31, 호서고고학회.
22   전북대학교박물관, 2002, 『배매산 -완주 봉동읍 배수지 시설부지내 문화유적발굴조사보고서-』.
23   박순발, 2002, 「漢城期 百濟의 城郭」, 『향토서울』 62, 서울특별시사편찬위원회.
24   이동희, 2012, 「三國時代 湖南地域 住居·聚落의 地域性과 變動」, 『中央考古研究』 10, 중앙문화재연구원.
25   (재)전라문화유산연구원·문화재청·(사)한국매장문화재협회, 2017, 『완주 배매산성 -비지정 매장문화재 학술발굴조사-』.

석축열과 비교할 수 있으며, 성곽 내부의 평탄지를 조성하거나 체성부를 견고하게하는 목적이 있는 구조로 파악하였다.[26] 또한 2021년 발굴조사는 2018년 조사된 서성벽 내측을 대상으로 진행되었는데, 급경사면을 절토하고 조성한 다수의 건물지가 확인되었다. 그 가운데 8호 건물지는 건물지 벽과 일직선인 일자형 석제 구들이 배치되었다.[27] 한편 당진 성산리산성은 해발고도 67m의 낮은 산봉에 축성된 테뫼식 토축산성으로 토사와 암반쇄석을 혼용해 체성부를 축조하였고, 체성부 내에는 체성부를 보강하기 위한 석축이 부분적으로 조성된 산성이다. 또한 성곽 내부에는 석제 구들이 있는 주거지가 조성되었고 출토유물을 통해 4세기 후반~5세기 중엽 조성되었을 것으로 추정되다.[28] 완주 배매산성의 토축성곽과 내부 건물지는 비록 조성시기가 다르지만 당진 성산리산성과 매우 유사해 주목된다.

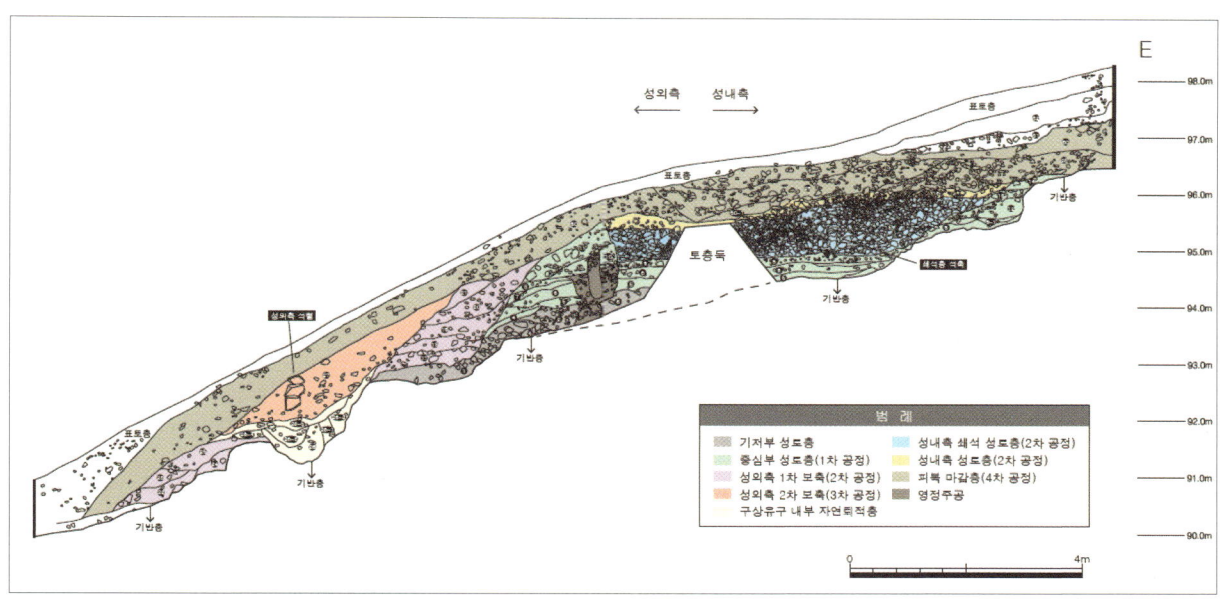

그림 7 완주 배매산성 체성부 층위(전라문화유산연구원 2017)

그림 8 완주 배매산성 체성부 석축(전라문화유산연구원 2018) **그림 9** 당진 성산산성 체성부 석축(금강문화유산연구원 2019)

2017년 배매산성 발굴조사 이후 만경강유역을 비롯한 전라북도 서부지역은 백제 일색의 유물이 출토되는 점, 배매산성과 와정토성의 축성, 곡물저장용도인 원형수혈의 집중 축조 사례를 들어 비교적 이른 시기에 백제의 직접지배하에 편입된 것으로 보는 견해도 발표되었다.[29] 필자는 배매산성이 우리나라 중부지역 한성도읍기 백제 토성의 축성방식을 채용했으며, 한성도읍기 백제의 만경강유역 직접지배를 밝히는 중요한 유적이라는 의견을 제시한 바 있다.[30] 뿐만 아니라

26 완주군·(재)전라문화유산연구원, 2020, 『완주 배매산성 Ⅱ -서성벽 2차 발굴조사-』.
27 완주군·(재)전라문화유산연구원, 2021, 『완주 배매산성 발굴조사(3차) 약보고서』.
28 (재)금강문화유산연구원·문화재청·(사)한국문화유산협회, 2019, 『당진 성산리산성 -2019년도 매장문화재학술발굴조사』.
29 김승옥, 2019, 「호남지역 마한과 백제, 그리고 가야의 상호관계」, 『湖南考古學報』 63, 호남고고학회.
30 박영민, 2020, 「완주 배매산성의 축성과 백제의 만경강유역 진출과정 검토」, 『湖南考古學報』 64, 호남고고학회.

배매산성은 완주 상운리유적과 함께 만경강유역이 마한에서 백제로 변화하는 과정 및 백제의 직접지배체제로의 전환을 잘 보여주는 유적이라는 의견도 뒤이어 제시되었다.[31] 반면 배매산성은 완주 구억리산성과 함께 백제 웅진도읍기 후반 완주지역에 대한 백제의 직접지배를 보여주는 자료라는 의견도 최근 제시되고 있다.[32] 결국 배매산성은 축조시기에 대한 이견이 있지만 완주 구억리산성과 함께 만경강유역 백제의 직접지배를 보여주는 하나의 증거라는데 의견이 모아지고 있다.

완주 구억리산성은 만경강의 지류인 소양천 북안의 낮은 구릉위에 축조된 포곡식 토축산성이다. 이 산성은 2차례의 시굴조사와 1차례의 발굴조사가 이루어졌고, 토축성곽 및 주공열, 수혈유구, 주거지 등이 조사되었고,[33] 유물은 고배, 뚜껑, 장란형토기 등 완주 배매산성과 거의 동일하게 출토되었다. 구억리산성은 아직까지 발굴조사된 범위가 협소해 성곽의 구조와 내부 시설 등이 명확하지 않지만, 축성시기는 완주 배매산성과 거의 동일한 것으로 여겨지며, 백제가 만경강 중상류지역을 직접지배하는데 활용된 핵심거점성곽일 것으로 추정된다. 완주 삼례토성은 극히 일부지역만 시굴조사가 진행되어 백제의 토축성벽이 확인된 바 있다. 전주 서고산성은 1차례의 시굴조사와 2차례의 발굴조사로 성곽의 구조와 특징이 밝혀졌다. 전주 서고산성은 발굴조사 결과 토축 성벽 외측을 비스듬히 절개하고 석축성을 덧붙인 구조임이 밝혀졌다. 토축성벽은 내부에서 출토된 유물을 고려했을 때 백제로 추정되었다.[34] 전주 서고산성은 전북지역에서 처음으로 확인된 토축+석축외벽의 구조이며, 백제 성곽의 변천양상을 밝히는 매우 중요한 자료로 평가할 수 있다.

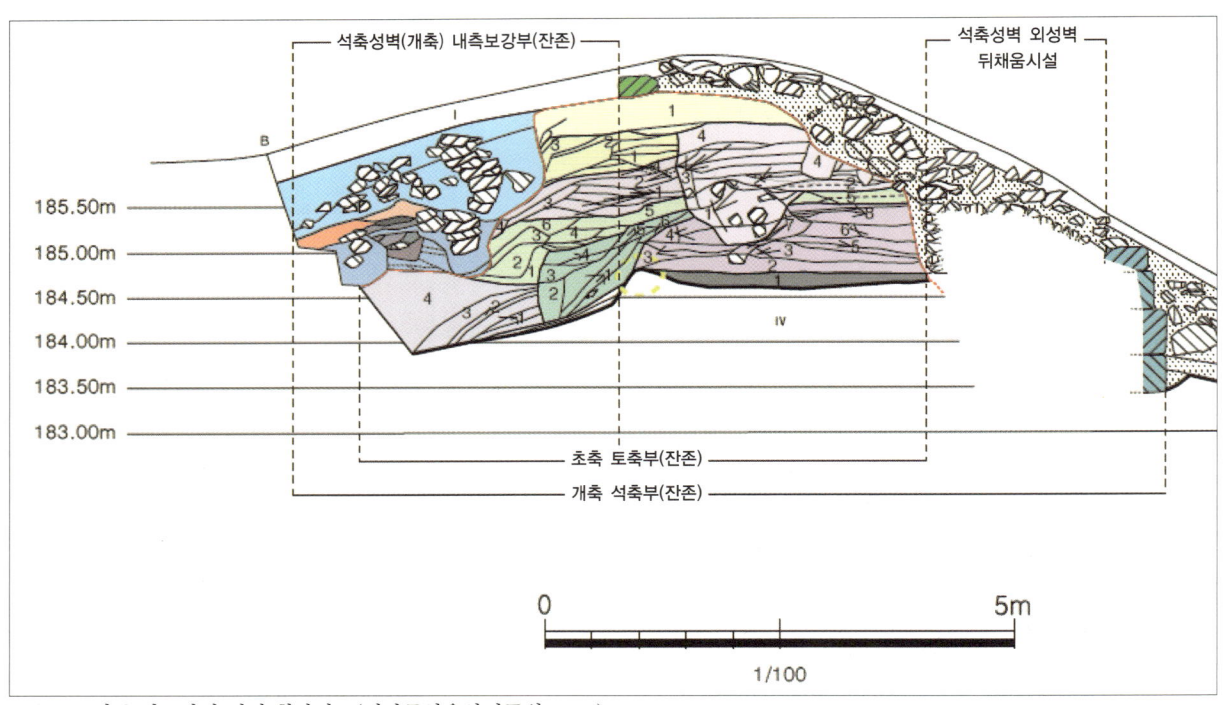

그림 10 전주 서고산성 성벽 횡단면도(전라문화유산연구원 2022)

---

31   김병남, 2022, 「백제의 마한세력 복속과 만경강 중·상류지역 진출」, 『한국고대사탐구』 41, 한국고대사탐구학회, p224~226.
32   김낙중, 2022, 「전북지역 위세품부장 고분의 성격」, 『湖南考古學報』 72, 호남고고학회, p125~126.
33   (재)조선문화유산연구원·완주군, 2020, 『완주 구억리산성 -2차 시발굴조사-』.
34   (재)전라문화유산연구원·전주시, 2022, 『전주 서고산성 -남서성벽 1차 발굴조사-』.

그림 11 전주 서고산성 외벽 및 토축성벽 절토선(전라문화유산연구원 2022)

② 성곽 관련 시설

전북 서부지역의 백제 토성의 주요 시설로는 집수시설과 건물지 등이 있으며 문지는 현재까지 확인되지 않았다. 집수시설은 완주 배매산성과 구억리산성에서 조사되었다. 배매산성의 집수시설(담수지)은 성내부의 능선 정상부에 별도로 조성한 목책열 내부에 위치하고 있다. 이 집수시설은 한변의 길이가 4.87m인 정방형이고, 깊이는 1.45m가 잔존하고 있었다. 굴광내부는 두께 약 70cm내외의 뻘흙으로 벽면을 채웠고, 바닥 또한 40~50cm두께로 점토를 채워 물의 누수를 방지하였다. 집수시설 내부는 판재로 벽체를 세웠을 것으로 추정되며, 내부에서 다량의 유물이 완형으로 출토되었다. 이와 유사한 구조의 집수시설은 완주 구억리산성 서성벽 내부 시굴조사 탐색트렌치에서 확인되었다. 구억리산성의 집수시설은 한변의 길이가 7.2m이고 깊이는 2.54m가 잔존하고 있었다. 백제 성곽내부의 집수시설은 토축과 석축으로 구분할 수 있는데, 토축 집수시설의 벽체는 점토를 비롯해 판재와 목재 기둥으로 축조되어 있다. 이와 유사한 집수시설은 순천 검단산성과 광양 마로산성 등에서 확인되었는데, 성곽내 집수시설 가운데 가장 이른 시기의 집수시설로 추정되고 있다.

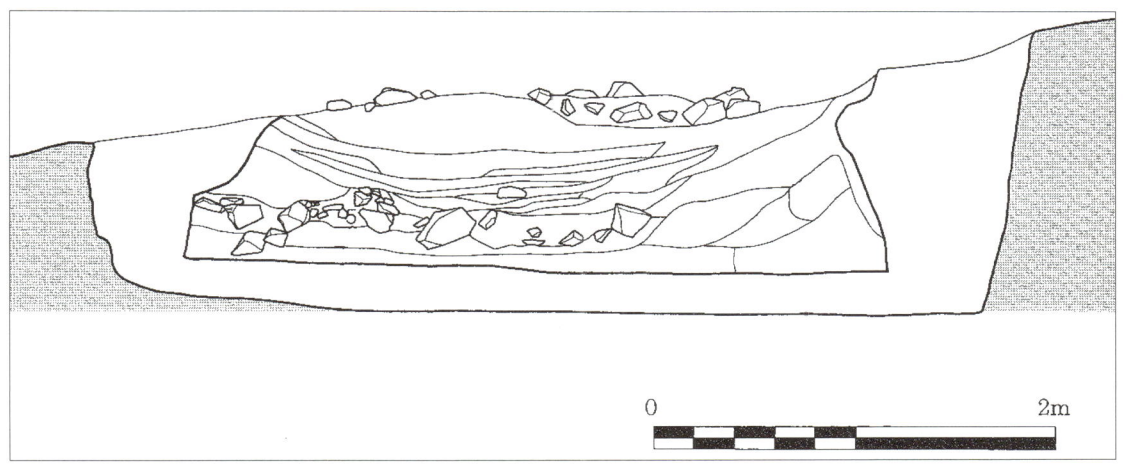

그림 12 완주 배매산성 집수시설 횡단 및 층위도(전북대학교박물관 2000)

완주 구억리산성 집수시설은 시굴조사 탐색트렌치에서 부분적으로 조사되어 규모와 형태를 명확히 파악하기 힘들다. 다만 평면 방형계로 추정되어 그 구조와 형태가 이웃하고 있는 배매산성과 유사할 것으로 추정된다. 백제성곽의 목조 집수시설의 원형을 파악할 수 있는 자료로는 금산 백령산성 목곽고가 있다. 금산 백령산성 목곽고는 방형으로 땅을 굴착하고 바닥과 벽에 점토를 채운 후 내부 중앙에 4.5×4.8m의 목곽고를 놓은 구조이다. 목곽은 판재로 벽과 바닥을 만들고 중간중간 각재를 세워 지지하였다. 이 목곽고는 물을 저장했을 것으로 추정된 바 있다.[35] 따라서 금산 백령산성의 목곽고는 완주 배매산성 집수시설의 원형을 파악할 수 있는 중요한 자료이다.

---

[35] 충청남도 역사문화연구원·금산군, 2022, 『금산 백령산성 Ⅱ』 p172.

그림 13 금산 백령산성 목곽고(충청남도 역사문화연구원 2022)

성곽 내부 건물지는 성내부에서 고대의 사람들이 거주했던 시설이다. 전북 서부지역 고대 토축성곽에서 조사된 건물지는 수혈건물지와 지상건물지가 있다. 수혈건물지는 땅을 굴착하고 기둥을 세우고 지붕을 얹은 구조이고, 지상건물지는 지상에 기둥을 세우고 지붕을 얹은 구조이다. 완주 배매산성은 2000년 발굴조사에서 능선의 정상부가 경사면에서 29기의 건물지가, 2021년 발굴조사된 서성벽 내부 경사면에서도 16의 건물지가 조사되었다. 2000년 발굴조사에서 확인된 건물지는 보고서에 29기로 보고되었지만, 건물지 주변의 주공柱孔을 고려하면 더 많은 수의 건물지가 존재할 것으로 추정된다. 또한 배매산성에서 조사된 건물지 가운데 일부는 내부에 돌로 만든 一자형 구들이 배치되어 있었다. 전북지역 마한 전통의 주거지는 점토로 만든 부뚜막이 특징적이며, 현재까지 돌로 축조한 부뚜막이나 구들은 그 사례가 매우 드물다. 반면 한강유역을 비롯한 경기, 충청일대의 백제 주거지는 내부에 돌로 만든 부뚜막이나 구들이 일상적으로 확인된다. 이러한 석제 구들은 금강 상류지역의 백제 토성인 진안 와정토성에서도 조사된 바 있다. 따라서 석제 구들은 백제 중앙세력의 주거양식이 토축성곽과 함께 전북지역에 정착되는 양상을 보여주는 중요한 자료로 평가할 수 있다. 또한 발굴조사 결과 출토된 유물은 장란형토기, 심발형토기, 시루, 호 등 일상용기가 다수 존재하는데, 성 내부에서 장기간 거주했음을 알려주는 자료들이다.

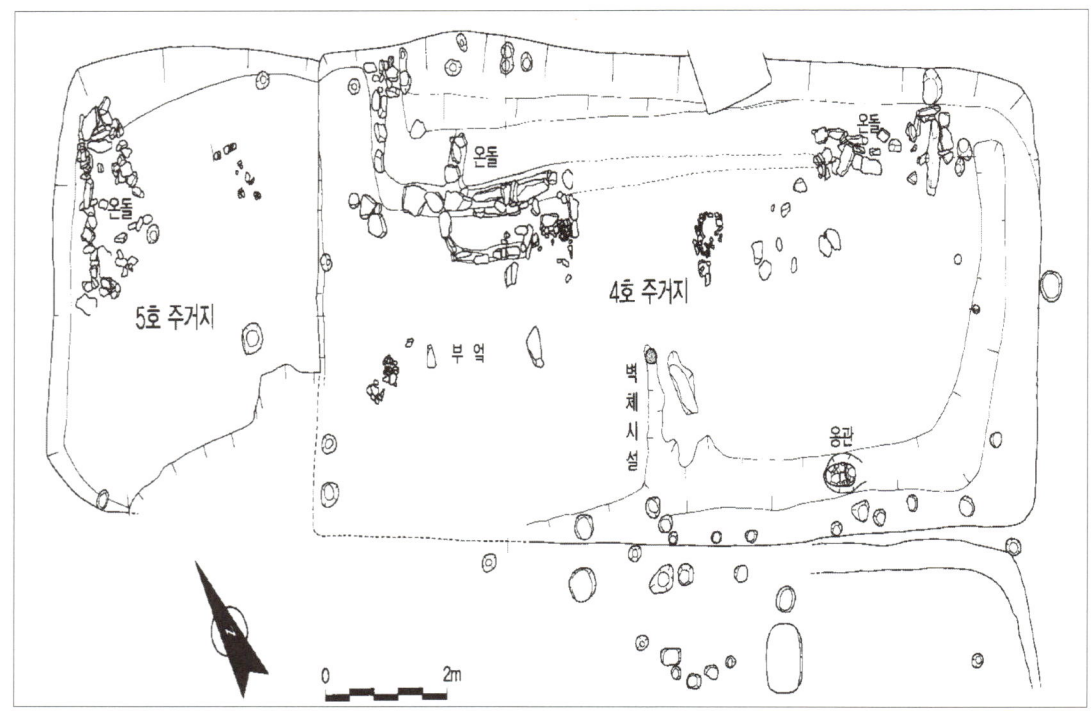

그림 14 진안 와정토성 4~5호 주거지(전북대학교박물관 2001 도면 재편집)

그림 15 완주 배매산성 건물지내 석제 구들(좌-2000년 4호 건물지/우-2021년 8호 건물지)

(2) 백제 석축산성

① 성곽의 구조 및 특징

전북 서부지역에서 발굴조사된 백제 석축산성은 익산 낭산산성, 전주 동고산성, 정읍 고사부리성의 3개소 뿐이다. 그나마 익산 낭산산성은 발굴조사된 대부분의 성벽이 후대 조선시대에 개축되어 초축기 성곽의 구조와 특징을 파악하기에는 어려움이 있다. 전주 동고산성은 그동안 8차례 발굴조사를 통해 그 구조와 특징, 시대별 변화양상이 밝혀진 바 있다. 그러나 동고산성 역시 통일신라시대 대규모 개축으로 백제 초축기 성벽의 양상을 파악하는데 어려움이 있다. 그러나 5차 조사에서 북문지가 확인되었는데, 초축기 어긋문 형태의 북문지는 백제 때 축성된 성벽일 가능성이 높다고 판단한 의견이 제시되었다.[36] 동고산성은 아직까지도 성곽의 일부만 조사되어 전모를 파악하기 위해서는 보다 지속적인 조사가 필요할 것으로 여겨진다.

정읍 고사부리성은 전북 서부지역 성곽을 대표하는 산성으로 정읍시 고부면의 소재지가 있는 고부리 뒷산인 성황산의 두 산봉을 감싸고 축조된 테뫼식 석축산성이다. 정읍 고부지역은 일제강점기 이마니시 류今西龍의 백제 중방성 비정[37] 이후 백제 중방성의 유력한 지역으로 오랫동안 비정되어 왔던 곳이다.[38] 고사부리성은 발굴조사 결과를 참조하면 백제 초축 이후 통일신라~조선시대의 읍성으로 1천년 넘게 계속 사용되었는데, 이 때문에 체성부 및 성내부 시설물의 중복 및 변화가 매우 심한 편이다. 성곽은 산의 경사면을 'L'자형으로 굴착하고 축조되었고, 협축 및 내탁기법 모두 활용되었다. 체성부 기저부는 암반층까지 절삭하는 삭토기초공법이 사용되었고, 기초부는 성토, 착암, 그랭이기법 등 다양한 토목건축기법이 관찰된다. 외성벽은 별도의 기초석 없이 정지면이나 기반층에 곧바로 성석을 놓은 후 층단쌓기 방식으로 횡적하여 축조하였다. 외성벽은 또한 중앙의 성석 1매를 기준으로 좌우 각 1매, 상하 각 2매의 성석을 배치하여 성석의 접촉면을 그랭이기법으로 정교하게 치석한 후 결구한 소위 "6면 결구기법"[39]이 활용되었다. 문지는 북문지와 서문지가 어긋문으로 확인되었고, 남문지는 2개소에서 확인되었다. 특히 정읍 고사부리성 문지는 기존에 알려진 문지외에 9차 발굴조사에서 새롭게 확인되었는데, 초축시기의 문지로 추정되며, 조선시대 전기에 폐쇄되었을 것으로 추정되었다.[40] 고사부리성은 이후 통일신라시대 석성→고려시대 토축성 개축→조선시대 읍성 개축의 과정을 거쳤다.[41] 유물은 상부상항上部上港명 기와 및 목기, 다수의 백제토기와 기와, 고구려계 토기 등 삼국시대 유물과 통일신라시대의 인화문토기와 기와, 고려청자 및 해무리굽청자, 중국식청자, 분청자 제기, 홍치 16년명 암막새, 옹정 12년명 암막새 등

---

36 강원종, 2016, 「동고산성 성문의 형식변화에 대한 검토」, 『호남고고학보 54』, 호남고고학회.

37 今西龍, 1934, 「百濟五部五方考」, 『百濟史研究』, 近澤書店.

38 김영심, 1997, 「百濟 地方統治體制 研究 -5~7세기를 중심으로-」, 서울대학교대학원 박사학위논문, p149.

39 고사부리성의 외성벽 축조기법은 그동안 '品자 쌓기' 또는 '육합쌓기'명칭으로 통용되고 있다. 그러나 필자는 외성벽 品자 구조는 육면결구기법의 반복된 패턴을 보여주는 한 예로 파악하고 있다. 또한 '육합쌓기'는 단순히 쌓는 다는 개념(積)이지만 고사부리성 외성벽은 성석의 접촉면 모두를 그랭이기법으로 다듬은 후 서로 맞추는 結構 기법이다. 따라서 필자는 結構 개념을 도입하여 '육면결구 (六面結構)'라는 용어를 사용하고자 한다.

40 (재)전라문화유산연구원·정읍시, 2021, 『정읍 고사부리성 발굴조사(9차) 약보고서』.

41 황호식, 2022, 「고사부리성의 변천과정 연구」, 『전북학연구』 6, 전북연구원 전북학연구센터, p210~212.

삼국~조선시대에 이르는 다양한 유물이 다량 출토되었다. 정읍 고사부리성 발굴조사 이후 고사부리성이 중국 문헌기록에 등장하는 백제의 중방인 고사성[42]으로 파악하는 견해가 더욱 힘을 얻게 되었다.[43]

그림 16 정읍 고사부리성 남성벽 및 외벽(전라문화유산연구원 2021)

한편 이와는 별개로 정읍 고사부리성의 외성벽과 같이 정연하게 다듬은 화강암제 사각추형 성석으로 쌓은 석성은 백제가 아닌 통일신라시대에 들어와 발생했다는 의견도 꾸준히 제기되고 있다. 즉 화성암 재질의 화강암은 재질이 단단하므로 고도의 숙련된 장인이 필요하며 이 때문에 고운정다듬으로 전면의 모서리를 둥글게 가공하고 배가 볼록하게 가공하여 전체적인 형태는 사각추형, 또는 견치석형태를 띠는 정연한 형태의 축성기법은 8세기대에 들어와 일반화된다는 의견이다.[44] 정읍 고사부리성과 같이 초축 이후 오랫동안 그 지역의 치소로 활용되었던 성곽은 시대에 따라 성곽의 증개축이 빈번하게 발생하므로 초축시기의 성곽 구조를 파악하기가 쉽지 않다. 정읍 고사부리성은 특히 고려시대에 토석혼축성(외성벽 석축+내탁부 토축)으로 개축이 진행되며 선대 성곽 체성부의 상단부를 절삭하였음이 밝혀 졌다. 또한 석축성에 조성된 수구내부에서 백제와 통일신라시대 유물이 공반되고 있어 초축시기 파악이 더욱 어려운 실정이다. 따라서 향후 성곽의 초축시기와 주체 파악을 위해서는 향후 발굴조사시 보다 정밀한 조사방법이 필요할 것으로 판단된다.

② 성곽 관련 주요 시설[45]

성곽의 문은 성을 출입하는 통로이며, 목재로 만들어져 위급 상황시 적의 방어에 가장 취약한 부분이기도 하다. 전북 서부지역 성곽의 문지는 그 구조를 기준으로 평문平門과 현문懸門 두 가지로 구분할 수 있다. 평문은 출입하는 통로의 바닥과 성벽의 바깥쪽이 평탄한 구조이고, 현문은 출입하는 통로가 성이 바깥쪽에 비해 높게 설치되어 문으로 출입할 때 사다리를 이용해 출입하는 구조이다. 또한 평문은 문의 상단부 형태에 따라 개거식(開拒式:문의 상부에 성벽이 없이 문을 여닫을 수 있는 구조), 평거식(平拒式:문의 위쪽을 장대석이나 판석으로 가로 막은 구조), 홍예식(虹蜺式:문의 위쪽이 아치형인 구조)으로 다시 세분할 수 있다.

42 　주서(周書), 이역열전(異域列傳) 백제(百濟) : 백제는 그 선대가 대체로 마한의 속국이며 부여의 별종인 듯 하다. 仇台란 사람이 처음으로 대방에 나라를 세우니, 그 땅의 경계는 동쪽으로 신라에 닿고 북쪽으로 고구려와 인접하며, 서쪽과 남쪽으로는 모두 큰 바다로 경계지어져 있다. 동서의 길이는 450리이고 남북은 900여리이다. 도읍은 固麻城이다. 지방에는 다시 5方이 있으니, 中方은 古沙城 東方은 得安城 南方은 久知下城 西方은 刀先城 北方은 熊津城이다.

43 　a. 김상규, 2010,『백제 중방성의 고고학적 연구 -성곽과 고분자료를 중심으로-』, 원광대학교 고고미술사학과 석사학위논문.
　　b. 전북문화재연구원, 2013,『井邑 古沙夫里城』, p41~64.
　　c. 최완규, 2013,「김제 벽골제와 백제 중방성」,『호남고고학보』 44, 호남고고학회, p188~189.
　　d. 김영심, 2019,「백제 중방성의 설치와 고부지역의 통치양상」,『馬韓百濟文化』 33, 원광대학교 마한백제문화연구소, p22~24.
　　e. 김근영·정재윤, 2019,「백제의 중방성 설치와 그 의미」,『馬韓百濟文化』 33, 원광대학교 마한백제문화연구소, p52.

44 　심광주, 2019,「統一新羅 治所城 調査現況과 特徵 -서울·경기지역을 중심으로-」,『2019년 중부고고학회 정기학술대회 발표요지문』, p65~67.

45 　성곽 관련 시설은 문지, 집수시설, 건물지, 수구, 등성시설 등이 있다. 그러나 이 시기의 백제 집수시설은 현재까지 확인되지 않고 있어 문지를 중심으로 기술하였다.

전북 서부지역 고대 성곽의 문은 대부분 상부 구조가 잘 남아 있지 않거나 후대 개축으로 본래의 형태가 변형된 상태로 발굴된다. 현재까지 발굴조사된 문지는 익산 낭산산성(남문지), 익산 미륵산성(동문지), 익산토성(남문지, 서문지), 전주 동고산성(북문지, 동문지, 서문지), 정읍 고사부리성의(북문지, 서문지, 남문지 2개소), 부안 우금산성(남문지, 동문지) 등 모두 13기이다. 이 가운데 익산 낭산산성 남문지와 익산 미륵산성 동문지는 조선시대 개축되었고, 전주 동고산성 동문지와 서문지는 통일신라시대 문지이다. 또한 부안 우금산성 남문지와 동문지는 통일신라~고려시대의 문지로 추정된다. 따라서 현재까지 조사된 백제의 문지는 익산토성 서문지와 남문지, 전주 동고산성 북문지 1차 문지, 정읍 고사부리성 북문지와 서문지 등 5개소에 불과하다. 익산토성 서문지는 통일신라시대 개축과정에서 폐쇄되었고 일부만 조사가 이루어져 그 전모를 파악하기 어렵다. 문지의 구조는 개거식으로 추정되며, 개구부의 너비는 4~4.6m이다. 개구부 측벽의 선단부는 모두 곡선을 이룬다.[46] 전주 동고산성 북문지는 어긋문형태이고, 개구부의 너비는 6m이다. 동고산성 북문지는 통일신라시대에 이르러 통로를 돌로 메우고 그 위에 현문으로 개축되었다.[47] 정읍 고사부리성 북문지와 서문지는 모두 어긋문이고, 역시 후대 개축과정에서 폐쇄되었다.[48] 이와 같이 전북 서부지역 백제 성곽의 문지는 어긋문 구조가 일반적이다. 백제 성곽 문지의 어긋문 구조는 현문식이 일반적인 신라 성곽과 큰 차별점이기도 하다.[49]

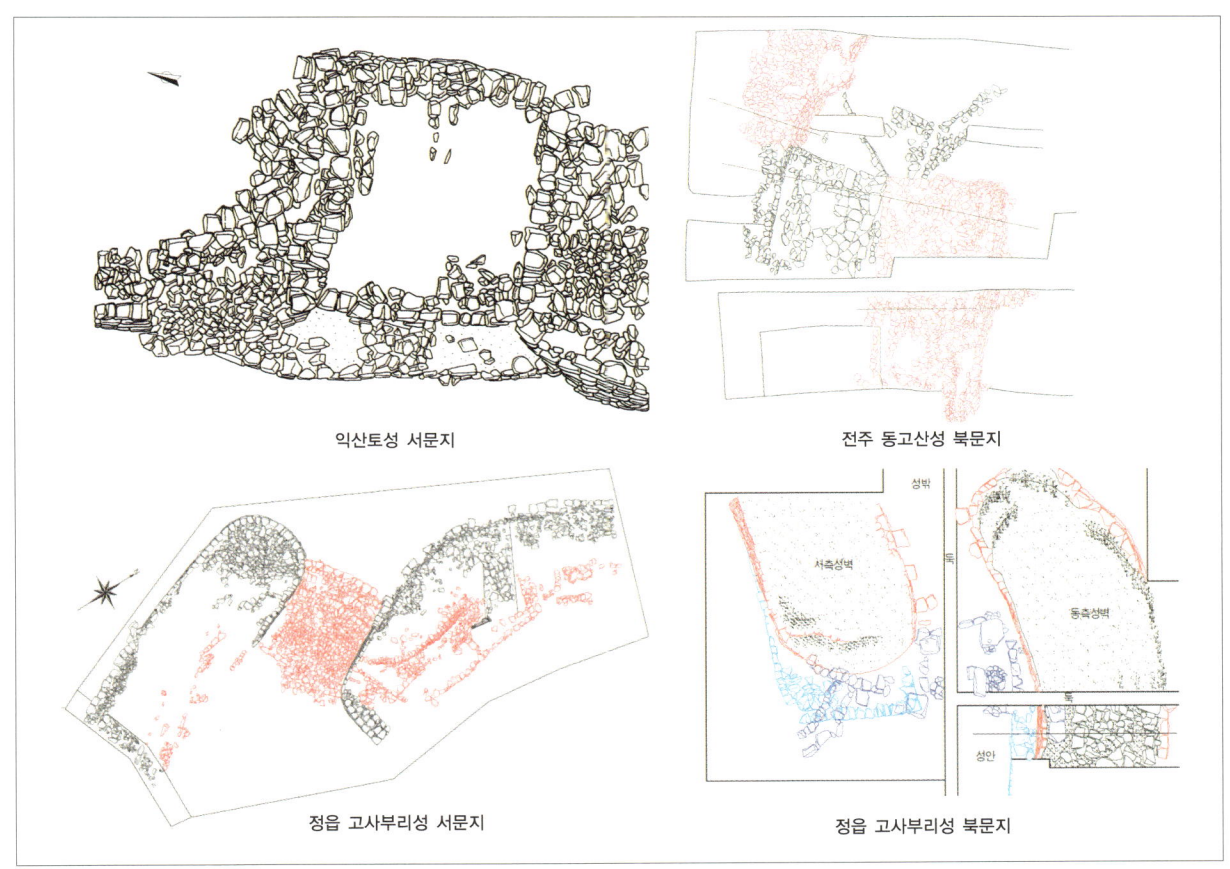

그림 17 전북 서부지역 백제 석축산성 문지

46 원광대학교 마한·백제문화연구소·익산시, 2020, 『익산토성(사적 제92호) -서성벽·서문지-』.
47 (재)전북문화재연구원·전주시, 2009, 『전주 동고산성』.
48 (재)전북문화재연구원·정읍시, 2013, 『정읍 고사부리성 -종합보고서(1~5차 발굴조사)-』.
49 백제 성곽의 현문식 구조는 금산 백령산성 남문지가 현재 유일하다고 볼 수 있다. 그러나 발굴조사 보고자는 금산 백령산성 남문지는 바닥에 흙다짐을 하고 개구부 선단부가 곡선을 이루는 등 백제성곽의 요소가 많이 관찰되어 신라 성곽의 현문구조와 차이점이 있다고 판단하였다(충청남도 역사문화연구원, 2022, p206~214.)

2) 익산 금마지역 백제 고도자료의 확보

익산시 금마지역은 일찍부터 전북 서부지역 성곽연구의 중요한 주제였다. 금마면 일원은 미륵사지와 왕궁리유적, 제석사지와 같은 대규모 사찰과 궁성유적이 존재하고 있고, 『대동지지』[50]의 별도기록, 『관세음응험기』[51]의 천도기록 등 백제의 도읍이었다는 기록이 등장하고 있어 백제 천도설[52]이 비교적 이른 시기부터 제기되어 현재[53]까지 이어지고 있다. 이에 따라 이와 관련된 자료의 확보를 위한 발굴조사가 꾸준히 진행되고 있다. 금마지역 백제 고도자료와 관련된 유적으로는 익산 왕궁리유적[54], 제석사지, 미륵사지 등 궁성 및 사찰과 관련 유적이며, 보덕성 또는 오금산성으로 부르는 익산토성, 저토성으로 불리던 금마도토성, 기준성으로 알려진 미륵산성 등 관방유적 등이 있다.

익산토성은 오금산성 또는 보덕성報德城(신증동국여지승람)으로 불리고 있는 성곽이다. 즉, 고구려 멸망 후 문무왕은 신라에 투항한 고구려 왕족 안승을 보덕왕으로 삼고 금마에 거주케 하였는데, 당시 안승이 도읍으로 삼았던 곳이 보덕성이라고 기록되어 있다. 보덕성은 『삼국사기』[55]와 『신증동국여지승람』에 그 기록이 전한다. 다만 보덕성으로 알려진 익산토성은 『신증동국여지승람』에 군의 서쪽 1리에 있다고 기록되어 있는데,[56] 익산토성은 군 서쪽 3리 지점에 위치하고 있어 기록과 차이가 있다. 『신증동국여지승람』의 기록과 익산토성의 실제 거리에 대한 차이에 주목해서 현 금마도토성이 보덕성일 가능성을 제기한 의견도 오래전에 제기된 바 있다.[57]

익산토성은 익산시 금마면의 서쪽 약 1.3km 지점, 해발 125m인 오금산을 감싸고 축조된 테뫼식 석축산성이다. 이 성곽은 익산의 성곽 가운데 가장 이른 시기인 1980년과 1984년 발굴조사가 이루어 졌다. 발굴조사는 남문지와 남문지 주변성벽, 남문지 안쪽 평탄대지를 대상으로 진행되었다. 발굴조사 결과 정연한 석축열, 석축열이 있는 성벽, 판축성토층 등이 확인되었다. 보고자는 다량 출토된 백제기와와 토기를 근거로 초축시기를 7세기 무렵인 백제로 비정하였고, 구조는 목천토성 및 일본 일본 신농석식神籠石式 산성과 비교하였다.[58] 또한 익산토성은 최근 발굴조사 결과 서문지가 확인되었고, 토성이 아닌 석성이라는 사실도 새롭게 밝혀졌다.[59]

금마도토성은 저토성猪土城으로도 불리는데 현 금마면 소재지에서 북서쪽으로 약 500m 떨어진 지점, 해발 87m내외의 구릉 정상부를 감싸고 있는 테뫼식 산성이다. 이 산성은 돗토성, 저토성, 성황산성 등으로 알려져 있다. 일제강점기 『고적조사자료』에 "금마면 동고도리 읍치에서 북방 3정町거리의 성황산 위에 주위가 4정 정도 되는 토성이 있는데, 중앙에 성황단에게 제사를 지내는 제단이 있다"는 기록이 남아 있다.

금마도토성 발굴조사는 문지의 확인을 위해 추정 남문지, 추정 서문지, 추정 동문지를 대상으로 탐색트렌치조사와 트렌치 확장조사를 실시하였다. 그러나 문지와 관련된 시설은 확인되지 않았다. 다만 성벽조사에서 주공과 석축열이 있는 판축성벽이 확인되었고, 다량의 백제기와, 백제토기 등이 출토되었다. 보고자는 성벽을 산사면의 풍화암반층을

---

50 익산군(益山郡) : 본래는 백제의 금마지(金馬只)인데, 무강왕(武康王) 때에 성을 쌓고, 별도(別都)를 두어 금마저(金馬渚)라 칭했다.

51 관세음응험기는 관세음보살의 영험함을 담은 자료를 모아 중국 육조시대에 편찬한 자료이다. 이를 1050년경 모사한 모사본이 1953년 일본 교토 소재의 천태종 사찰인 청련원(靑蓮院)의 수장고에서 발견되었다. 백제의 익산 천도와 관련된 기록은 다음과 같다.
百濟 武廣王 遷都枳慕蜜地 新營精舍, 以貞觀十三年歲次己亥 冬十一月 天大雷雨遂災 帝釋精舍 佛堂七級浮圖 乃至廊房 一皆消盡....
(백제 무강왕은 지모밀지로 도읍을 옮기고 새로운 절을 지었다. 정관13년(639년) 기해년 겨울 동짓달 하늘에서 큰 벼락과 비가 내려 제석정사를 불 태웠다. 불당과 칠층석탑 회랑과 방이 모두 타 없어졌다....)

52 a. 김삼용, 1977, 「백제의 익산천도와 그 문화의 성격」, 『마한백제문화』 2, 원광대학교 마한백제문화연구소.
b. 牧田諦亮, 1977, 「백제 익산 천도에 관한 문헌자료」, 『마한백제문화』 2, 원광대학교 마한백제문화연구소.

53 이도학, 2003, 「백제 무왕대 익산 천도설의 재검토」, 『경주사학』 22, 경주사학회.

54 왕궁리유적은 전라북도 기념물 제 1호로 지정될 당시의 명칭은 모질메산성이었다.

55 a.『三國史記』고구려본기 보장왕 : 당 고종 총장 2년 기사년(669) 2월, 왕의 서자(庶子) 안승(安勝)이 4천여 호를 거느리고 신라에 투항하였다/b.『三國史記』신라본기 문무왕 : 문무왕 10년(670) 6월, 왕이 그들을 나라 서쪽 금마저(金馬渚)에 정착하게 하였다/c.『三國史記』신라본기 문무왕 : 10년(670) 7월, 사찬(沙湌) 수미산(須彌山)을 보내어 안승(安勝)을 고구려왕으로 책봉하였다.

56 『신증동국여지승람』 익산군 고적조(條) : 보덕성(報德城), 군의 서쪽 1리에 있는데 유지(遺址)가 남아 있을 뿐이다.

57 이강오, 1978, 「金馬 報德城의 位置에 대한 考察 -太平散人 康候晉의 '遊金馬城記' 發見을 계기로-」, 『考古美術』 第138·139號, 한국미술사학회.

58 원광대학교 마한·백제문화연구소, 1985, 『익산 오금산성 발굴조사보고서』.

59 원광대학교 마한·백제문화연구소·익산시, 2020, 『익산토성(사적 제92호) -서성벽·서문지-』.

계단식으로 절토한 후 그 전면에 목주를 세우고, 목주 안쪽에는 호석을 놓고 협판을 댄 후 판축기법으로 축조하였을 것으로 추정하였다.[60] 금마도토성 이후 2017년 서성벽 일부를 대상으로 시굴 및 발굴조사가 이루어져 암거형 배수로, 외벽의 보강석축, 성벽 외곽의 등간격으로 시설된 배수시설이 조사되었다. 금마도토성은 현재까지 발굴조사 결과를 토대로 백제때 축조한 산성으로 추정된 바 있다.[61] 그러나 발굴조사지역의 면적이 협소하고 조사기간도 짧아 충분한 전모를 파악하는데는 어려움이 있으므로, 향후 보다 체계적인 발굴조사가 이루어져야할 것으로 여겨진다.

익산 미륵산성은 『고려사』에 기준이 축성했다하여 기준성箕準城으로 불린다는 기록[62]이 전하며, 『신증동국여지승람』과 『세종실록지리지』에도 고려사의 기록을 따라 기준성으로도 불리고 있다. 성곽은 익산 미륵사지 북편에 솟아 있는 해발 430m의 미륵산 정상부와 북쪽의 봉우리, 동쪽 곡부를 포함하고 있는 포곡식 석축산성이며 둘레는 1,776m로 익산지역에 규모가 가장 큰 성곽이다. 발굴조사는 1990년 문화재보수정비사업의 일환으로 동문지 일원을 대상으로 처음 이루어졌다.[63] 이후 2003년 내부 평탄지와 남문지[64], 2015년 산성의 정상부의 장대지와 서남치성에 대한 조사가 이어졌다. 발굴조사 결과 동문지와 동문지 옹성, 동문지 주변의 성벽, 남문지, 건물지, 집수시설, 치성 등이 조사되었다.

성벽은 지형에 따라 내탁기법과 협축기법으로 축성하였는데, 성벽의 너비는 7~9m내외이다. 또한 성벽은 바닥에 지대석을 놓은 후 안쪽으로 10cm 정도 들여쌓기를 하였다. 지대석은 일반적인 성돌보다 크고, 밖으로 돌출되어 있는 점이 특징적이다. 동문지는 수차례에 걸친 개보수가 있었는데, 최초 3칸이었으나 최후에는 1칸으로 축소되었고, 가장 늦게 옹성으로 개축되었다. 유물은 백제토기 외에도 통일신라시대의 명문기와, 토기류가 다량 출토되었다. 익산 미륵산성은 현재까지 조사 결과를 고려했을 때 통일신라시대에 축성되었던 것으로 추정된다.[65]

그림 18　익산 미륵산성 서남치 및 남벽(전북문화재연구원 2017)

이상과 같이 익산지역 백제 고도자료의 확보를 위해 조사된 성곽의 발굴조사 성과를 살펴보았다. 세 곳의 성곽 가운데 미륵산성은 석축산성이고 금마도토성은 토석혼축성, 익산토성은 석축산성으로 밝혀졌다. 이 세 성곽 가운데 익산토성만이 백제 때 축성되었을 것으로 추정되는 성벽이 확인되었고, 나머지 두 성곽은 뚜렷한 백제 체성부가 확인되지 않았다. 금마도토성은 토축 체성부 내부와 하단부에 석축 기단부가 확인되었는데, 최근 남한지역 토성내에 잔존하는 석축 구조가 후대에 개축했을 가능성이 있다는 연구결과[66]를 고려하면 백제 초축 이후 통일신라시대에 대규모 개축이 있었을 것으로 여겨진다. 석축산성인 미륵산성 또한 최근까지 진행된 발굴조사에서 백제로 확정할 만한 유구는 확인되지

60　원광대학교 마한·백제문화연구소, 2001, 『익산 저토성 시굴즈사보고서』.

61　(재)전북문화재연구원·익산시, 2019, 『금마도토성 -서문지-』, p98.

62　『고려사』 지리지 금마군조(條) : 금마군은 본래 마한국이다【후조선의 왕 기준이 위만의 난을 피해 바닷길로 남쪽으로 왔는데, 한(韓)의 땅에 이르러 개국하고 마한이라 불렀다.】...미륵산석성(彌勒山石城)【민간에서 전하기를 기준이 처음 쌓았다고 하여 기준성으로 부른다고 한다】이 있다

63　원광대학교 마한·백제문화연구소, 2001, 『익산 미륵산성 -동문지주변 발굴조사보고서-』.

64　원광대학교박물관·익산시, 2008, 『익산 미륵산성 -건물지 및 남문지 발굴조사보고서-』.

65　서정석, 2022, 「고고자료를 통해 본 미륵산성」, 『馬韓百濟文化』 39, 원광대학교 마한백제문화연구소, p239~242.

66　안성현, 2016, 「남한지역 토성벽에 잔존하는 석축부에 대한 연구」, 『야외고고학 제25호』, 한국매장문화재협회.

않았다. 다만 발굴조사 과정에서 수습된 사이호四耳壺가 연기 송원리 백제고분 출토품과 유사하다는 보고자의 견해를 고려하면[67] 백제 때 유구의 존재 가능성을 배제할 수 없을 것으로 여겨진다.

한편 익산토성과 금마도토성은 익산 왕궁리유적이 서쪽을 감싸고 있는 능선에 입지하고 있다. 이러한 입지조건 때문에 이 익산토성이 유사시에 군대가 주둔하며 도성의 외곽을 호위하는 외성의 기능일 가능성이 일찍부터 제기되었다.[68] 또한 사비도성의 부소산성의 존재로 보아 익산토성과 금마도토성은 도성 후원에 위치한 금군禁軍 혹은 방어군의 주둔지로 추정할 수 있다는 견해도 근래 제시된 바 있다.[69]

3) 후백제 전주도성 자료의 획득

견훤은 신라의 관료로 서남해 방수군으로 명성을 얻어 세력을 키웠고, 892년 무진주를 습격하여 스스로 왕을 자처하였다.[70] 그 뒤 서기 900년 전주로 도읍을 옮기고 국호를 백제라하여 나라가 백제를 계승하고 있음을 천명하였다. 또 견훤은 완산주 순행시 주민이 환영하자 크게 기뻐하며 백제가 금마산에 개국했음을 말하며 백제의 기원이 금마에 있음을 강조하였다.[71]

이러한 기록을 바탕으로 전주는 견훤이 세운 백제(고려사에는 '백제', 삼국사기에는 '후백제')의 도읍이 있었던 곳으로 알려졌으며, 그 도읍의 도성인 전주도성이 존재하고 있었을 것으로 추정되었다. 전주 동고산성은 전주도성의 치소로 일찍부터 지목되어 왔는데, 전영래는 동고산성 발굴조사 결과와 전주부사의 기록을 토대로 동고산성과 상성, 중성, 외성의 3중성으로 연결되는 전주도성全州都城, 즉 후백제 도성의 존재 가능성을 처음 제시하였다.[72] 반면 고지도와 항공사진 자료를 토대로 전주도성이 동고산성이 아닌 전주 구시가지 일원에 분포하고 있었을 것으로 추정하는 견해도 존재한다.[73] 전주 동고산성, 전주 오목대토성, 인봉리 추정 성벽 시굴조사 등은 바로 이와 같은 배경 하에서 추진되었다.

전주 동고산성은 전주시 남방의 승암산(295.6m)과 그 주변 일대의 봉우리와 골짜기를 감싸고 축조된 둘레 1,574m의 포곡식 산성이다. 동고산성은 성의 남·북·동쪽에 날개모양의 익성을 설치하여 다른 성곽과 구별되는 독특한 형태를 띠고 있으며, 일찍부터 고 전영래박사에 의해 후백제 도성터로 알려진 곳이다. 1980년대 지표조사 이후 현재까지 꾸준한 조사가 이루어져 다수의 건물지와 문지, 성벽 등이 조사되었다. 동고산성 북문지는 1차 문지는 어긋문의 형태로, 동쪽 측벽은 협축식, 서쪽 측벽은 외벽만 편축식으로 축조하였다. 동문지 주변 성벽은 기반층을 'L'자형으로 굴착한 후 대형 장방형 석재를 놓아 성벽의 기단부를 조성한후 상단으로 올라갈수록 점차 안쪽으로 들여가면서 수평줄쌓기 방식으로 축성하였다. 문지 통로부 입구쪽의 너비는 6m내외이다. 문지 통로부의 길이는 후대 개축되어 파악할 수 없었다.[74]

동고산성 동문지는 성벽 중간부에 통로를 만든 전형적인 현문식 구조이다. 문지 통로 안쪽은 석축으로 차벽시설을 만들었고, 차벽시설 좌우에 성안쪽으로 출입하는 계단이 축조되어 있었다. 문지 개구부는 길이 4.6~4.9m로 북쪽 측벽이 약간 길며, 너비는 4m내외이다. 남성벽은 하단부는 내탁기법을 이용해 성내외벽의 높이를 어느 정도 맞추었고, 그 위는

67　(재)전북문화재연구원, 2017, 『익산 미륵산성』.

68　주 57 전게서. p264.

69　박순발, 2014, 「동아시아 도성사에서 본 백제도성」, 『왕궁성 上 －古代 東亞細亞 都城과 益山－ 』, p32~33.

70　『三國史記』 신라본기 진성왕
　: 6년(892), 완산의 반란 세력 견훤이 완산주를 근거로 스스로 후백제(後百濟)라 일컬으니, 무주(武州) 동남쪽의 군현들이 그에 투항하여 복속하였다.

71　『三國遺事』 기이 후백제 견훤
　: 견훤이 서쪽으로 순행하여 완산주에 이르니 주의 백성들이 영접하면서 위로하였다. 견훤은 민심을 얻은 것이 기뻐하여 좌우 사람들에게 말했다. "백제가 나라를 연 지 6백여 년에 당나라 고종은 신라의 요청으로 소정방을 보내어 수군 13만 명으로 바다를 건너게 하고 신라의 김유신은 군사를 다 거느리고 황산을 거쳐 당나라 군사와 합세하여 백제를 쳐서 멸망시켰다. 그러니 내가 이제 어찌 국도를 정하여 예전의 원한을 씻지 않겠는가" 드디어 스스로 후백제왕이라고 일컫고 관직을 설치했으니 이때가 당나라 광화(光化) 3년(900년)이요, 신라 효공왕 4년이다.

72　전영래, 1980, 「全州 東固山城 槪括調査報告」, 『全北遺蹟調査報告』 11.

73　a. 유병하·나병호, 2015, 「궁예도성과 견훤도성」, 『대외관계로 본 후백제』, 국립전주박물관.
　　b. 곽장근, 2015, 「후백제 왕궁과 도성체제」, 『대외관계로 본 후백제』, 국립전주박물관.

74　주 47) 전게서.

협축기법으로 축성하였다. 축성에 이용된 성돌은 정교하게 다듬은 장방형이며, 수평줄쌓기 방식으로 평적(品자형)하였다. 유물은 안정된 층위에서 인화문토기 등 편년을 파악할 수 있는 토기류가 출토되었고, 보고자는 이를 토대로 동고산성의 초축시기를 7세기 후엽으로 편년하였다.[75]

동고산성 서문지는 양쪽 성벽이 단절된 너비 6.3m의 개거식 문지이다. 동고산성 성벽은 크게 2차 걸쳐 축조되었는데, 1차 성벽은 2차 성벽의 하층에서 선행하고 있는 성벽으로 판석형할석으로 축조되어 있었다. 성벽 축조 재료나 축조기법으로 보아 1차 성벽은 통일신라시대 성벽의 특징을 보여주고 있으므로 통일신라시대 완산주 설치 당시의 성벽으로 추정하였다. 2차 성벽은 수평줄쌓기, '品'자형쌓기, 퇴물림쌓기, 그랭이기법 등의 축성기법이 특징적인데 이와 같은 축성기법은 백제의 석축산성인 정읍 고사부리성의 축성기법과 매우 유사함을 지적하며 백제의 축성기술을 계승한 후백제의 축성기법일 가능성을 제시하였다.

그림 19 전주 동고산성 현문식 동문지(좌) 및 개거식 서문지(우)

특히 2차 성벽 축조시 사용한 성돌 가운데 일부는 매우 정교하게 다듬은 화강암제 견치석으로 백제 석성의 축성에 사용된 견치석일 가능성도 아울러 제시하였다. 보고자는 특히 북문지가 그 구조가 어긋문인 점, 백제기와 및 토기 등이 출토된 점에서 백제때 축성된 문지일 가능성이 높다고 판단하였다.[76] 이와 같은 동고산성의 조사 결과를 바탕으로 동고산성의 문지는 정읍 고사부리성, 순창 홀어머니산성과 같은 백제양식의 석축 어긋문 양식이 등장하는 북문지 1차 문지가 7세기 무렵 백제때 축조되었고, 이후 통일신라 문지의 양식을 계승한 현문식이 동고산성 동문지에서 이어지는데 이 시기는 대체로 전주의 완산주 설치와 관련된 시기, 마지막 동고산성 서문는 평문식으로 후백제 견훤과 관련이 있다는 견해가 제기되었다.[77]

전주 오목대 인근의 성벽조사는 역시 후백제 도성벽 발굴조사의 일환으로 2015년 발굴조사가 이루어졌다. 이 지역은 1992년 전영래박사에 의해 후백제 도성벽으로 추정된 지역인데, 일제강점기 전라선 철도의 개통과 1985년 전주 기린로 개설공사로 상당부분이 유실되었다. 발굴조사 결과 현 오목대 동쪽의 사면과 남서쪽 능선에서 길이 261m, 너비 8m, 높이 3~5m규모의 토석+와적 혼축의 성벽을 확인할 수 있었다. 발굴조사단은 성곽의 축성방식이나 출토유물 등이 후백제 산성으로 비정되고 있는 순천 해룡산성과 매우 유사해 후백제와 관련된 성벽으로 추정하였다.[78] 이외에도 후백제 도성지로 추정했던 중노송동(인봉리)의 시굴조사가 이루어졌다. 그러나 시굴조사결과 성벽으로 추정되었던 유구는 과거 저수지였던 인봉지의 제방으로 확인되었다.[79] 다만 제방 하층에 후백제 관련 문화층의 존재 가능성을 확인하는 성과를 거둘 수 있었다.

75 (재)전북문화재연구원, 2011, 『전주 동고산성』.
76 (재)전주문화유산연구원, 2015, 『전주 동고산성 서문지 발굴조사보고서』.
77 주 36) 전게서.
78 국립전주박물관, 2015, 『오목대 후백제 도성벽 유적 -발굴조사 팜플릿-』.
79 국립전주박물관, 2015, 『전주 인봉지 시굴조사보고서』.

전주도성은 이외에 도시구획 관점에서 연구가 이어지고 있는데, 전주도성은 통일신라 완산주 설치와 함께 처음 만들어 졌고[80], 상주, 남원, 청주, 광주 등 통일신라시대 주요 도시와 비교하여 중앙부 남북축선상에 위치한 동서(평균) 80m× 남북 155m의 반구구획열을 중심으로 좌우가 전혀 다르게 배치되었다는 견해가 주목된다. 즉 전주 구시가지의 방리 구획은 중앙부 반구구획열의 좌측에는 동서 150m, 남북 155m규모의 방형 단위구획을 채용한 방리구획이 분포하고 있고, 우측 방리구획은 동서 145m, 남북 155m의 평행사변형 단위구획과 남북방향의 일변 길이가 155m인 부정형 구획이 결합해 9행 8열의 다소 불완전한 방리구획을 이루고 있다. 뿐만 아니라 전주 구시가지의 방리구획선의 방향도 중앙부 반구구획열을 중심으로 좌측은 정북을 기준으로 약 18° 정도 서쪽으로 치우친 반면, 우측은 동서축은 동일한 반면 남북축이 정북을 기준으로 9°, 13°의 편향각을 가진다.[81] 결국 전주의 이와 같은 통일되지 않은 방리구획선은 적어도 고대 이후 세 차례 정도의 토지구획이 누적된 방리구획도시로 파악할 수 있다는 견해가 주목된다.[82] 뿐만 아니라 이와 같은 연구성과와 현재까지의 고고학적인 조사 결과를 바탕으로 전주의 도시구획이 완산주 설치 이후 큰 변화 없이 조선시대까지 전해졌다는 견해[83]가 뒤를 이어 발표된 바 있다.

3   성곽조사 연구의 과제

전북 서부지역 고대 성곽은 그동안 꾸준한 조사와 연구로 그 구조와 특징, 축조집단, 시간에 따른 변천과정 등이 점차 밝혀지고 있다. 그럼에도 불구하고 전북 서부지역 고대성곽 조사연구는 극복해야할 과제가 적지 않다고 판단된다. 필자가 생각하는 전북 서부지역 고대성곽 연구의 한계점과 향후 과제는 다음 몇 가지로 정리할 수 있다.

첫째, 전라북도 전역을 대상으로 한 성곽의 기초조사 시급한 실정이다. 전라북도내 상당수의 성곽은 그 위치와 범위가 실제와 다르게 표기되어 있다. 이와 관련해 필자는 현지조사와 해방 이후 항공사진, 조선시대 고지도 등을 검토하여 전북지역 읍성 가운데 5개소 읍성(익산 여산읍성·함열읍성, 김제 만경읍성, 부안읍성, 고창 흥덕읍성)의 위치와 범위가 실제와 다르게 표현되어 있음을 밝힌 바 있다.[84] 이외에도 전북지역 성곽 가운데 그 위치가 다르게 표기된 성곽은 완주 용복리산성[85], 부안 영전리토성[86], 진안 천반산성[87] 등이 있고, 성곽으로 보고되었지만 실제는 성곽이 확인되지 않는 사례로는 군산 대산산성, 월성동토성·성덕산토성, 동지산리산성, 정읍 용호리산성·외칠리산성·무성리산성 등이 있다. 또한 앞 장에서도 언급한 바 있지만 부안군의 수문산성, 용화동토성, 용정리토성, 구지리토성, 반곡리토성 등은 체성부가 확인되지 않아 성곽보다는 환호취락일 가능성이 높은 유적들이다. 군산 창안토성과 고창 창내토성은 토성으로 보고되었지만, 산 능선상에 위치한 성벽은 석성일 가능성이 높은 사례이다. 이외에 도내 다수의 성곽은 지표조사 보고서에 간략한 내용만 언급되어 있을 뿐 입지와 축성방법, 성벽의 구조 및 특성, 수습유물, 현 보존현황 등 학술적으로 활용할 수 있는 기초적인 내용 조차 없는 사례가 대단히 많은 실정이다. 따라서 전북 서부지역 고대 성곽연구의 가장 시급한 과제는 관련 전문가에 의한 지표조사 및 현황자료의 작성이라고 할 수 있다. 그리고 이와 같은 정확한 현장조사를 토대로 향후 체계적인 조사 및 보존정비 계획 등을 수립할 수 있을 것으로 판단된다.

둘째, 체계적인 발굴조사 계획의 수립과 운용이 필요하다. 본문에서도 언급했다시피 전부 서부지역 고대 성곽은 발굴조사된 사례가 매우 드물고, 그마저도 전주, 익산을 중심으로 발굴조사가 이루어 졌고, 일부 자치단체는 성곽에 대한 학술발굴조사 자체가 없는 경우도 있는 현실이다. 따라서 국가 주도의 목적이 아니더라도 각 지역의 특성에 맞는 성곽 조사와 연구가 필요한 시점이라고 볼 수 있다.

---

80   박태우, 1987, 「統一新羅時代의 地方都市에 對한 硏究」, 忠南大學校大學院 史學科 碩士學位論文.
81   이경찬, 2002, 「고대 한국 지방도시 격자형 토지구획의 형태특성에 관한 연구 」, 『建築歷史硏究』 통권 32, 한국건축역사학회, p54.
82   주 81) 전게서, p67.
83   황인호, 2014, 「新羅 9州5小京의 都市構造 研究」, 『중앙고고연구』 15, 중앙문화재연구원, p116~117.
84   박영민·황호식, 2021, 「전북지역 5개 읍성의 위치와 범위 재고」, 『건지인문학』 35, 전북대학교 인문학연구소.
85   (재)전라문화유산연구원·완주군, 2017, 『완주군 향토문화유산 -완주학 시리즈 2-』, p191.
86   (재)전라문화유산연구원·부안군, 2018, 『부안군 문화유산 보존과 활용방안 연구』, p335.
87   (재)전라문화유산연구원·진안군, 2018, 『진안군』.

셋째, 성곽 관련 전문인력의 양성이 시급하다고 볼 수 있다. 성곽은 입지 특성으로 험한 산지가 조사 대상인 경우가 많아 체력을 많이 소모하며, 학술조사시 추락이나 낙석 등으로 인한 안전사고의 위험이 높은 유적이다. 따라서 전국적으로 다른 주제에 비해 관련 전공자가 매우 드문 실정이다. 특히 전북지역 고대 성곽을 주제로한 학위논문은 南原地域의 三國時代 山城 硏究(이남일 2000), 全北 東北地域 山城의 硏究(강원종 2011), 百濟 中方城의 考古學的 硏究 -城郭과 古墳資料를 中心으로-(김상규 2011), 고사부리성의 변천과정 연구(황호식 2021) 등 네 편이며, 전북지역 봉수의 분포양상과 성격(조명일 2009)까지 포함하면 모두 다섯 편에 불과하다. 이 때문에 관련 전공자가 없는 중세 성곽이나 험준한 산지에 입지하고 있는 입보산성, 연해에 입지한 토성 등은 각종 개발로 훼손이 심각하지만 현상파악이나 보존대책이 매우 미약한게 현실이다.

넷째, 성곽의 축조시기와 주체, 축조기법의 변천과정을 파악할 수 있는 정밀한 발굴조사가 필요하다. 성곽은 처음 축조된 후 시간이 지나거나 점유세력이 변동함에 따라 지속적으로 증개축이 진행되며 원형이 변형되는 특징이 있다. 따라서 발굴과정에서 출토된 유물은 성곽의 축조시기와 주체를 파악하는데 큰 도움이 된다. 그러나 유물의 출토지점이나 과정에 따라 축조시기와 주체는 얼마든지 달라질 수 있는 것도 현실이다. 그동안 백제 석축성으로 알려졌던 성곽이 근래에 들어와 통일신라때 개축되었거나 초축되었을 것으로 추정하는 견해가 점차 늘고 있다. 따라서 고대 성곽의 발굴조사시 층위의 구분, 선후관계 파악, 각 지점의 층위에 따른 유물의 수습 등을 통해 성곽의 축조시기와 주체를 올바르게 파악하려는 시도가 필요하다.

다섯째, 성곽 축조의 기술적 속성을 이해하고 제도화하는 노력이 필요하다. 고대 성곽은 당대 사람들의 토목·건축기술이 총동원된 거대 구조물이며, 그 축조에는 많은 주민이 강제 징발된다. 그 중에는 땅을 굴착하고 성토하는 공인, 목공, 석공, 와공 등 다양한 공인들도 동원되며, 그들의 고유한 기술이 성곽에 녹아들어 있다. 특히 성석은 외벽 한 면만 노출되어 있으며, 당연히 한쪽 면만 측량이나 제도의 대상이 된다. 그러나 성석은 모두 6면이 있으며, 실제 체성의 구조 및 특징은 발굴조사자의 눈에 보이지 않는 5면이 서로 결합해 결정한다고 볼 수 있다. 따라서 조사자는 성석의 표면 뿐 아니라 좌우 측면과 상단부, 후면의 형태와 치석방법, 성돌과 성돌의 결합방법(상하 및 좌우), 성돌 표면의 기울기, 성돌 전면과 후면의 기울기, 석심부와 외벽석의 결합방법 등 성곽의 구조 및 특성을 파악할 수 있는 기술적인 속성에 대한 이해가 필요하며, 이러한 기술적 속성이 최대한 표현될 수 있는 제도製圖와 사진촬영이 필요하다고 할 수 있다.

Ⅳ 맺음말

전북 서부지역은 전라북도의 중앙을 남북으로 가르는 노령산맥 줄기의 서쪽에 위치하며, 금강, 만경강, 동진강의 충적작용에 의해 형성된 평야지대가 넓게 펼쳐져 있다. 전북 서부지역 고대 성곽은 서부 평야지대와 접하고 있는 구릉이나 산지에 주로 입지하고 있으며, 일부는 내륙 교통로상에 분포하고 있다. 현재까지 전북 서부지역 고대 성곽은 98개소 정도가 알려져 있고 그 가운데 14개소의 성곽이 체성부의 구조 및 특성을 알 수 있는 발굴조사가 이루어 졌다. 이와 같은 발굴조사를 통해 전북 서부지역 고대 성곽은 그 구조와 특징, 축조세력과 변천 등의 연구가 진행되고 있다.

전북 서부지역 고대 성곽연구는 백제 성곽의 구조 및 특징 파악과 지배구조 자료의 획득, 익산 금마지역 고도자료의 확보, 후백제 전주도성 자료의 확보 등 크게 세 가지 주제로 구분할 수 있다. 전북 서부지역 백제 성곽은 완주 배매산성·구억리산성·삼례토성, 전주 서고산성, 김제 성산성의 토축산성과 익산 낭산산성, 익산토성, 전주 동고산성 북문 1차 문지, 정읍 고사부리성이 있다. 전북 서부지역의 백제 토성은 석성에 비해 먼저 출현하며 삭토기초공법, 영정주를 활용한 판축기법, 토제기법, 점토블럭의 활용, 체성부내 석축열조성 등 중부지방 백제 토성의 축성기법이 활용되었다. 또한 성곽 내부에는 석제 구들이 있는 건물지가 분포하고 있다. 토성의 축성기법과 출토유물을 고려했을 때 이 지역의 백제 토성은 백제 한성도읍기 말~웅진기 무렵 이 지역에 대한 백제의 직접지배를 추정케하는 중요한 자료로 판단할 수 있다. 전주 서고산성은 백제 때 토성으로 축조되었으나 이후 토축성벽의 바깥쪽을 절토하고 석축성을 덧붙인 구조로 개축되었다. 전주 서고산성은 토성을 석성으로 개축한 매우 드문 자료이며, 내부에서 백제 연화문수막새가 출토되어 백제 성곽의 변천과정을 파악할 수 있는 중요한 자료로 볼 수 있다.

　백제 석축산성은 익산 낭산산성과 익산토성, 정읍 고사부리성이 대표적인데, 체성부는 각기 다른 기법으로 축성되었다. 석축산성의 문지는 어긋문이 대표적이지만 익산토성 서문지와 같은 개거식 문지도 사용되었다. 정읍 고사부리성은 성곽의 규모도 크고, 축성기법도 대단히 정교할 뿐 아니라 내부에서 다량의 백제유물이 출토되었다. 따라서 정읍 고사부리성은 이 일대를 관장했던 백제의 중방성인 고사성으로 추정된다.

　익산토성과 금마도토성, 익산 미륵산성은 금마지역 백제고도자료의 확보를 목적으로 발굴조사가 진행되었다. 발굴조사 결과 익산토성은 백제 때 초축된 석축산성임이 밝혀졌다. 금마도토성은 백제 때 초축된 이후 통일신라시대에 기단석축이 있는 토성으로 크게 개축되었을 것으로 추정된다. 익산 미륵산성은 외성벽 축조기법 및 성내부 건물지와 집수시설, 출토유물을 고려했을 때 통일신라시대에 초축되었을 것으로 여겨진다. 금마지역의 성곽은 익산 왕궁리유적의 북쪽과 서쪽의 인접한 곳에 입지하고 있어 도성의 외성역할을 수행했으며, 미륵산성과 그 주변에 밀집해 있는 산성은 금마지역을 왕래하는 주요 교통로상에 분포하며 도성의 외곽을 방어하는 역할을 수행했을 것으로 추정된다.

　전주 동고산성과 오목대토성 등은 후백제의 전주도성 자료 확보를 목적으로 조사가 이루어졌다. 동고산성은 내부에 분포하는 다수의 대형건물지와 출토유물을 통해 후백제의 도성 터로 처음 비정되었다. 그러나 근래에 들어와 해방 이후 항공사진 등 후백제 도성벽으로 추정할 수 있는 자료가 공개되며 전주시내 일원에 후백제 도성이 있었을 것이라는 의견도 다수 제시되고 있다. 그러나 그동안 진행된 수차례의 시굴조사에도 불구하고 후백제 도성벽으로 추정할 수 있는 뚜렷한 유구는 확인되지 않았다.

　전북 서부지역 고대 성곽연구는 그동안의 조사와 연구성과에도 불구하고 전문인력의 부족, 기초조사의 미비 등으로 아직까지 미흡한 단계에 머물러 있다고 여겨진다. 향후 전문인력이 늘어나고 체계적인 조사 및 연구가 이뤄진다면 전북 서부지역 고대 성곽 연구는 보다 발전할 수 있을 것으로 기대한다.

참고문헌

문헌자료

『三國史記』
『고려사』
『세종실록지리지』
『신증동국여지승람』

보고서

고창군 향토문화전자대전 성곽편(김제시, 부안군, 고창군 성곽편)
고창군·(재)조선문화유산연구원, 2022, 『고창 흥덕공원 조성사업부지 내 문화재 표본조사 약보고서』.
국립나주문화재연구소, 2013, 『영산강유역 고대 산성』.
국립전주박물관, 2015, 『오목대 후백제 도성벽 유적』.
국립전주박물관, 2015, 『전주 인봉지 시굴조사보고서』.
군산대학교박물관·전북대학교박물관, 2001, 『臥亭遺蹟』.
(재)금강문화유산연구원·문화재청·(사)한국문화유산협회, 2019, 『당진 성산리산성 -2019년도 매장문화재학술발굴조사』.
원광대학교 마한·백제문화연구소, 1985, 『익산 오금산성 발굴조사보고서』.
원광대학교 마한·백제문화연구소, 2001, 『익산 저토성 시굴조사보고서』.
원광대학교 마한·백제문화연구소, 2001, 『익산 미륵산성 -동문지주변 발굴조사보고서-』.
원광대학교박물관·익산시, 2008, 『익산 미륵산성 -건물지 및 남문지 발굴조사보고서-』.
원광대학교 마한·백제문화연구소·익산시, 2016, 『익산의 성곽』.
원광대학교 마한·백제문화연구소·익산시, 2020, 『익산토성(사적 제92호) -서성벽·서문지-』.
전영래, 2003, 『전북 고대산성조사보고서』, 전라북도·한서고대학연구소.
(재)전북문화재연구원·전주시, 2009, 『전주 동고산성』.

(재)전북문화재연구원, 2011, 『전주 동고산성』.

(재)전북문화재연구원·정읍시, 2013, 『정읍 고사부리성 -종합보고서(1~5차 발굴조사)-』.

(재)전북문화재연구원, 2017, 『익산 미륵산성』.

(재)전북문화재연구원·익산시, 2019, 『금마도토성 -서문지-』.

(재)전북문화재연구원·전주시, 2022, 『전주 남동부권역(승암산~기린봉~왜망실) 후백제유적 정밀지표조사보고서』.

전북대학교박물관, 2002, 『배매산 -완주 봉동읍 배수지 시설부지내 문화유적발굴조사보고서-』.

(재)전라문화유산연구원·문화재청·(사)한국매장문화재협회, 2017, 『완주 배매산성 -비지정 매장문화재 학술발굴조사-』.

(재)전라문화유산연구원·완주군, 2017, 『완주군 향토문화유산 -완주학 시리즈 2-』.

(재)전라문화유산연구원·부안군, 2018, 『부안군 문화유산 보존과 활용방안 연구』.

(재)전라문화유산연구원·진안군, 2018, 『진안군』.

(재)전라문화유산연구원·완주군, 2020, 『완주 배매산성 Ⅱ -서성벽 2차 발굴조사-』.

(재)전라문화유산연구원·완주군, 2021, 『완주 배매산성 발굴조사(3차) 약보고서』.

(재)전라문화유산연구원·정읍시, 2021, 『정읍 고사부리성 발굴조사(9차) 약보고서』.

(재)전라문화유산연구원·전주시, 2022, 『전주 서고산성 -남서성벽 1차 발굴조사-』.

(재)전주문화유산연구원, 2013, 『고창 장사성지』.

(재)전주문화유산연구원, 2015, 『전주 동고산성 서문지 발굴조사보고서』.

(재)조선문화유산연구원·완주군, 2020, 『완주 구억리산성 -2차 시발굴조사-』.

충청남도 역사문화연구원·금산군, 2022, 『금산 백령산성 Ⅱ』

논문

강원종, 2016, 「동고산성 성문의 형식변화에 대한 검토」, 『호남고고학보』 54, 호남고고학회.

곽장근, 2015, 「후백제 왕궁과 도성체제」, 『대외관계로 본 후백제』, 국립전주박물관.

김근영·정재윤, 2019, 「백제의 중방성 설치와 그 의미」, 『馬韓百濟文化』 33, 원광대학교 마한백제문화연구소.

김낙중, 2022, 「전북지역 위세품부장 고분의 성격」, 『湖南考古學報』 72, 호남고고학회.

김병남, 2022, 「백제의 마한세력 복속과 만경강 중·상류지역 진출」, 『한국고대사탐구』 41, 한국고대사탐구학회.

김삼용, 1977, 「백제의 익산천도와 그 문화의 성격」, 『마한백제문화』 2, 원광대학교 마한백제문화연구소.

김상규, 2010, 『백제 중방성의 고고학적 연구 -성곽과 고분자료를 중심으로-』, 원광대학교 고고미술사학과 석사학위논문.

김승옥, 2019, 「호남지역 마한과 백제, 그리고 가야의 상호관계」, 『湖南考古學報』 63, 호남고고학회.

김영심, 1997, 『百濟 地方統治體制 硏究 -5~7세기를 중심으로-』, 서울대학교대학원 박사학위논문.

김영심, 2019, 「백제 중방성의 설치와 고부지역의 통치양상」, 『馬韓百濟文化』 33, 원광대학교 마한백제문화연구소.

박순발, 2002, 「漢城期 百濟의 城郭」, 『향토서울』 62, 서울특별시사편찬위원회.

박순발, 2014, 「동아시아 도성사에서 본 백제도성」, 『왕궁성 上 -古代 東亞細亞 都城과 益山-』.

박영민, 2020, 「완주 배매산성의 축성과 백제의 만경강유역 진출과정 검토」, 『湖南考古學報』 64, 호남고고학회.

박영민·황호식, 2021, 「전북지역 5개 읍성의 위치와 범위 재고」, 『건지인문학』 35, 전북대학교 인문학연구소.

박태우, 1987, 「統一新羅時代의 地方都市에 對한 硏究」, 忠南大學校大學院 史學科 碩士學位論文.

서정석, 2022, 「고고자료를 통해 본 미륵산성」, 『馬韓百濟文化』 39, 원광대학교 마한백제문화연구소.

심광주, 2019, 「統一新羅 治所城 調査現況과 特徵 -서울·경기지역을 중심으로-」, 『2019년 중부고고학회 정기학술대회 발표요지문』.

안성현, 2016, 「남한지역 토성벽에 잔존하는 석축부에 대한 연구」, 『야외고고학』 25, 한국매장문화재협회.

유병하·나병호, 2015, 「궁예도성과 견훤도성」, 『대외관계로 본 후백제』, 국립전주박물관.

이도학, 2003, 「백제 무왕대 익산 천도설의 재검토」, 『경주사학』 22, 경주사학회.

이강오, 1978, 「金馬 報德城의 位置에 대한 考察 -太平散人 康候晋의 '遊金馬城記' 發見을 계기로-」, 『考古美術』 第138·139號, 한국미술사학회.

이경찬, 2002, 「고대 한국 지방도시 격자형 토지구획의 형태특성에 관한 연구」, 『建築歷史硏究』 통권 32, 한국건축역사학회.

이경찬, 2014, 「백제후기 익산 왕궁리유적의 도성계획사적 의미」, 『왕궁성 上 -古代 東亞細亞 都城과 益山-』.

이동희, 2012, 「三國時代 湖南地域 住居·聚落의 地域性과 變動」, 『中央考古硏究』 10, 중앙문화재연구원.

이혁희, 2014, 「鎭安 臥亭土城의 構造와 性格再檢討」, 『호서고고학』 31, 호서고고학회.

전영래, 1980, 「全州 東固山城 槪括調査報告」, 『全北遺蹟調査報告』 11.

최완규, 2013, 「김제 벽골제와 백제 중방성」, 『호남고고학보』 44, 호남고고학회.

황인호, 2014, 「新羅 9州5小京의 都市構造 硏究」, 『중앙고고연구』 15, 중앙문화재연구원.

황호식, 2022, 「고사부리성의 변천과정 연구」, 『전북학연구』 6, 전북연구원 전북학연구센터.

今西龍, 1934, 「百濟五部五方考」, 『百濟史硏究』, 近澤書店.

牧田諦亮, 1977, 「백제 익산 천도에 관한 문헌자료」, 『마한백제문화』 2, 원광대학교 마한백제문화연구소.

전북 동부지역 고대 성곽 조사 성과
-성벽 축성법을 중심으로-

조명일
군산대학교 가야문화연구소

목차

I 머리말
II 전북 동부지역 고대 성곽 조사·연구 현황
III 전북 동부지역 고대 성곽의 축성법과 축성 주체
IV 맺음말

I 머리말

전북 동부지역은 달리 전북 동부 산악지대라 불리는데, 한반도의 중추인 백두대간이 영남과 호남의 자연 경계를 이루며, 백두대간 영취산에서 주화산까지 동서방향으로 뻗은 금남호남정맥을 기준으로 금강 수계권과 섬진강 수계권으로 구분된다. 이 외에 백두대간 동쪽의 남강수계권인 남원시 동부권도 행정 구역상 전북 동부지역에 속한다.

금강 수계권은 백두대간과 금남호남정맥의 산줄기들로 인해 험준한 산악지형을 이루며, 해발 400m 내외의 고원과 산간 분지가 발달되어 있다. 행정 구역상 장수군, 무주군, 진안군 북부, 완주군 동북부가 여기에 해당된다. 섬진강 수계권은 행정 구역 상, 장수군 성수면·번암면, 진안군 남부권, 임실군, 순창군, 남원시 서부권이 해당되는데, 상류지역의 지형·지세는 금강 수계권과 크게 다르지 않지만, 섬진강 본류와 오수천, 갈담천, 요천 등의 지류가 합류하는 중류역은 넓은 충적지와 호남정맥에서 뻗어 내린 나지막한 구릉지가 형성되어 있다. 전북지역 내 유일하게 백두대간 동쪽에 위치한 남원시 동부권은 전형적인 고원상의 산간 분지로서 달리 '운봉고원 또는 운봉분지'라 불린다. 이곳은 백두대간의 험준한 산줄기들로 둘러싸여 있으며, 남강의 상류인 풍천과 광천을 따라 비교적 넓은 분지가 형성되어 있다. 전북 동부지역은 그 지정학적 위치 상 고대부터 백두대간의 주요 고갯길을 통해 영남과 호남을 이어주는 가교였으며, 금강과 섬진강, 남강의 지류를 따라 이어진 내륙교통로를 따라 서해안이나 남해안으로 진출하기 위해서는 반드시 거쳐야 했던 전략상 요충지였다. 조선시대 최고의 실학자였던 다산 정약용이 그의 저서『다산시문집茶山詩文集』에 "남도의 관방은 운봉이 으뜸이고, 추풍령이 다음이다. 운봉을 잃으면 적이 호남을 차지할 것이고..."라고 한 것은 운봉고원을 비롯한 전북 동부지역의 지정학적 중요성을 단적으로 보여준다.

이를 반영하듯 전북 동부지역에는 정치·국방·교통로와 밀접하게 연관된 성곽이 다수 분포되어 있다. 지금까지 보고된 곳만 대략 70여 개소에 이른다. 성곽 및 봉화, 보루와 같은 관방유적은 지상에 노출되어 있는 유적으로, 원형이 잘 보존되어 있을 경우, 정밀지표조사만으로도 충분한 학술자료를 확보할 수 있다는 장점을 지니고 있다. 반면에 축조 재료가 석재 또는 흙으로 이루어진 것이 대부분이기 때문에 충분한 관리가 이루어지지 않은 채, 지표상에 장기간 노출되어 있을 경우, 훼손의 위험성이 다른 유적에 비해 매우 높다. 전북 동부지역에 분포되어 있는 고대 성곽들 역시, 불과 얼마 전 까지만 해도 산발적인 지표조사를 통해 그 위치정도만 알려져 있을 뿐, 체계적인 조사가 이루어지지 못한 채, 오랜 기간 방치되어 있었다. 더구나 헬기장 및 등산로의 조성, 사방공사 및 등산로 개설 등의 토목공사로 인해 그 원형을 파악할 수 없을 정도로 훼손된 것이 상당수였다.

그런데 지난 2017년 '가야문화권 조사·연구 및 정비'사업이 정부의 100대 국정과제에 포함되면서 가야문화권의 중심지인 전북 동부지역에 분포되어 있는 관방유적에 대한 활발한 조사가 이루어졌다. 이를 통해 전북 동부지역 고대 성곽의 개략적인 축성법을 파악할 수 있게 되었고, 부속시설과 출토유물 등에 대한 검토를 통해 축성 주체와 시기에 대한 진일보된 논의가 가능해지게 되었다. 그럼에도 아직까지 단일 성곽에 대한 전면적인 조사가 아닌, 성벽·문지·부속시설 등에 대한 산발적인 조사만 이루어지다 보니 전북 동부지역 고대 성곽 전반적인 축성양상 및 역사성을 규명하기에는 자료가 부족한 실정이다.

따라서 본 글에서는 전북 동부지역 고대 성곽의 조사 현황을 간략하게 정리하고, 그동안 시굴 및 발굴조사를 통해 드러난 성곽의 축성법을 검토하여 축성 주체에 대한 나름의 의견을 제시해 보고자 한다. 전북 동부지역에서 조사가 이루어진 성곽들은 모두 산성의 범주에 속하고, 그 속성이 대부분 석성石城이기 때문에, 석축 성벽의 축성법을 중심으로 다루고자 한다.

II 전북 동부지역 고대 성곽 조사·연구현황

불과 10여 년 전까지만 해도 전북 동부지역 고대 성곽의 축성시기와 축성주체에 대해서는 거의 알려진 바가 없었다. 2000년대를 전후하여 전국적으로 시행된 문화유적 분포지도 제작 사업의 일환으로 실시된 지표조사를 통해 개략적인 위치 정도만 보고되었을 뿐, 산성의 규모와 형태, 축성기법 등 구체적인 속성 파악을 위한 고고학적 조사는 이루어지지 않았다. 그나마 2003년 고故 전영래 선생이 집필한 『전북지역 고대산성조사보고서』[1]에 전북 동부지역 고대 산성들의 개략적이 속성이 알려져 있었을 뿐이다. 상황이 이렇다보니, 전북 동부지역 고대 산성에 대한 연구는 지지부진 할 수 밖에 없었고, 각 연구자마다 지표조사를 통해 확인된 유물의 속성을 근거로 축성 주체를 추정하는 정도에 불과하였다. 또한 전라북도는 백제의 고토였다는 전통적인 역사인식이 반영되어, 면밀한 검토 없이 전북지역의 고대 성곽들을 단순히 백제 성곽으로 인식해 버리는 경우도 다반사였다.

2001년 강원종은 고대 수륙교통의 거점이자, 전략적 요충지라는 금강 상류지역의 지정학적 특성을 강조하는 한편, 진안군 용담면 월계리에 위치한 성남리(월계리) 산성을 백제가 대가야의 침략을 방어하고, 대가야지역으로 진출하기 위한 관문역할을 하기 위해 쌓은 것으로 해석하였다.[2]

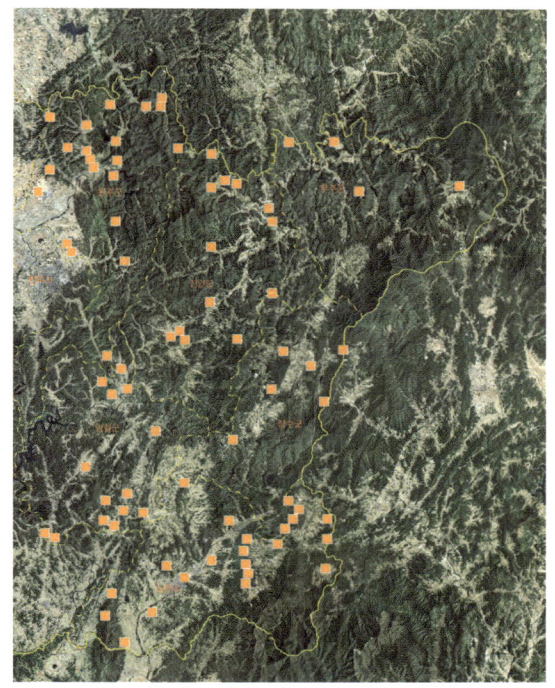

그림 1 전북 동부지역 산성 분포도

---

1   전영래, 2003, 『전북 고대산성조사보고서』, 전라북도·한서고대학연구소.
2   강원종, 2001, 「전북 동북지역의 산성의 연구 -진안 성남리 산성을 중심으로」, 전북대학교 대학원 석사학위논문.

곽장근은 전북지역 가야사 연구의 대표 연구자로서 1990년대 중반 이후, 금강 상류지역의 지정학적 이점을 철저히 분석하여 삼국시대 백제와 가야의 교통로를 복원하고 상호 역학관계를 고증하는 여러 편의 논문을 발표하였다.[3] 특히 교통로와 밀접한 관련성을 가지는 관방유적에 대한 꾸준한 학술지표조사를 실시하고, 이에 대한 적극적인 해석을 통해 금강 상류지역 산성 조사·연구의 기틀을 마련하였다. 이 과정에서 진안 성남리(월계리) 산성을 『일본서기日本書紀』 현종기 3년조 기사에 등장하는 임나의 대산성으로 비정하였고, 더 나아가 전북 동부지역 가야 소국에 의해 운영된 관방유적에 대한 존재 가능성을 지속적으로 제기하였다.

이러한 선행연구를 기반으로 조명일은 금강 상류지역에 분포되어 있는 산성과 봉화를 대상으로 그 분포양상과 축조기법·수습유물 등을 분석하여, 장수군에 정치적 기반을 두고 발전했던 가야세력에 의해 축조·운영되었을 가능성에 무게를 두었다.[4] 그 근거로는 장수·장계분지로 통하는 교통로를 따라 산성과 봉화가 배치되어 있으며, 주목 길목(고갯길)을 사이에 두고 세트 관계를 보인다는 점, 산성의 성벽 축조기법이 섬진강유역 및 전북 서부권 백제산성보다는 낙동강유역의 가야계 산성과 유사하는 점, 산성과 봉수에서 가야계 유물이 수습된다는 점 등을 들었다.

위에 언급된 연구들은 단편적인 지표조사 자료만을 가지고 축조 및 운영세력을 백제 또는 가야로 섣불리 예단하고, 그것을 중심으로 논지를 전개해 나갔다는 점에서 분명한 한계를 지니고 있다. 다만 당시 턱없이 부족한 자료에도 불구하고, 고고학적 양상과 문헌기록·지정학적 관점을 접목하여 금강 상류지역 산성에 주목하였다는 점에서 큰 의의를 찾을 수 있다.

2017년 현 정부의 국정과제로 '가야문화권 조사·연구 및 정비'사업이 포함되면서, 전북 동부지역 산성 조사의 일대 전환기를 맞이하였다. 전북 동부지역은 전통적으로 백제문화권이라는 역사인식으로 인해, 곳곳에 산재되어 있는 다수의 가야문화유산에 관심과 행정적 지원이 적을 수밖에 없었고, 이는 고고학적 자료의 미비와 연구자의 부재로 이어졌다. 산발적으로 조사가 이루어진 유적도 대부분 고분에 치중되다 보니, 전반적인 가야문화양상을 이해하기에는 무리가 있었다. 그럼에도 일부 뜻있는 학자들이 꾸준히 발품을 팔아 모은 자료와 관심 있는 지자체의 협조 등으로 인해, 전북 동부지역 가야문화의 역사성이 하나둘씩 드러나게 되었고, 가야사 국정과제에 포함되기에 이르렀다.

지금까지 알려진 바에 의하면, 전북 동부지역에는 남원시 동부권과 장수군을 중심으로 가야계 소국이 존재했을 것으로 추정되고 있다. 이 소국들은 대규모 수장층 묘역을 남겼는데, 그 규모와 수량이 가야문화권의 중심지로 알려진 영남권에 비해 전혀 뒤처지지 않는다. 또한 가야문화권에서는 유일하게 봉화를 운영했을 가능성이 큰 것으로 보고 있으며[5], 최근 전북 동부지역에서 다수 확인되고 있는 제철유적과의 관련성도 제기되고 있다.[6] 여기에 더해 전북 동부지역에 다수의 산성이 밀집 분포되어 있는데, 앞에서 서술한 바와 같이, 이 중 일부는 가야와 관련성이 클 것으로 추정되고 있다.

전라북도는 2017년 가야사 국정과제의 일환으로 수장층 무덤은 물론, 전북 동부지역 가야 문화의 독창성을 부각시킬 수 있는 산성, 봉화, 제철유적에 대한 현황조사를 실시하였고[7], 그 결과에 따라 핵심유적에 대한 학술발굴조사를 지원하였다. 이를 통해 그동안 개략적인 현황 파악 수준에 머물러 있던 전북 동부지역에 주요 산성들에 대한 시굴 및 발굴조사가 이루어질 수 있었다. 실제 1996~1998년 용담댐 수몰 지구에 대한 구제발굴조사가 이루어진 진안 와정토성과 학술 조사가 이루어진 임실 성미산성·순창 홀어머니산성 정도를 제외하면, 대부분의 산성은 2015년 이후에 시굴 및 발굴조사가 이루어졌다.

---

[3] 곽장근, 2008, 「백제 간선 교통로의 재편성과 그 의미 -섬진강 유역을 중심으로-」, 『백제문화』 제39집, 공주대학교 백제문화연구소.
곽장근, 2009, 「금강 상류지역 교통로의 조직망과 재편과정」, 『한국상고사학보』 제66호, 한국상고사학회.
곽장근, 2013, 「임나사현과 기문의 위치」, 『백제학보』 제9호, 백제학회.

[4] 조명일, 2012, 「금강 상류지역 산성 및 봉수의 분포양상과 성격」, 『호남고고학보』 41, 호남고고학회.

[5] 곽장근, 2020, 「삼국시대 가야봉화망과 반파국 비정」, 『전북학연구』 2, 전북연구원 전북학연구센터.
이도학, 2019, 「반파국 위치에 대한 논의」, 『역사와 담론』 90, 호서사학회.
조명일, 2018, 「전북 동부지역 봉수에 관한 일고찰」, 『호남고고학보』 59, 호남고고학회, pp 90-107.

[6] 곽장근, 2017, 「장수군 제철유적의 분포양상과 그 의미」, 『호남고고학보』 57, 호남고고학회.

[7] 전라북도, 2017, 『전북가야사 및 활용방안 연구용역보고서』.

지금까지 조사된 산성은 대략 10여 개소에 이르지만, 장수 침령산성·합미산성, 순창 홀어머니산성, 남원 아막성 등을 제외하면 대부분 성벽 및 문지, 부속시설 등에 대한 산발적인 조사에 그치고 있어, 전북 동부지역 산성의 전체적인 축조양상을 파악하기에는 무리가 따른다. 다만 성벽에 대한 시굴 및 발굴조사를 통해 성벽의 축성법이 다양하게 확인되었고, 이를 토대로 축성 주체 및 산성의 운영시기를 파악할 수 있는 기초자료가 확보되었다. 특히 기존에 전라북도 지역에서 크게 관심을 두지 않았던 가야와 신라 산성의 축성법이 확인되었다는 점은 하나의 큰 성과라 해도 과언이 아니다.

Ⅲ 전북 동부지역 고대 성곽의 축성법과 축성 주체

주지하다시피 산성은 한 나라의 국운을 좌우할 수 있는 국방유적이기 때문에, 대규모 노동력과 정교한 기술력이 요구되는 축성 사업은 철저히 중앙의 통제하에 이루어졌을 것이다. 축성 주체에 따른 축성법의 차이가 나타나는 것도 바로 이 때문이다. 고대 산성의 경우, 석재와 흙이라는 공통된 축성재료의 특성상 동일한 기술적 속성도 확인되고 있지만, 기본적으로 고구려와 백제·신라·가야의 세부 축성법은 토목기술력에 따라 모두 달랐을 것이다.

따라서 본 장에서는 전북 동부지역에서 확인된 고대 산성의 축성법을 검토하여 그 축성 주체에 대한 나름의 의견을 제시해 보고자 한다. 앞에서 밝힌 바와 같이, 전북 동부지역에 분포되어 고대 산성은 정밀지표조사조차 이루어지지 않은 곳이 대부분이기 때문에, 산성의 입지·규모·형태 등의 속성은 정확히 알려진 곳이 거의 없다. 다만 최근 들어 시굴·발굴조사가 이루어진 몇 개소의 산성에서는 비록 전면적인 조사가 이루어지지는 못했지만, 성벽의 축성법과 축조시기를 가늠해 볼 수 있는 자료가 확보되었다. 발굴조사가 이루어진 산성들은 와정토성을 제외하고 모두 석축성이기 때문에, 여기에서는 석축성의 축성법에 대해 살펴보고자 한다.

석축성의 축조재료인 성돌은 축성주체와 축성시기를 가늠해 볼 수 있는 중요한 속성 중 하나이다. 축성주체의 석재 가공기술에 따라 성돌의 재질과 크기·형태 등이 다양하게 나타날 수밖에 없기 때문이다. 석축성의 성벽 축조에 사용되는 석재는 크게 자연석과 할석, 가공된 석재로 나눌 수 있다. 자연석은 인위적인 채석 없이 자연적인 현상에 의해 떨어져 나온 석재이며, 할석은 성벽의 축조를 위해 대형암석에서 인위적으로 떼어낸 다음 가공되지 않은 것을 말한다. 가공석은 암석에서 떼어낸 할석을 치석한 것으로, 치석 수법과 암석의 재질에 따라 그 형태와 크기 등이 다양하다. 축성에 사용된 석재에 따라 성벽의 쌓기 방식도 달라질 수밖에 없다. 즉 자연석과 할석은 면이 고르지 못하기 때문에, 허튼층쌓기 방식이 주로 사용될 수밖에 없고, 가공석의 경우, 성돌의 크기와 형태가 비교적 일정하기 때문에 수평줄쌓기에 용이하다.

성돌의 가공기술과 함께 석축성의 특징을 잘 보여주는 것이 체성벽의 축조기법이다. 크게 경사면에 의지하여 외벽만 쌓고 그 안쪽은 흙과 석재로 보강하는 편축식과 외벽과 내벽을 모두 쌓아 올리는 협축식으로 구분한다. 다만 협축식의 경우, 내벽 기저부와 지상에 노출된 성벽의 높이에 따라 협축식과 편축식으로 나누어야 한다는 의견이 제시되기도 한다.[8] 그러나 처음부터 내벽을 쌓지 않는 편축식과의 혼선을 피하기 위해 내벽의 존재가 확인되는 것은 우선 협축식으로 보는 것이 타당할 것으로 판단된다.

체성벽의 축조기법에 있어 또 하나 중요한 것이 성벽 기저부의 정지방법과 보축의 유무이다. 성벽의 기저부는 암반 또는 풍화암반을 대강 정지하고 최하단석부터 바로 쌓아 올리는 방식과 암반이나 풍화암반에 일정한 깊이 홈을 파내 턱을 조성하고 그 위에 성돌을 쌓아 올리는 이른바 '착암공법'이 채용된 방식, 그리고 기반층을 일정한 깊이로 파낸 다음 성벽을 쌓고, 굴광면과 면석사이를 보강하는 방식 등이 있다. 또한 성벽의 하중을 분산시키기 위해 거대한 지대석을 시설하는 경우도 확인된다. 보축 성벽은 달리 기단보축으로 불리기도 하는데, 신라성벽의 큰 특징으로 알려져 있다.[9] 보축은 외측

---

[8] 김세종, 2017, 「호남지역 고대 석축산성 연구」, 목포대학교 대학원 석사학위논문.

[9] 박종익, 1994, 「古代山城의 築造技法 대한 硏究」, 『嶺南考古學』제15호, 영남고고학회.

성벽이 무너지는 것을 방지하기 위한 것으로 성벽 기저부에서 일정 높이까지 석재나 흙으로 경사지게 쌓은 것이다. 주로 석재가 사용되며 단면이 삼각형 또는 방형을 이루지만, 흙으로 성토하고, 그 위쪽과 가장자리를 석재로 피복한 경우도 확인된다.

이상의 속성들을 토대로 전북 동부지역에서 확인된 성벽의 축성법을 분류해 보면 크게 3가지 형식으로 분류된다.

먼저 산 경사면을 대강 정지하고 다듬지 않은 할석으로 외측 성벽만 쌓으면서, 내측 구지표면과 외측 성벽 사이를 작은 할석과 흙으로 채운 구조이다. 이러한 축성법을 가장 잘 보여주는 유적이 장수 삼봉리산성이다.

삼봉리산성은 장수군 장계면 삼봉리와 계남면 화음리의 경계를 이루는 백화산(해발 849.5m)에서 북쪽으로 뻗어 내린 지류의 정상부(해발 575m)에 위치한다. 이곳은 호남과 영남을 이어주는 백두대간 육십령의 서쪽 초입에 해당된다. 산성에 오르면, 최근 문헌에 등장하는 가야 소국인 반파국(伴波國)의 중심지로 추정되고 있는 장계분지[10]는 물론, 가야세력의 지배자 무덤으로 알려진 백화산 고분군과 반파국 왕궁지로 추정되고 있는 장계면 삼봉리 탑동마을 일원[11]이 한 눈에 조망된다.

그림 2 장수 삼봉리산성 성벽 축성법(좌: 외측 성벽, 우: 뒷채움)

산성은 서쪽의 산 정상부와 동쪽 9부 능선을 감싼 테뫼식 석축성으로 전체적인 형태는 타원형에 가까우나 동북쪽이 돌출된 특이한 형태이다. 산성의 둘레는 250m 내외의 소형이며, 산성 내부의 가용 공간은 정상부와 동쪽 평탄지 일부에 한정되어 협소한 편이다. 산성이 축조된 해발고도는 575m~540m 내외로 높지만, 상대고도는 100m가량에 불과하다.

그림 3 장수 삼봉리산성 출토 가야 토기편

---

10 이도학, 2021, 「전북가야의 태동과 반파국」, 『전북가야의 역사와 문화』, 전라북도 · 호남고고학회.
11 곽장근, 2021, 『전북 고대문화 역동성』, 서경문화사.

육안 상 확인되는 성벽은 서쪽 봉우리 가장자리와 남쪽 구간 일부에 한정된다. 북쪽 구간은 다른 구간에 비해 경사가 매우 급하고, 붕괴된 석재도 확인되지 않는 것으로 보아 본래 성벽이 축조되지 않았을 가능성이 커 보인다.

시굴 및 발굴조사가 이루어진 남쪽 성벽은 산 경사면을 정지하고, 부정형 할석으로 외벽만 쌓은 편축식이다. 기저부는 노출된 자연 암반면을 정지하고 최하단석의 수평을 맞추기 위해 소형 할석을 일부 깔았다. 성벽은 상당히 조잡하게 쌓아 올렸으며, 성돌과 성돌 사이에는 잔석을 끼워 넣었다. 잔존된 성벽의 높이는 2.8m 내외인데, 산성 내부의 구지표면 높이와 붕괴된 석재의 양을 고려해 볼 때, 본래부터 높지 않게 축조되었을 것으로 추정된다. 2021년 서쪽 봉우리 남쪽 성벽에 대한 발굴조사가 진행되었는데, 외벽의 축조기법은 남쪽 성벽과 동일하며, 성벽의 뒤채움은 할석을 일부 채워 넣고, 점성이 강한 흙으로 보강한 것으로 파악되었다. 기저부와 보강토 내측 성토층에서 유물이 출토되지 않는 것으로 보아 초축 성벽일 가능성이 크다. 산성 내 전 구간에서 내벽은 확인되지 않는다.

발굴조사 과정에서 대부장경호(굽달린긴목항아리), 유개장경호(뚜껑 있는 긴목항아리), 시루 등 가야 토기가 출토되었는데, 산성과 인접된 장수 삼봉리 고총군에서 출토된 토기들과 그 속성이 일치한다.[12]

삼봉리산성과 같은 축성법은 그동안 전라북도 지역에서 발굴조사가 이루어진 고대 석축산성에서는 확인되지 않은 특징적인 것으로, 진안 운봉리산성의 북쪽성벽과 진안 성남리산성 북동쪽 성벽에서도 일부 확인된 바 있으며, 하나 같이 가야 토기가 출토되었다. 또한 최근 조사가 활발하게 이루어지고 있는 장수 명덕리 봉화, 완주 불명산·수락봉 봉화, 장수 영취산 봉화, 장수 침곡리 봉화 등 가야세력에 의해 운영된 것으로 추정[13]되고 있는 봉화대와 그 주변을 두른 성벽도 삼봉리산성의 축성법과 유사하며, 대가야의 주성으로 알려진 고령 주산성[14]을 비롯한 낙동강 서안의 가야 산성의 석축산성의 축성법도 크게 다르지 않다.

따라서 삼봉리산성에서 확인된 성벽의 축성법은 가야 산성의 특징으로 보아도 무방할 것으로 판단된다. 이는 산성의 입지와 규모, 성벽의 축조기법 등이 경상지역 가야 산성과 크게 다르지 않다는 점을 통해서도 뒷받침된다. 최근 연구가 활발히 이루어지고 있는 경상지역 가야 석축 산성은 그 입지가 가야고분과 인접되어 있다. 산성의 형태는 대부분 산 정상부를 두른 테뫼식이며, 규모는 소형이다. 성벽은 대체로 편축식이며, 부정형 할석으로 허튼층쌓기 된 것이 대부분이다.[15] 또한 외측 성벽의 높이가 3m 내외로 그다지 높지 않다는 것도 특징이다.

두 번째로 할석을 사용하여 협축식으로 축조된 성벽이다. 외측 성벽의 축성법만 보면, 삼봉리산성과 같은 가야 산성의 성벽과 유사하지만, 내벽을 쌓았다는 점과 내측과 외측 성벽 사이를 할석만으로 채웠다는 점에서 분명한 차이를 보인다. 또한 외측 성벽의 기저부를 조성할 때 자연 암반 또는 풍화 암반에 홈을 내어 성돌이 밀리는 것으로 방지하는 이른바 '착암공법'이 사용된다거나, 반복 성토를 통해 외측 성벽의 하단부를 보강한다는 점에서도 다르다. 이러한 축성법을 가장 잘 보여주는 것이 임실 성미산성과 임실 월평리산성이다.

임실 성미산성은 섬진강의 본류인 오원천의 남안에 접한 성미산(해발 430.5m) 정상부에 자리한다. 2007년 전북문화재연구원에 의해 산성 내 남편대지를 중심으로 발굴조사가 이루어졌으며, 성벽 일부와 2기의 원형 석축 집수시설, 다수의 구들유구 등이 조사되었다.[16]

---

12 군산대학교 가야문화연구소, 2019, 『장수 삼봉리 산성 발굴조사 약보고서』.
13 조명일, 2021, 「전북 동부지역 봉화의 축조기법과 구조」, 『전북가야의 역사와 문화』, 전라북도·호남고고학회.
14 대동문화재연구원, 2017, 『고령 주산성Ⅱ』.
15 안성현, 2020, 『경남지역 고대 성곽의 고고학적 연구』, 창원대학교 대학원 박사학위논문.
16 전북문화재연구원, 2009, 『임실 성미산성』.

그림 4 임실 성미산성 성벽 축성법(좌: 외측 성벽, 우: 내측 성벽)

성벽은 풍화암반층을 'ㄴ'자형으로 파 낸 후 외측 성벽과 내측 성벽을 쌓아 올리면서 그 사이는 할석으로 채웠다. 내·외측 성벽 모두 다듬지 않은 할석을 사용하여 허튼층쌓기 방식으로 축조되었으며, 성돌과 성돌 사이에는 쐐기돌을 끼워 넣었다. 성벽의 기저부는 별다른 시설 없이, 풍화암반층을 정지하고 곧바로 최하단석부터 쌓아올렸는데, 성돌이 밀리는 것을 방지하기 위해 풍화암반층에 홈을 낸 부분도 확인된다. 내·외측 성벽 모두 하단부 보강을 위해 흙으로 어느정도 높이까지 성토되었다. 성미산성 내부와 성벽 내·외측 퇴적토에서 '上'·'下'·'中'·'前'·'五' 자 등 인장와를 비롯한 백제기와가 다량 출토되었으며, 원형 석축 집수시설과 구들 유구에서도 인장와·개배·시루·자라병·삼족토기 등 백제 사비기에 해당되는 유물만 출토되어 산성의 축조 및 운영시기를 명확하게 판단할 수 있는 근거를 제공해 준다.

그림 5 임실 성미산성 집수시설　　　　　　　그림 6 임실 성미산성 출토 백제 인장와

임실 월평리산성은 임실군 성수면 월평리 성밑 마을의 북쪽에 우뚝 솟아있는 두 개의 봉우리를 감싼 석성이다. 산성이 위치한 임실군 성수면 월평리는 삼국시대 이래 영남지역에서 백두대간 치재-운봉고원-마치-임실 월평리-청웅분지-율치-임실 운정리-호남정맥 가는정이-정읍 태인-정읍 고부로 이어지는 내륙교통로와 섬진강 본류를 따라 형성된 남북교통로가 만나는 교통의 요지이자 전략상 요충지였다.

산성의 둘레는 500m 내외로 추정되며, 전체적인 형태는 역사다리꼴형에 가깝다. 산성 내 지형은 북쪽이 높고 남쪽으로 낮은데, 중심부의 민묘구역을 기준으로 동쪽과 서쪽에 넓은 평탄대지가 조성되어 있다. 해발 270m~230m의 해발고도를 보이고 있지만, 표고높이는 80m 가량에 불과하다. 산성의 북쪽과 동쪽, 그리고 남쪽에 3개소의 문지가 확인되는데, 성 내외의 고저 차와 절개지의 현황 등으로 고려해 볼 때, 개거식일 가능성이 크다. 산 능선을 따라 이어진 북쪽과 동쪽, 서쪽 성벽의 내측을 따라 넓은 평탄대지가 확인되며, 동북쪽 고지에 장대지로 추정되는 건물 대지가 남아있다. 또한 산성의 중앙을 가로지르는 가지능선을 중심으로 동쪽과 서쪽 계곡부에 대규모는 평탄대지가 형성되어 있다. 2015년 시굴조사를 시작으로 2018년과 2020년까지 3차례의 발굴조사가 진행되었다.[17] 그 결과, 초축 성벽의

---

17 유영춘, 2021, 「임실 월평리 산성의 조사현황 및 성과」, 『임실 월평이 산성의 역사적 가치와 의미』 학술대회 발표 자료집, 전라북도·임실군·군산대학교 가야문화연구소.

축성법이 파악되었고, 삼국시대 및 후삼국시대 건물지 등이 조사되었다. 유물은 백제 인장와를 비롯하여 삼국~후삼국시대에 이르는 다양한 토기류와 철기류, 기와 등이 출토되었다. 이를 통해 월평리 산성은 백제 때 초축된 이후, 후삼국시대까지 사용된 것으로 파악되었다.

월평리산성의 성벽은 협축식으로 축조되었는데, 내벽과 외벽 모두 다듬지 않은 할석으로 허튼층쌓기 되었다. 외측 성벽은 위로 올라갈수록 안쪽으로 약간 기울게 쌓아, 성벽의 붕괴를 방지하였으며, 내측 성벽은 수직으로 쌓아 올렸다. 외측 성벽 기저부는 풍화암반층 위에 별다른 시설 없이 성돌을 쌓아 올리고, 밑에서 5단 가량(60cm 내외)이 덮이도록 흙으로 보강하였다. 보강토는 점성이 강한 점토를 반복 다짐하였는데, 특징적인 것은 보강토 상면에 납작한 천석을 깔았다는 점이다. 이는 성벽 보강을 위한 보축 기능과 함께, 우수 유입 방지를 위한 퇴박석 기능과 외환도(성벽 외측 보도시설)역할을 위한 것으로 추정된다. 내측 성벽은 구지표면에 사질점토로 터다짐을 한 뒤, 경사면을 'ㄴ'자형으로 파내고 성돌을 쌓아 올리면서 점토로 보강하였다. 트렌치 바닥면에서 일부 목주혈 흔적이 확인되는데, 트렌치 조사만으로 속단할 수는 없지만, 성벽 축조와 관련된 지지목과 관련된 것일 가능성이 고려된다. 성벽의 기저부 다짐층과 성토층에서 유물이 전혀 출토되지 않은 것으로 볼 때, 조사된 성벽은 초축 성벽일 가능성이 크다.

그림 7 임실 월평리산성 성벽 축성법(좌: 외측 성벽, 우: 내측 성벽)

임실 성미산성·월평리산성과 유사한 축성법은 순창 홀어머니산성에서도 확인된 바 있다. 순창 홀어머니산성은 전북 순창군 순창군 백산리의 대모산(해발 183m)의 2개의 봉우리를 감싼 석성으로 둘레는 대략 711m이다. 이 산성은 2001년 북문지에 대한 조사를 시작[18]으로 2018년까지 성벽을 비롯하여 남문지, 집수시설, 여러 차례의 발굴조사가 이루어졌다.[19] 성벽의 축성법이 구간별로 조금씩 다르고, 산성 내부에서 삼국~후삼국시대에 이르는 다양한 유물 출토되어 오랜 기간에 걸쳐 운영된 것으로 파악되었다. 2012년 전북문화재연구원에 의해 조사된 남쪽 성벽에서 임실 성미산성과 월평리산성과 유사한 축성법이 확인되었다. 성벽은 연약지반을 보완하기 위해 잡석지정 시설을 하고, 그 위에 부정형의 할석을 사용하여 허튼층쌓기 방식으로 축조되었으며, 외측 성벽의 하단부를 보강하기 위한 성토층이 확인되었다. 서쪽 성벽과 북문지 주변 성벽에서도 이와 동일한 축성법이 확인되었는데, 축성법과 출토유물 등을 고려해 볼 때, 백제 때 축조된 초축 성벽일 것으로 추정된다.

임실 성미산성·월평리산성, 순창 홀어머니산성에서 확인된 성벽의 축성법은 섬진강 유역 백제 산성에서 확인되는 큰 특징 중의 하나로 이해되었다.[20] 그런데 최근 조사가 이루어진 진안 월계리산성·운봉리산성, 장수 침령산성·합미산성 등 금강 상류지역의 고대 산성과 백제의 지방 행정 중심지였던 익산지역과 정읍지역의 백제 산성에서도 대부분

---

18   호남문화재연구원, 2004, 『淳昌大母(홀어머니)山城』.

19   전북문화재연구원, 2014, 『순창 홀어머니산성』.
     전주문화유산연구원, 2018, 『순창 홀어머니산성 시·발굴조사 약식보고서』.
     전북문화재연구원, 2018, 『순창 홀어머니산성 복원정비를 위한 제2차 발굴조사 약보고서』.

20   최인선, 2000, 「蟾津江 西岸地域의 百濟山城」, 『섬진강 주변의 백제산성』, 한국상고사학회.

확인되고 있다. 그동안 백제 산성의 축성법의 큰 특징 중 하나로 부여 나성과 가림성으로 비정되는 부여 성흥산성, 익산 왕궁리 등에서 확인되고 있는 것처럼 화강암을 (장)방형으로 정연하게 가공된 석재가 사용되었다는 점이 거론되어 왔다.[21] 장수 침령산성의 서남쪽 치와 남쪽 성벽, 장수 합미산성 남쪽 성벽에서도 이러한 축성법이 확인된다. 그런데 침령산성의 서남쪽 치는 신라 성벽의 외측에 덧대어 쌓은 것으로 밝혀졌고, 침령산성 남쪽 성벽과 합미산성 남쪽 성벽은 후삼국시대에 개축된 성벽으로 파악되었다. 백제의 중방성으로 비정되고 있는 정읍 고사부리성[22]과 익산토성 등 백제의 중심지에서 확인되고 있는 산성에서도 이러한 축성법이 확인되는데, 고사부리성 북문지와 주변성벽에서 정연한 성벽 하층에 할석으로 쌓은 성벽이 분명히 존재하며, 익산토성의 경우, 할석으로 쌓은 성벽과 가공된 석재로 정연하게 쌓은 성벽이 모두 확인되었다. 그렇게 때문에 (장)방형 성돌로 축조된 성벽을 백제의 고유한 특징으로 보는 것에 대해서는 신중할 필요가 있으며, 오히려 부정형 할석으로 내벽과 외벽을 모두 쌓은 성벽이야말로 백제 산성의 큰 특징이 아닐까 한다. 특히 백제 유물만이 출토된 임실 성미산성이 이러한 축성법을 채택하고 있기 때문에 백제의 고유한 축성법으로 이해하는데 큰 문제가 없다.

그림 8 남원 아막성 집수시설

마지막으로 화강편마암을 세장한 형태(장단비 1:2~3)로 가공하여 외벽을 쌓고, 내벽은 할석으로 축조한 협축식 성벽이다. 이러한 축성법은 신라 석축성의 전형적인 축성법으로 알려져 있는데, 최근 발굴조사가 이루어진 남원 아막성[23]에 잘 구현되어 있다.

남원 아막성은 백두대간의 고봉인 시리봉(해발 777.7m)에서 북쪽으로 뻗어 내린 산줄기 상에 위치하며, 행정구역상 남원시 아영면 성리에 속한다. 아막성에서는 백두대간의 큰 고갯길인 복성이재와 치재가 한눈에 조망되며, 동쪽으로 남원 유곡리와 두락리 고분군(국가 사적 제542호)·월산리 고분군(전라북도 기념물 제 138호)·청계리 고분군 등 가야의 수장층 무덤이 밀집되어 있는 남원시 아영면 일원이 내려 다 보인다.

『삼국사기』에는 아막성에 관한 문헌 기록이 전하는데, 백제 무왕 3년(602년)과 무왕 17년(616년)에 백제가 신라의 아막성(또는 모산성)을 공격했다는 기사가 보인다. 이때의 승패에 대해서는 전하는 바가 없어 정확하지는 않지만, 624년 백제가 신라의 속함성(경남 함양군)을 함락했다는 내용이 있는 것으로 보아, 함양으로 가는 길목에 있는 아막성은 624년 이전에 백제에 복속되었을 것으로 짐작되고 있다.

---

21 심정보, 2004, 『백제산성의 이해』, 주류성.
22 전북문화재연구원, 2013, 『井邑 古沙夫里城 종합보고서』.
23 군산대학교 가야문화연구소, 2020, 『남원 아막성 발굴조사 약식보고서』.

아막성은 둘레 640m 내외의 테뫼식 석축 산성이다. 성벽은 기본적으로 협축식공법이 채용되었으며, 대체로 장방형 또는 세장방형으로 정연하게 다듬어진 성돌로 축조되었다. 구간 별로 쌓기 방법과 성돌의 형태가 약간씩 다른 것으로 보아 초축 이후 몇 차례에 걸쳐 증개축이 이루어진 것으로 보인다. 부속시설로는 문지 3개소, 집수시설, 건물지 등이 확인된다. 문지는 동쪽과 서쪽, 북쪽에 위치하는데, 성벽이 절개된 형태로 남아있다. 육안 상으로 볼 때, 현문식의 문지일 것으로 추정된다. 내부 건물지는 현재 지상 구조물은 남아있지 않지만, 계단식으로 조성된 대지가 확인된다. 2020년부터 2022년까지 실시된 3차례의 발굴조사를 통해 산성 내부에서 대형 집수시설과 수혈주거지 등이 확인되었고, 북쪽과 남동쪽 성벽의 축성법이 명확하게 파악되었다.

집수시설은 산성 내 지형이 가장 낮은 북쪽 대지에서 확인되었다. 집수시설의 평면 형태는 동-서 약간 긴 장방형이며, 단면은 계단형을 이룬다. 규모는 호안석축의 내측을 기준으로 동서 9.5m, 남북 7.1m 내외이며, 최대 깊이는 2.5m이다. 호안석축은 3단으로 조성되었는데, 최하단이 가장 높고, 그 위로 점차 높이가 낮아지는 양상이다. 각 단은 부정형 할석의 한쪽 면을 맞추어 수직으로 쌓아 올렸으며, 석재 사이의 틈은 잔돌을 끼워 넣었다. 석축의 모서리는 석재가 서로 맞물리도록 견고하고 축조되었다. 집수시설의 바닥면은 풍화암반층을 정지하고, 누수 방지를 위해 점성이 강한 점토를 20cm 가량 다진 것으로 파악되었다. 바닥면의 네 모서리에는 폭 10cm 내외의 목주(흔)가 확인되었는데, 호안석축을 쌓을 기준을 표시한 것으로 추정된다. 호안석축과 최초 굴광면 사이에는 누수 방지를 위해 점토 채워 넣은 것으로 파악되었다. 호안석축의 동쪽과 서쪽, 남쪽 외측에 다략 1.5m의 간격을 두고 도수로가 둘러져 있는데, 퇴적층을 단면 'U'자형으로 파내고, 양쪽 측면에 부정형 할석을 쌓아 조성되었다. 동쪽 도수로는 북쪽 호안석축을 따라 이어지지 않고 집수시설에서 5m 가량 떨어진 성벽으로 이어진 것으로 밝혀졌다.

성벽에 대한 조사는 집수시설의 도수로가 이어진 북쪽 구간과 능선을 통과하는 동쪽 구간을 대상으로 이루어졌는데, 두 구간 모두 동일한 축성법이 파악되었다. 즉 외측 성벽은 풍화암반층을 편평하게 정지하고 그 위에 별다른 시설 없이 장방형 또는 세장방형(장단비 1:2~2.5)으로 잘 가공된 성돌(화강편마암)로 한 단 한 단 쌓아 올렸다. 위쪽으로 올라올 수록 면석을 안쪽을 약간씩 기울여 전체적인 성벽인 80° 내외의 경사를 이룬다. 외측 성벽의 기저부는 대체로 최하단석 2~3단이 덮일 정도로 흙으로 반복 성토하고 그 상면을 스재로 피복하거나, 할석만으로 보축한 경우가 모두 확인되고 있다. 내벽은 외벽에 비해 덜 가공된 석돌과 할석을 혼용하여 쌓았는데, 기저부에는 별다른 시설을 하지 않았다. 자연 경사면을 최대한 활용하여 쌓았기 때문에, 외벽의 기저부보다 내벽의 기저부가 2m 가량 높다. 내벽 역시 외벽과 마찬가지로 위로 올라갈수록 경사지게 축조되었다. 이로 인해 성벽의 전체적인 단면은 사다리꼴을 이룬다. 성벽의 폭은 상면 기준 5m 내외이다. 외측 성벽과 내측 성벽 사이는 할석으로 채웠는데, 성벽의 절개 조사가 이루어지지 않아 정확한 구조는 파악할 수 없다. 다만 성벽의 잔존양상과 지표상에 길고 뾰족한 적심석이 확인되는 것으로 보아, 적심석과 면석과 맞물리도록 견고하고 쌓은 것으로 판단된다.

그림 9 남원 아막성 성벽 축성법(좌: 외측 성벽, 우: 내측 성벽)

아막성의 발굴조사를 통해 동물 유체, 목제 유물, 철제 슬래그, 토기류와 기와류 등의 다양한 유물이 출토되었다. 동물 유체는 곰·말·소·개·노루·두루미·자라 등 가축과 야생동물이 모두 확인되고 있어, 산성이 운영될 당시

군사들의 생활방식은 물론, 식생 환경을 복원할 수 있는 중요한 자료를 제공해 주었다. 특히 곰의 경우, 신라 월성에서 출토된 예가 있는데, 『삼국사기』기록에 신라인들이 곰의 가죽으로 장군 깃발을 만들었다는 기록이 등장하고 있어, 매우 중요한 자료로 인식되고 있다. 목제 유물의 경우, 문 손잡이, 말뚝, 목제 빗, 방망이 등 그 종류가 다양하다. 특히 길이 80cm 내외의 목검이 온전한 형태로 출토되었으며, 묵서의 흔적이 보이는 목간도 1점 출토되었지만, 글자가 유실되어 정확한 내용은 파악할 수 없다. 출토된 유물 중 그 비율이 가장 높은 토기류는 6세기 중후반~7세기 전반 경에 제작된 신라 토기로서 문헌기록에 등장하는 아막성의 운영시기와 정확히 일치한다.

그림 10 장수 침령산성 동남쪽 성벽

그림 11 진안 환미산성 서남쪽 성벽

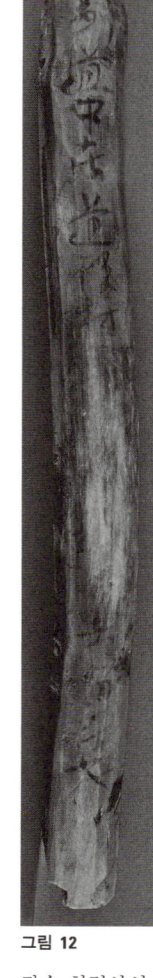
그림 12

장수 침령산성 출토 목간

아막성과 동일한 축성법은 장수 침령산성 동쪽 성벽과 진안 운봉리산성[24] 동·서쪽 성벽, 최근 시굴조사가 이루어진 진안 부귀면 환미산성[25]에서도 확인되고 있다. 이 산성들에서는 모두 신라 토기가 출토되었으며, 현문식 문지가 시설되어 있다는 점도 동일하다. 특히 침령산성 1호 집수시설에서는 단면 원형의 목봉형 목간이 1점 출토되었는데, 적외선 촬영을 통해 표면을 둘러가며 세로 쓰여진 묵서가 발견되었다. 대부분 그 흔적만 남아있어 전체적인 내용은 파악하기 어렵지만, 한쪽 열에「別道中在道使村□□□□□□□□」로 보이는 문구가 확인되었다. 이 문구에 보이는 '도사道使'는 신라의 촌村 단위 행적구역에 파견되어 조세의 수취 및 행정적 임무, 역역力役 과 군역軍役동원 등을 담당했던 지방관으로 알려져 있다는 점을 상기하면, 장수 침령산성은 신라의 치소성이었을 가능성이 크다.

이러한 내용을 종합할 때, 세장한 형태로 가공된 성돌을 사용하여 협축식으로 축조된 성벽은 신라의 고유한 축성법으로 보아도 큰 무리가 없어 보인다.

Ⅳ   맺음말

이상과 같이 전북 동부지역에서 발굴조사가 이루어진 석축성을 대상으로 축성법을 검토하고, 이를 바탕으로 축성 주체에 대한 나름의 의견을 제시하였다. 비록 자료의 한계에 부딪혀 면밀한 분석에 따른 전북 동부지역 산성의 전반적인 축성 양상과 역사성을 규명하지는 못했지만, 축성법을 통해 백제와 신라·가야 산성을 구분하였다는 점에서 그 의의를 찾을 수 있다. 전북 동부지역은 호남과 영남을 잇는 내륙교통로의 허브이자 전략상 요충지로서 삼국시대 백제와 신라·가야가 치열한 각축을 벌였던 역사의 무대이다. 다수의 고대산성이 분포되어 있다는 것도 이와 관련이 깊다.

현재 전북 동부지역 산성에 대한 조사는 예전에 비해 활기를 띠고는 있지만 장수 침령산성·삼봉리산성, 남원 아막성 등 일부를 제외하고는 특정구역을 대상으로 한 산발적인 조사에만 그치고 있어, 산성이 지니고 있는 진정한 역사성을 복원하기에는 자료가 부족한 상황이다. 산성과 봉화(수), 보루와 같은 관방유적은 기본적으로 험준한

---

24 전주문화유산연구원, 2022, 『진안 운봉리 산성』.
25 군산대학교 가야문화연구소, 2022, 『진안 환미산성 시굴조사 약식보고서』.

산봉에 위치해 있고, 축조 재료가 석재인 경우가 대부분이다. 따라서 조사에 따른 예산과 기간이 타 유적에 비해 많이 소요되고, 단발적인 조사에 따른 성과도 기대하기 어렵다. 이를 해결하기 위해서는 무엇보다도 해당 지자체의 관심과 행정적 뒷받침이 필요하다. 2017년 가야사 국정과제로 촉발된 전북 동부지역의 산성에 대한 고고학 조사가 일회성에 그치지 않고 중·장기적으로 이루어지기를 희망하며 본 글을 마친다.

참고문헌

강원종, 2001, 「전북 동북지역의 산성의 연구 –진안 성남리 산성을 중심으로」, 전북대학교 대학원 석사학위논문.

군산대학교 가야문화연구소, 2019, 『장수 삼봉리 산성 발굴조사 약보고서』.

군산대학교 가야문화연구소, 2020, 『남원 아막성 발굴조사 약식보고서』.

군산대학교 가야문화연구소, 2022, 『진안 환미산성 시굴조사 약식보고서』.

군산대학교박물관, 2015, 『장수 합미·침령산성 Ⅰ』.

군산대학교박물관, 2019, 『장수 침령산성 Ⅱ –침령산성 2~3차 발굴조사(집수시 설)-』.

곽장근, 2008, 「백제 간선 교통로의 재편성과 그 의미 –섬진강 유역을 중심으로-」, 『백제문화』제39집, 공주대학교 백제문화연구소.

곽장근, 2009, 「금강 상류지역 교통로의 조직망과 재편과정」, 『한국상고사학보』제66호, 한국상고사학회.

곽장근, 2013, 「임나사현과 기문의 위치」, 『백제학보』제9호, 백제학회.

곽장근, 2017, 「장수군 제철유적의 분포양상과 그 의미」, 『호남고고학보』57, 호남고고학회.

곽장근, 2020, 「삼국시대 가야봉화망과 반파국 비정」, 『전북학연구』2, 전북연구원 전북학연구센터.

곽장근, 2021, 『전북 고대문화 역동성』, 서경문화사.

김세종, 2017, 「호남지역 고대 석축산성 연구」, 목포대학교 대학원 석사학위논둔.

김재홍, 2015, 「신라 중고기 道使의 운영과 성격변화」, 『학국학 논총』44, 국민다 학교 한국학연구소.

대동문화재연구원, 2017, 『고령 주산성Ⅱ』.

박종익, 1994, 「古代山城의 築造技法에 대한 硏究」, 『嶺南考古學』제15호, 영남고고학회.

심정보, 2004, 『백제산성의 이해』, 주류성.

안성현, 2020 「경남지역 고대 성곽의 고고학적 연구」, 창원대학교 대학원 박사학위논문.

이도학, 2019, 「반파국 위치에 대한 논의」, 『역사와 담론』90, 호서사학회.

이도학, 2021, 「전북가야의 태동과 반파국」, 『전북가야의 역사와 문화』, 전라북도·호남고고학회.

전라북도, 2017, 『전북가야사 및 활용방안 연구용역보고서』.

전라문화유산연구원, 2019, 『진안 월계리산성 시굴조사 약식보고서』.

전라문화유산연구원, 2020, 『진안 월계리산성 발굴조사 약식보고서』.

전북대학교박물관·군산대학교박물관, 2001, 『진안 용담댐 수몰지구내 문화유적 발굴조사 보고서 1 –와정유적-』.

전북문화재연구원, 2005a, 『長水 砧嶺山城 정밀지표조사보고서』.

전북문화재연구원, 2005b, 『長水 合米山城 정밀지표조사보고서』.

전북문화재연구원, 2013, 『井邑 古沙夫里城 종합보고서』.

전주문화유산연구원, 2020, 『진안 운봉리산성 시굴조사 약식보고서』.

전주문화유산연구원, 2021, 『진안 운봉리산성 발굴조사 약식보고서』.

전주문화유산연구원, 2022, 『진안 운봉리 산성』.

전영래, 2003, 『전북 고대산성조사보고서』, 전라북도·한서고대학연구소.

조명일, 2012, 「금강 상류지역 산성 및 봉수의 분포양상과 성격」, 『호남고고학브』41, 호남고고학회.

조명일, 2018, 「전북 동부지역 봉수에 관한 일고찰」, 『호남고고학보』59, 호남그고학회.

조명일, 2021, 「전북 동부지역 봉화의 축조기법과 구조」, 『전북가야의 역사와 믄화』, 전라북도·호남고고학회.

조효식, 2006, 「낙동강 중류역 삼국시대 성곽의 분류와 특징」, 『고문화』67집, 한국대학박물관협회.

최인선, 2000, 「蟾津江 西岸地域의 百濟山城」, 『섬진강 주변의 백제산성』, 한국상고사학회.

도판목록

I 시간의 울타리를 넘다

001
눌재집 訥齋集 Nuljaejib
조선 | 34×44(펼친면)
국립광주박물관 | 광주19814

002
전북 지역 고대 성곽에서 출토된 공구
全北 地域 古代 城郭 出土 工具
Tools from Ancient Fortresses of Jeollabuk-do
백제 | 임실 성미산성(쇠도끼), 익산토성
길이 9.1(왼쪽) | 국립전주박물관(쇠도끼, 철정)
전주23231, 전주3025, 익산6146, 익산6148

003
연천 호로고루성 성돌
漣川 瓠蘆古壘城 城石
Stones from Horogoru Fortress Wall in Yeoncheon
고구려 | 연천 호로고루성
길이 35(가운데) | 토지주택박물관

004
진안 합미산성 성돌 鎭安 合米山城 城石
Stones from Hab-mi Mountain Fortress Wall in Jinan
백제 | 진안 합미산성 | 길이 50(왼쪽) | 전라북도

005
남원 아막성 성돌 南原 阿莫城 城石
Stones from Amak Fortress Wall in Namwon
신라 | 남원 아막성 | 길이 62(왼쪽) | 전라북도

006
근역석묵 槿域石墨 Geunyeokseokmuk
조선 | 36.7×40(펼친면) | 국립중앙박물관 | 구5321

007
글자를 새긴 돌 銘文石 Stone with Inscription
백제 | 부여나성-북나성 | 높이 52
국립부여박물관 | 부여33365

008
남산신성비 제1비 南山新城碑 第1碑
Namsansinseong Fortress No. 1 Stele
신라 | 높이 91 | 국립경주박물관 | 경주174

009
민보의 民堡議 Minboui
1812년 | 21×30(펼친면) | 국립중앙도서관 | 古692-1

010
사발 盌 Bowls
삼국 | 장수 합미산성(왼쪽), 장수 삼봉리산성(오른쪽)
높이 6.5(오른쪽) | 국립전주박물관

011
나무사발 木製盌 Wooden Bowls
통일신라 | 장수 침령산성
높이 8.1(오른쪽) | 국립전주박물관

012
나무접시 木製接匙 Wooden Dish
통일신라 | 전주 동고산성 | 높이 3
국립전주박물관 | 전주28547

013
시루 甑 Steamer
백제 | 임실 성미산성 | 높이 25.8
국립전주박물관 | 전주23084

014
약절구 藥碾 Herb Grinder
통일신라 | 장수 삼봉리산성
길이 28.5 | 국립전주박물관

015
가락바퀴 紡錘車 Spindle Whorl
백제 | 완주 배매산성, 임실 성미산성(오른쪽 위)
지름 4.5(오른쪽 위) | 국립전주박물관
전주9153, 전주23194

016
숫돌 砥石 Whetstone
백제 | 완주 배매산성 | 길이 11.7
국립전주박물관 | 전주9154

017
숫돌 砥石 Whetstone
백제 | 완주 배매산성 | 높이 14.8
국립전주박물관 | 전주9155

018
등잔 燈盞 Lamps
통일신라 | 정읍 고사부리성
높이 2.3(왼쪽 위) | 국립전주박물관
전주30541, 전주30542

019
나무빗 木製櫛 Wooden Comb
통일신라 | 전주 동고산성 | 길이 6.8
국립전주박물관 | 전주28548

020
벼루 硯 Inkstone
백제 | 익산토성 | 높이 4.3
국립전주박물관(참고자료) | 전주3021

021
도르래와 도르래 몸체 滑車 Iron Pulleys
통일신라 | 장수 침령산성
길이 27.5(왼쪽) | 국립전주박물관

022
칠이 담긴 토기 漆容器 Potteries with Lacquer
신라 | 남원 아막성
높이 10(왼쪽) | 군산대학교 가야문화연구소

023
글자를 쓴 나무 木簡 Wooden Tablets
삼국 | 장수 침령산성
길이 20(오른쪽) | 국립전주박물관

024
원모양 토제품 圓形土製品 Circular Clay Objects
백제
장수 합미산성, 정읍 고사부리성, 익산토성
지름 5.5(가운데) | 국립전주박물관
전주30579, 익산6158, 익산6228

025
토제품 土製品 Earthenware
삼국~통일신라 | 장수 침령산성
길이 7 | 국립전주박물관

026
방망이 木棒 Wooden Bet
통일신라 | 장수 침령산성
길이 29.1 | 국립전주박물관

027
곰방메 木檑 Wooden Mallet
통일신라 | 장수 침령산성 | 길이 19.6 | 국립전주박물관

028
쇠스랑 鐵搭 Iron Rake
통일신라 | 장수 삼봉리산성 | 너비 28 | 국립전주박물관

029
따비 木耙 Weederplow
통일신라 | 장수 침령산성 | 길이 93 | 국립전주박물관

030
나무칼(추정) 木劍 Wooden Sword
통일신라 | 장수 침령산성 | 길이 122.8 | 국립전주박물관

031
거북 뼈 龜骨 Turtle Bones
신라 | 남원 아막성
길이 11.7(위) | 군산대학교 가야문화연구소

032
곰 뼈 熊骨 Bear Bones
신라 | 남원 아막성
길이 14.5(위) | 군산대학교 가야문화연구소

033
두루미 뼈 鶴骨 Crane Bone
신라 | 남원 아막성
길이 23.5 | 군산대학교 가야문화연구소

034
말 뼈와 치아 馬骨·齒
Horse Bone and Tooth
신라 | 남원 아막성
길이 9(오른쪽) | 군산대학교 가야문화연구소

035
소 뼈 牛骨 Cattle Bones
신라 | 남원 아막성
길이 13(왼쪽) | 군산대학교 가야문화연구소

036
돼지 뼈 豚骨 Pig Bones
신라 | 남원 아막성
길이 19.6(왼쪽) | 군산대학교 가야문화연구소

037
개 뼈 犬骨 Dog Bones
신라 | 남원 아막성
길이 11(오른쪽) | 군산대학교 가야문화연구소

038
확쇠 確金
Iron Saucers on which a Door Pivots
백제, 통일신라(오른쪽)
고흥 백치성, 전주 동고산성(오른쪽) | 높이 18.9(왼쪽)
고흥분청문화박물관, 국립전주박물관(오른쪽)
국가귀속212, 국가귀속213, 국가귀속214, 전주28301

039
열쇠 鐵鍵 Iron Key
통일신라 | 장수 침령산성 | 길이 18.1 | 국립전주박물관

040
망루가 새겨진 기와　望樓線刻瓦
Roof Tile with Inscription of Watch Tower
백제 ｜ 장수 합미산성 ｜ 길이 12.6 ｜ 국립전주박물관

041
기마병의 모습이 새겨진 기와
騎馬兵線刻瓦
Roof Tile with Inscription of Horse and Rider
백제 ｜ 정읍 고사부리성 ｜ 길이 12.5
국립전주박물관 ｜ 전주30521

042
팔맷돌　投石　Stone Balls
백제 ｜ 순창 홀어머니산성
지름 15(가운데) ｜ 국립전주박물관 ｜ 전주8533

043
팔맷돌　投石　Stone Balls
백제 ｜ 임실 성미산성 ｜ 지름 19.2(왼쪽)
국립전주박물관 ｜ 전주23236

044
화살촉　鐵鏃　Iron Arrowheads
통일신라 ｜ 장수 침령산성
길이 18.3(왼쪽) ｜ 국립전주박물관

045
두 갈래 창　二枝鉾　Two-pronged Spear
백제 ｜ 임실 성미산성 ｜ 길이 27.6
국립전주박물관 ｜ 전주22995

046
투겁창과 물미　鐵鉾・鐵鐏
Iron Socketed Spearhead and Iron Spear Ferrule
시대미상(왼쪽), 통일신라(오른쪽)
순창 홀어머니산성(왼쪽), 전주 동고산성(오른쪽)
길이 28(왼쪽) ｜ 국립전주박물관
전주2093, 전주7387

047
갈고리　鐵鉤　Iron Hook
통일신라 ｜ 장수 침령산성
높이 26 ｜ 국립전주박물관

048
쇠낫과 투겁창　鐵鎌・鐵鉾
Iron Sickle and Iron Socketed Spearhead
백제 ｜ 임실 성미산성 ｜ 길이 23.5(위)
국립전주박물관 ｜ 전주23226, 전주23228

049
찰갑　札甲　Lamellar Armors
통일신라(왼쪽), 백제
장수 침령산성(왼쪽), 진안 와정토성
길이 6.6(왼쪽) ｜ 국립전주박물관 ｜ 전주7239

II 역사와 문화를 쌓다

050
신증동국여지승람　新增東國輿地勝覽
Sinjeung-Dongguk-Yeoji-Seungram
조선 ｜ 21×32.3(펼친면)
국립중앙도서관 ｜ 한古朝60-3-2

051
대동여지도　大東輿地圖
Daedong yeojido
조선(1861년) ｜ 30.6×20(각 첩)
국립중앙박물관 ｜ 신수19997(22-16,17,18)

052
전라도 지도　全羅道地圖
Jeollado jido
조선 ｜ 39.7×59(펼친면)
국립중앙박물관 ｜ M140

053
바람개비무늬 수막새　巴文圓瓦當
Convex Roof-end Tiles with
Pinwheel Design
백제
길이 11.7(왼쪽) ｜ 국립전주박물관(왼쪽)
전주1699, 익산6068, 익산6069

054
도장기와　印章瓦
Roof Tiles with Stamped Letters
백제 ｜ 익산토성 ｜ 길이 14.3(왼쪽 위)
익산6075, 익산6081, 익산6091, 익산6095

055
항아리　壺　Jar
백제 ｜ 익산토성 ｜ 높이 15.1
국립전주박물관 ｜ 전주3039

056
넓은입 항아리　廣口壺
Jar with Wide Mouth
백제 ｜ 익산토성 ｜ 높이 13.3
국립전주박물관 ｜ 전주3043

057
'井'이 새겨진 뚜껑　蓋
Lids with Inscription of 'Jeong(井)'
백제 ｜ 익산토성 ｜ 입지름 13.5(오른쪽)
익산6050, 익산6197

058
세발 접시　三足土器　Tripod Pottery
백제 ｜ 익산토성 ｜ 입지름 11.2 ｜ 익산6196

059
항아리　壺　Jar
백제 ｜ 익산토성 ｜ 높이 52
국립전주박물관 ｜ 전주3046

060
편병　扁瓶　Flat Bottle
통일신라 ｜ 익산토성 ｜ 높이 22.8 ｜ 익산6156

061
굽다리 접시　高杯　Mounted Dish
통일신라 ｜ 익산토성
입지름 13(참고자료) ｜ 익산6211

062
청동장신구　青銅裝身具
Bronze Ornament
통일신라 ｜ 익산토성 ｜ 길이 3.7 ｜ 익산6161

063
글자를 찍은 기와　銘文瓦
Roof Tiles with Stamped Letters
고려 ｜ 익산토성 ｜ 길이 19.2(오른쪽)
국립전주박물관(참고자료) ｜ 전주1696

064
도장기와　印章瓦
Roof Tiles with Stamped Letters
백제 ｜ 익산 금마도토성 ｜ 길이 28.8(오른쪽)
국립전주박물관 ｜ 전주1413, 전주1414

065
연꽃무늬 수막새　蓮花文圓瓦當
Convex Roof-end Tile with Lotus Design
통일신라 ｜ 익산 금마도토성 ｜ 길이 16
국립전주박물관(참고자료) ｜ 전주1417

066
글자를 찍은 기와　銘文瓦
Roof Tile with Stamped Letters
통일신라 ｜ 익산 금마도토성 ｜ 길이 25.8
국립전주박물관 ｜ 전주1418

067
연꽃무늬 수막새　蓮花文圓瓦當
Convex Roof-end Tiles with Lotus Design
고려 ｜ 익산 미륵산성 ｜ 지름 15.5(오른쪽)
국립전주박물관 ｜ 전주18823, 전주18879

068
글자를 찍은 기와　銘文瓦
Roof Tiles with Stamped Letters
고려 ｜ 익산 미륵산성 ｜ 길이 24(왼쪽)
국립전주박물관(참고자료) ｜ 전주18826

069
'지익주사' 글자가 새겨진 기와
'知益州事' 銘文瓦
Roof Tile with Inscription of
'Jiyickjusa(知益州事)'
고려 말~조선 초 ｜ 익산 미륵산성 ｜ 길이 26
국립전주박물관(참고자료) ｜ 전주18881

070
청자 접시　青磁小楪匙　Celadon Dish
고려 ｜ 익산 미륵산성 ｜ 입지름 9.9
국립전주박물관(참고자료) ｜ 전주18888

071
바람개비무늬 수막새　巴文圓瓦當
Convex Roof-end Tiles with
Pinwheel Design
백제 ｜ 익산 낭산산성
지름 18.3(오른쪽 위) ｜ 국립전주박물관
전주19303, 전주19323, 전주19324

072
'十'을 찍은 기와　印章瓦
Roof Tiles with Stamped Symbol '十'
백제 ｜ 익산 낭산산성 ｜ 길이 20.9(왼쪽)
국립전주박물관 ｜ 전주19329, 전주19330

073
백자　白磁　White Porcelains
조선 ｜ 익산 낭산산성 ｜ 높이 6.3(오른쪽)
국립전주박물관(참고자료) ｜ 전주19296, 전주19297

074
세발 접시　三足土器　Tripod Pottery
백제 ｜ 완주 배매산성 ｜ 입지름 24
국립전주박물관 ｜ 전주9107

075
세발 접시　三足土器　Tripod Potteries
백제 ｜ 완주 배매산성 ｜ 입지름 11.7(오른쪽)
국립전주박물관 ｜ 전주9109

076
굽다리 접시　高杯　Mounted Dishes
백제 ｜ 완주 배매산성 ｜ 입지름 14(오른쪽)
국립전주박물관 ｜ 전주9115

077
뚜껑　蓋　Lids
백제　｜　완주 배매산성　｜　입지름 19(가운데 위)
국립전주박물관　｜　전주9117, 전주9124

078
접시　杯　Dishes
백제　｜　완주 배매산성　｜　입지름 10.9(오른쪽)
국립전주박물관(참고자료)　｜　전주9125

079
항아리　壺　Jar
백제　｜　완주 배매산성　｜　높이 32.4
국립전주박물관(참고자료)　｜　전주9135

080
굽다리 바리　臺附盒　Mounted Bowl
백제　｜　완주 배매산성　｜　입지름 14.6
국립전주박물관(참고자료)　｜　전주9142

081
등잔　燈盞　Lamp
백제　｜　완주 배매산성　｜　높이 8.5
국립전주박물관(참고자료)　｜　전주9149

082
'전주성'을 찍은 수막새
'全州城'銘圓瓦當
Convex Roof-end Tile with
Stamped Letters 'Jeonju-Seong(全州城)'
통일신라 말~고려 초　｜　전주 동고산성
지름 15　｜　국립전주박물관　｜　전주1425

083
토기　土器　Potteries
백제　｜　전주 동고산성　｜　너비 16.8(오른쪽)
국립전주박물관(참고자료)　｜　전주28258, 전주28259

084
수키와　圓瓦　Convex Roof Tile
백제　｜　전주 동고산성　｜　길이 16.6
국립전주박물관(참고자료)　｜　전주28256

085
'관'을 찍은 암키와　'官'銘平瓦
Flat Roof Tile with Stamped Letters
'Gwan(官)'
통일신라 말~고려 초　｜　전주 동고산성　｜　길이 30.6
국립전주박물관(참고자료)　｜　전주26456

086
토기 조각　土器片　Shards of Pottery
통일신라　｜　전주 동고산성　｜　너비 15.9(왼쪽)
국립전주박물관(참고자료)　｜　전주28527, 전주28533

087
청자 조각　青磁片　Shards of Celadon
통일신라 말~고려 초　｜　전주 동고산성
너비 9.5(오른쪽)　｜　국립전주박물관
전주28336, 전주28337, 전주28339

088
수키와　圓瓦　Convex Roof Tiles
백제　｜　전주 서고산성
길이 18(왼쪽)　｜　전라문화유산연구원(참고자료)

089
연꽃무늬 수막새　蓮花文圓瓦當
Roof-end Tiles with Lotus Design
백제　｜　전주 서고산성
지름 16.7(오른쪽)　｜　전라문화유산연구원

090
짧은목 항아리　短頸壺　Short-necked Jars
백제　｜　완주 구억리산성　｜　높이 9.5(오른쪽)
국립전주박물관　｜　전주4945, 전주64173

091
각종 토기　各種土器　Potteries
백제　｜　완주 구억리산성　｜　입지름 10(가운데 위)
군산대학교 가야문화연구소

092
각종 기와　各種瓦當　Roof Tiles
통일신라~고려　｜　김제 성산성　｜　지름 14(오른쪽 위)
국립전주박물관　｜　전주51889, 전주51924, 전주51925

093
토기 조각　土器片　Shards of Pottery
백제　｜　정읍 고사부리성　｜　길이 9.6(오른쪽 위)
국립전주박물관　｜　전주30562, 전주30563

094
암키와　平瓦　Flat Roof Tiles
백제　｜　정읍 고사부리성　｜　길이 15(왼쪽)
국립전주박물관　｜　전주30511

095
주름무늬 병　皺文瓶
Bottle with Wrinkled Design
통일신라　｜　정읍 고사부리성　｜　높이 13
국립전주박물관　｜　전주30539

096
병　瓶　Bottle
통일신라　｜　정읍 고사부리성　｜　높이 17.4
국립전주박물관　｜　전주30538

097
물고기 모양 철제품　漁形鐵製品
Metal Fish-shaped Object
통일신라　｜　정읍 고사부리성　｜　길이 32.9
국립전주박물관　｜　전주30593

098
중국제 청자대접　中國製青磁大楪
Chinese Celadon Dishes
중국 당　｜　정읍 고사부리성　｜　지름 18.8(가운데)
국립전주박물관　｜　전주30587

099
분청사기 귀면제기　粉青沙器鬼面祭器
Buncheong Monster Mask-shaped Ritual Vessel
조선　｜　정읍 고사부리성　｜　높이 16.2
국립전주박물관　｜　전주30311

100
백자 코끼리 모양 제기　白磁象尊
White porcelain Ritual Vessel
조선　｜　정읍 고사부리성　｜　길이 30(왼쪽)
국립전주박물관　｜　전주30270, 전주30271

101
연꽃무늬 수막새　蓮花文圓瓦當
Convex Roof-end Tile with Lotus Design
조선　｜　정읍 고사부리성　｜　지름 16.8
국립전주박물관　｜　전주18834

102
글자를 찍은 암막새　銘文平瓦當
Flat Roof-end Tile with Stamped Letters
조선(1503년)　｜　정읍 고사부리성　｜　너비 28.5
국립전주박물관(참고자료)　｜　전주18864

103
글자를 찍은 암막새　銘文平瓦當
Flat Roof-end Tile with Stamped Letters
조선(1734년)　｜　정읍 고사부리성　｜　너비 24.7
국립전주박물관　｜　전주30402

104
둥근바닥 항아리　圓底短頸壺　Jar
원삼국　｜　부안 백산성　｜　높이 40.2
국립전주박물관　｜　전주45291

105
바리　鉢　Bowls
원삼국　｜　부안 백산성　｜　높이 12(오른쪽)
국립전주박물관　｜　전주45304, 전주45312

106
받침모루　內拍子
Anvils Used in Pottery Production
원삼국　｜　부안 백산성　｜　높이 7.5(오른쪽)
국립전주박물관　｜　전주45336, 전주45337

107
굽다리 접시　高杯　Mounted Dish
원삼국　｜　부안 백산성　｜　높이 7.6
국립전주박물관　｜　전주45339

108
뚜껑　蓋　Lids
백제　｜　진안 와정토성　｜　입지름 12.9(오른쪽)
국립전주박물관(참고자료)　｜　전주3247, 전주7210

109
세발 접시　三足土器　Tripod Pottery
백제　｜　진안 와정토성　｜　높이 6
국립전주박물관(참고자료)　｜　전주3244

110
항아리　壺　Jar
백제　｜　진안 와정토성　｜　높이 15.5
국립전주박물관　｜　전주3251

111
깊은 바리　深鉢形土器　Bowls
백제　｜　진안 와정토성　｜　높이 11.2(왼쪽)
국립전주박물관　｜　전주7211, 전주7225

112
도장기와　印章瓦
Roof Tiles with Stamped Symbol
백제　｜　진안 월계리산성
길이 18.7(오른쪽)　｜　전라문화유산연구원

113
암키와　平瓦　Flat Roof Tile
백제　｜　진안 월계리산성
너비 40.4　｜　전라문화유산연구원(참고자료)

114
도장기와　印章瓦
Roof Tile with Stamped Symbol
백제　｜　진안 월계리산성
너비 8.7　｜　전라문화유산연구원

115
'亇生'글자가 새겨진 항아리
'亇生'銘壺
Jar with Inscription of 'Isaeng(亇生)'
삼국　｜　진안 운봉리산성
너비 21.5　｜　전주문화유산연구원

116
각종 토기 各種土器 Potteries
신라 | 진안 운봉리산성
입지름 13.7(오른쪽) | 전주문화유산연구원

117
기와 瓦 Roof Tiles
삼국~통일신라 | 진안 환미산성
길이 20(가운데) | 군산대학교 가야문화연구소

118
각종 토기 各種土器 Potteries
삼국(왼쪽), 가야(오른쪽) | 장수 삼봉리산성
복원지름 12.4(오른쪽) | 국립전주박물관

119
뚜껑 있는 굽다리 사발 有蓋臺附盌
Mounted Bowl with Lid
통일신라 | 장수 삼봉리산성
높이 8.7(오른쪽) | 국립전주박물관

120
짧은목 항아리 短頸壺 Short-necked Jar
백제 | 장수 침령산성 | 높이 24.4 | 국립전주박물관

121
짧은 굽다리 접시 短脚高杯
Mounted Dishes with Short Leg
신라 | 장수 침령산성
높이 5.4(오른쪽) | 국립전주박물관

122
벼루 硯 Inkstone
삼국~통일신라 | 장수 침령산성
너비 16.2 | 국립전주박물관(참고자료)

123
항아리 壺 Jars
통일신라 | 장수 침령산성
높이 13(오른쪽) | 국립전주박물관

124
주름무늬 병 皺文瓶
Bottle with Wrinkled Design
통일신라 | 장수 침령산성
높이 10.7 | 국립전주박물관

125
수키와 圓瓦 Convex Roof Tiles
통일신라~고려 | 장수 침령산성
길이 34.2(오른쪽) | 국립전주박물관(참고자료)

126
각종토기 各種土器 Potteries
백제 | 진안 합미산성
너비 10(오른쪽) | 전라문화유산연구원

127
기와 瓦 Roof Tiles
백제 | 진안 합미산성
길이 10(가운데) | 전라문화유산연구원

128
주름무늬 병 皺文瓶
Bottle with Wrinkled Design
통일신라 | 진안 합미산성
너비 5 | 전라문화유산연구원

129
'관'을 찍은 기와 '官'銘文瓦
Roof Tile with Stamped Letters 'Gwan(官)'
통일신라 말~고려 초 | 진안 합미산성
길이 10 | 전라문화유산연구원

130
도장기와 印章瓦
Roof Tiles with Stamped Letters
백제 | 임실 성미산성 | 너비 16(왼쪽)
국립전주박물관 전주23003, 전주27805

131
도장기와 印章瓦
Roof Tiles with Stamped Letters
백제 | 임실 성미산성 | 너비 31.2(왼쪽)
국립전주박물관 전주23063, 전주23071

132
뚜껑 蓋 Lid
백제 | 임실 성미산성 | 높이 6.4
국립전주박물관(참고자료) | 전주23118

133
짧은목 항아리 短頸壺 Short-necked Jar
백제 | 임실 성미산성 | 높이 34
국립전주박물관 전주23110

134
금동으로 만든 부처 金銅佛立像
Gilt-bronze Buddha Sculpture
통일신라 | 임실 성미산성 | 높이 9.7
국립전주박물관 전주27801

135
토기조각 土器片 Shards of Pottery
백제 | 임실 월평리산성 | 길이 9(왼쪽 위)
군산대학교 가야문화연구소(참고자료)

136
기와 瓦 Roof Tiles
백제 | 임실 월평리산성
길이 19.3(오른쪽) | 군산대학교 가야문화연구소

137
수레바퀴무늬 수막새 車輪文圓瓦當
Convex Roof-end Tiles with Cart Design
통일신라 | 임실 월평리산성
길이 10.6(왼쪽) | 군산대학교 가야문화연구소

138
글자를 찍은 기와 銘文瓦
Roof Tiles with Stamped Letters
통일신라 | 임실 월평리산성
길이 9.9(오른쪽) | 군산대학교 가야문화연구소

139
도장 印章 Stamp
통일신라 | 임실 월평리산성
길이 5 | 군산대학교 가야문화연구소

140
주름무늬 병 皺文瓶
Bottle with Wrinkled Design
통일신라 | 임실 월평리산성
높이 4.7 | 군산대학교 가야문화연구소

141
편병 扁瓶 Flat Bottle
통일신라 | 임실 월평리산성
높이 26.8 | 군산대학교 가야문화연구소(참고자료)

142
도장기와 印章瓦
Roof Tiles with Stamped Symbol
백제 | 장수 합미산성
길이 19.3(가운데) | 국립전주박물관

143
뚜껑과 접시 蓋·杯 Lid and Dish
백제 | 장수 합미산성
지름 10.5(접시) | 국립전주박물관(참고자료)

144
뚜껑과 굽다리 바리 蓋·臺附盌
Lids and Mounted Bowl
통일신라 | 장수 합미산성
입지름 12.6(오른쪽) | 국립전주박물관

145
연꽃무늬 수막새 蓮花文圓瓦當
Convex Roof-end Tiles with Lotus Design
통일신라 말~고려 초 | 장수 합미산성
지름 17.1(왼쪽 위) | 국립전주박물관

146
수키와 圓瓦 Convex Roof Tiles
통일신라 말~고려 초
장수 합미산성 | 길이 14.4(오른쪽)
군산대학교 가야문화연구소(참고자료)

147
절구모양 토제품 臼形土製品
Clay Object of Mortal Design
삼국~통일신라 | 장수 합미산성
높이 7.1 | 국립전주박물관

148
글자를 찍은 기와 銘文瓦
Roof Tile with Stamped Letters
삼국~통일신라 | 장수 봉서리산성
길이 11.7 | 국립전주박물관

149
글자를 찍은 기와 銘文瓦
Roof Tile with Stamped Letters
삼국 | 장수 봉서리산성
너비 18 | 전라문화유산연구원

150
토기 土器 Pottery
통일신라 | 장수 봉서리산성
너비 15.8 | 국립전주박물관

151
굽다리 바리 臺附盌 Mounted Bowl
통일신라 | 장수 봉서리산성
높이 7.5 | 전라문화유산연구원

152
암막새 平瓦當 Flat Roof-end Tile
통일신라 | 장수 봉서리산성
너비 27.5 | 전라문화유산연구원

153
암키와 平瓦 Flat Roof Tiles
통일신라 | 장수 봉서리산성 | 길이 23.5(오른쪽)
전라문화유산연구원(참고자료)

154
금동귀걸이 金銅耳飾
Gilt-bronze Earings
통일신라(추정) | 장수 봉서리산성
지름 3(왼쪽) | 국립전주박물관

155
뚜껑 蓋 Lid
백제 | 순창 합미성 | 입지름 11.3
전라문화유산연구원(참고자료)

156
짧은목 항아리 短頸壺
Short-necked Jar
통일신라 | 순창 합미성 | 높이 17
전라문화유산연구원

157
기와 瓦 Roof Tiles
통일신라 | 순창 합미성
높이 13.5(오른쪽) | 전라문화유산연구원

158
'三秀'가 새겨진 기와
'三秀'銘瓦
Flat Roof Tiles with Inscription of
'Samsu(三秀)'
백제 | 순창 홀어머니산성 | 너비 26(왼쪽)
국립전주박물관 | 전주7407

159
암키와 平瓦 Flat Roof Tiles
백제 | 순창 홀어머니산성 | 너비 12(왼쪽)
국립전주박물관(참고자료) | 전주8526

160
'정우원년'을 새긴 수키와
'延祐元年'名圓瓦
Convex Roof Tile with inscription of
'Jeong-uwonnyeon(延祐元年)'
고려 | 순창 홀어머니산성 | 길이 14.9
국립전주박물관(참고자료) | 전주7386

161
순창 홀어머니산성 출토품
淳昌大母山城 出土品
Artifacts from Hol-aomeoni
Mountain Fortress in Sunchang
통일신라(아래), 고려(위)
순창 홀어머니산성 | 높이 6.4(왼쪽 위)
국립전주박물관(참고자료)

162
가야토기 伽倻土器
Potteries of Gaya
가야 | 남원 아막성 | 높이 8.5(가운데)
군산대학교 가야문화연구소

163
신라토기 新羅土器
Potteries of Silla
신라 | 남원 아막성 | 높이 3(왼쪽)
군산대학교 가야문화연구소

164
동물을 새긴 토기 動物文土器
Pottery with Inscription of Animal
신라 | 남원 아막성 | 길이 8.5
군산대학교 가야문화연구소

165
용도미상 토기 用途未詳土器
Potteries of Uncertain Purpose
신라 | 남원 아막성 | 높이 3.5(오른쪽)
군산대학교 가야문화연구소

III 역사의 흔적을 간직하다

166
'중부을와'를 찍은 기와
'中卩 乙瓦'銘印章瓦
Roof Tile with Stamped Letters
'Jungbueulwa(中卩乙瓦)'
백제 | 익산 왕궁리유적 | 길이 24
국립전주박물관 | 전주2496

167
'후부을와'를 찍은 기와
'後卩 乙瓦'銘印章瓦
Roof Tile with Stamped Letters
'Hubueulwa(後卩乙瓦)'
백제 | 익산토성 | 길이 10.1 | 익산6071

168
'수부'를 찍은 기와
'首府'銘印章瓦
Roof Tile with Stamped Letters
'Subu(首府)'
백제 | 익산토성 | 길이 35 | 익산6070

169
'북사'를 찍은 토기
'北舍'銘土器
Potteries with Stamped Letters
'Buksa(北舍)'
백제 | 익산토성(왼쪽), 부소산성(오른쪽)
길이 10.7(오른쪽) | 국립부여박물관(오른쪽)
익산6209, 부여7138

170
세발 접시 三足土器 Tripod Potteries
백제 | 완주 배매산성 | 입지름 12.3(가운데)
국립전주박물관 | 전주9110

171
굽다리 접시 高杯 Mounted Dishes
백제 | 완주 배매산성 | 입지름 13.2(오른쪽)
국립전주박물관 | 전주9114

172
뚜껑 蓋 Lids
백제 | 완주 배매산성 | 입지름 13.5(오른쪽)
국립전주박물관 | 전주9122

173
그릇 받침 器臺 Vessel Stand
백제 | 완주 배매산성 | 높이 21.2
국립전주박물관 | 전주9128

174
짧은목 항아리 短頸壺
Short-necked Jars
백제 | 완주 배매산성 | 높이 14.8(오른쪽)
국립전주박물관 | 전주9136

175
자라병 扁瓶 Turtle-shaped Bottle
백제 | 완주 배매산성 | 너비 11
국립전주박물관 | 전주9148

176
뚜껑접시 蓋杯 Dishes with Lids
백제 | 완주 은하리고분군
입지름 10.8 | 국립전주박물관
전주4921, 전주4924, 전주4927, 전주4929

177
뚜껑 蓋 Lid
백제 | 완주 은하리고분군 | 입지름 10.4
국립전주박물관 | 전주18861

178
금동 귀걸이 金銅耳飾
Gilt-bronze Earring
백제 | 완주 은하리고분군 | 지름 2.15
국립전주박물관 | 전주36173

179
글자가 새겨진 표석 銘文標石
Stone Marker with Inscription
백제 | 부여 동남리 | 너비 72.6
국립부여박물관 | 부여372(2-2)

180
'상부'와 '상항'을 찍은 수키와
'上卩'·'上巷'銘圓瓦
Convex Roof Tiles with Stamped Letters
'Sangbu(上卩)'·'Sanghang(上巷)'
백제 | 정읍 고사부리성 | 길이 15.2(왼쪽)
국립전주박물관 | 전주12622, 전주12623

181
벼루 硯 Inkstones
백제 | 정읍 고사부리성 | 길이 8.1(오른쪽)
국립전주박물관(참고자료) | 전주30572

182
벼루 硯 Inkstone
백제 | 정읍 고사부리성(수습품)
길이 7.5(참고자료)

183
은 관모꾸미개 銀製冠帽裝飾
Silver Cowl Cap Ornament
백제 | 남원 척문리 | 길이 10
전북대학교박물관 | 전대5784

184
긴목 항아리 長頸壺 Long-necked Jars
가야 | 장수 삼봉리고분군
높이 22.7(오른쪽) | 국립전주박물관
전주13844, 전주13854, 전주43731

185
뚜껑접시 蓋杯 Dish with Lid
가야 | 장수 삼봉리고분군 | 입지름 12.5(뚜껑)
국립전주박물관 | 전주38409

186
짧은목 항아리 短頸壺 Long-necked Jar
가야 | 장수 삼봉리고분군 | 높이 18.1
국립전주박물관(참고자료) | 전주43733

187
바리 鉢 Bowls
가야 | 장수 삼봉리고분군 | 높이 14.2(오른쪽)
국립전주박물관(참고자료) | 전주43740, 전주43743

188
항아리 壺 Jars
가야 | 장수 동촌리고분군 | 높이 22.7(오른쪽)
국립전주박물관 | 전주13273, 전주13274

189
뚜껑과 굽다리 접시 蓋·高杯
Lid and Mounted Dish
가야 | 장수 동촌리고분군 | 높이 12.5(굽다리 접시)
국립전주박물관 | 전주13276, 전주13280

190
뚜껑접시 蓋杯 Dish with Lid
가야 | 장수 동촌리고분군 | 입지름 13.9(뚜껑)
국립전주박물관 | 전주13287, 전주13290

191
뚜껑 있는 긴목 항아리와 그릇 받침
有蓋長頸壺·鉢形器臺
Long-necked Jar with Lid and Vessel Stand
가야 | 남원 월산리고분군 | 높이 33.8(그릇 받침)
국립전주박물관 | 전주27886

192
뚜껑과 굽다리 접시 蓋·高杯
Lid and Mounted Dish
가야 | 남원 월산리고분군 | 높이 12.2(굽다리 접시)
국립전주박물관 | 전주577, 전주579

193
짧은목 항아리와 그릇 받침
短頸壺·器臺
Short-necked Jar and Vessel Stand
가야 | 남원 월산리고분군 | 높이 21(짧은목 항아리)
국립전주박물관 | 전주27871

194
긴목 항아리 조각 長頸壺片
Shards of Long-necked Jar
가야 | 장수 합미산성, 진안 와정토성(오른쪽)
높이 10.2(오른쪽)
군산대학교 가야문화연구소, 국립전주박물관(오른쪽)

195
긴목 굽다리 항아리 臺附長頸壺
Mounted Long-necked Jar
가야 | 장수 삼봉리산성
높이 29.5 | 국립전주박물관

196
뚜껑 蓋 Lids
백제 | 진안 와정토성 | 입지름 10.3(왼쪽)
국립전주박물관 | 전주3249, 전주7213

197
세발 접시 三足土器 Tripod Pottery
백제 | 진안 와정토성 | 입지름 9.5
국립전주박물관 | 전주3245

198
뚜껑 蓋 Lids
삼국 | 진안 와정토성 | 입지름 13.8(오른쪽)
국립전주박물관 | 전주3248

199
진안 황산리고분 출토 토기
鎭安 黃山里古墳 出土 土器
Artifacts from Hwangsan-ri
Acient Tomb In Jinan
가야, 백제 | 진안 황산리 1호분
높이 23.3(가운데)
국립전주박물관
전주3177, 전주3196, 전주3222, 전주3235

200
진안 황산리고분 출토 토기
鎭安 黃山里古墳 出土 土器
Artifacts from Hwangsan-ri
Acient Tomb In Jinan
가야, 백제 | 진안 황산리 11호분
높이 23.6(가운데) | 국립전주박물관
전주3174, 전주3202, 전주3213

201
뚜껑과 굽다리 접시 蓋·高杯
Lids with Mounted Dishes
신라 | 무주 대차리고분군
높이 11.5(굽다리 접시)
군산대학교 가야문화연구소

202
굽다리 긴목 항아리 臺附長頸壺
Mounted Jars with Long Neck
신라 | 무주 대차리고분군
높이 19.3(오른쪽)
군산대학교 가야문화연구소

203
진안 황산리고분 출토 토기
鎭安 黃山里古墳 出土 土器
Artifacts from Hwangsan-ri
Acient Tomb In Jinan
백제(왼쪽), 신라(오른쪽)
진안 황산리 6호분 | 높이 17.9(오른쪽)
국립전주박물관 | 전주3169, 전주3211

204
암키와 平瓦 Flat Roof Tile
백제 | 남원 태평리 성산산성 | 길이 36
국립전주박물관 | 전주28

205
암키와 平瓦 Flat Roof Tile
백제 | 장수 합미산성
길이 51.4 | 국립전주박물관

206
도장기와 印章瓦
Roof Tiles with Stamped Symbol
백제 | 장수 봉서리산성
길이 13.6(왼쪽) | 국립전주박물관

207
세발 접시 三足土器 Tripod Pottery
백제 | 장수 봉서리산성
높이 5.4 | 전라문화유산연구원

208
뚜껑과 굽다리 사발 蓋·臺附盌
Lid with Mounted Bowl
신라 | 장수 침령산성
높이 6.6(오른쪽) | 국립전주박물관

209
사발 盌 Bowls
신라 | 장수 침령산성
높이 6.4(왼쪽) | 국립전주박물관

210
백제 토기 百濟土器 Pottery of Baekje
백제 | 남원 아막성
높이 8.5(오른쪽) | 군산대학교 가야문화연구소

211
신라 토기 新羅土器 Pottery of Silla
신라 | 남원 아막성
높이 5.2(왼쪽) | 군산대학교 가야문화연구소

212
'전주성'을 찍은 암막새
'全州城'銘平瓦當
Flat Roof-end Tile with Stamped Letters
'Jeonju-Seong(全州城)'
통일신라 말~고려 초 | 전주 동고산성
길이 43.8 | 국립전주박물관 | 전주1427

213
'관'을 찍은 기와 '官'銘文圓瓦
Convex Roof Tile with Stamped Letters
'Gwan(官)'
통일신라 말~고려 초 | 전주 동고산성 | 길이 30
국립전주박물관 | 전주26401

214
연꽃무늬수막새와 넝쿨무늬 암막새
蓮花文圓瓦當·唐草文平瓦當
Convex Roof-end Tile with Lotus Design and
Flat Roof-end Tile with Scroll Design
통일신라 말~고려 초 | 전주 오목대토성·전주 풍남동
지름 13.8(왼쪽) | 국립전주박물관

215
명문을 찍은 기와 銘文瓦
Roof Tiles with Stamped Letters
'Dae(大)'·'Gwan(官)'
통일신라 말~고려 초 | 전주 오목대토성·전주 풍남동
길이 9.7(가운데 아래) | 국립전주박물관

216
인물이 찍힌 기와 人物文平瓦
Roof Tile with Stamped of Man Figure
통일신라 말~고려 초 | 전주 풍남동
길이 9.7 | 국립전주박물관

217
'본피관'을 찍은 암키와
'本彼官'銘文平瓦
Flat Roof Tiles with Stamped Letters
'Bonpigwan(本彼官)'
통일신라 | 정읍 고사부리성 | 길이 22.1(왼쪽)
국립전주박물관 | 전주30523

218
'대'를 찍은 기와 '大'銘文瓦
Roof Tile with Stamped Letters 'Dae(大)'
통일신라 말~고려 초 | 임실 월평리산성
길이 13 | 군산대학교 가야문화연구소

219
'관'을 찍은 기와 '官'銘文瓦
Roof Tile with Stamped Letters 'Gwan(官)'
통일신라 말~고려 초 | 진안 합미산성
길이 12 | 전라문화유산연구원

220
'관'을 찍은 암키와 '官'銘文瓦
Flat Roof Tile with Stamped Letters
'Gwan(官)'
통일신라 말~고려 초 | 김제 성산성
길이 30.8 | 국립전주박물관 | 전주51832

221
'대'·'왕'을 찍은 기와 '大'·'王'銘文瓦
Roof Tile with Stamped Letters
'Dae(大)'·'Wang(王)'
통일신라 말~고려 초 | 익산 금마도토성
길이 24.3 | 국립전주박물관 | 전주1420

222
'관'을 찍은 기와 '官'銘文瓦
Roof Tile with Stamped Letters 'Gwan(官)'
통일신라 말~고려 초 | 순창 홀어머니산성
길이 9.1 | 전라문화유산연구원

참고문헌

고문헌

『삼국사기』

『삼국지』

『양서』

『주서』

『통전』

『한원』

단행본

곽장근, 1999,『전북 동부지역 석곽묘 연구』, 서경문화사.

권오영 외, 2020,『한국 전통시대의 토목문명』, 도서출판 들녘.

양기석 외, 2008,『백제와 섬진강』, 서경문화사.

이형구, 2004,『백제의 도성』, 주류성.

심정보, 2009,『백제 산성의 이해』, 주류성.

서정석, 2002,『백제의 성곽-웅진·사비시대를 중심으로』, 학연문화사.

전영래, 2003,『전북 고대산성조사보고서』, 전라북도·한서고대학연구소.

차용걸, 2005,『백제 지역의 고대산성』, 주류성.

차종천 譯, 2000,『구장산술 주비산경』, 범양사.

국립완주문화연구소, 2021,『전북 동부지역 삼국시대 관방유적』.

국립전주박물관, 2020,『견훤, 새로운 시대를 열다』.

임실문화원, 2013,『임실의 산성과 봉수』.

익산시·원광대학교 마한백제문화연구소, 2016,『익산의 성곽』.

순천대학교박물관 외, 2022,『광주·전남의 성곽』.

논문 및 자료집

강원종, 2002, 「전북 동부지역의 산성과 교통로-5세기 후반경을 중심으로」, 『호남문화재연구』2, 호남문화재연구원.

곽장근, 2008, 「백제 간선 교통로의 재편성과 그 의미 -섬진강 유역을 중심으로-」, 『백제문화』39, 공주대학교 백제문화연구소.

곽장근, 2011, 「전북지역 백제와 가야의 교통로 연구」, 『한국고대사연구』63, 한국고대사학회.

강원종, 2007, 「남원 운봉지역의 고대 관방체계」, 『호남고고학보』27, 호남고고학회.

강원종, 2014, 「全州 東固山城의 考古學的 檢討」, 『한국고대사연구』74, 한국고대사학회.

김근영, 2021, 「백제 서방과 그 성격」, 『한국고대사연구』103, 한국고대사학회.

김영심, 2015, 「백제의 지방 통치기구와 지배의 양상」, 『한국고대사탐구』19, 한국고대사탐구학회.

김영심, 2019, 「백제 중방성의 설치와 고부지역의 통치양상」, 『마한백제문화』33, 원광대학교 마한백제문화연구소.

김주성, 2009, 「백제 무왕의 대야성 진출 기도」, 『백제연구』49, 충남대학교 백제연구소.

김환희, 2015, 「백제 사비기 인장와의 변천과 제작체계」, 『한국고고학보』94, 한국고고학회.

김형태, 2021, 「백제의 금강 상류지역 진출과 토착세력의 대응-」, 『지역과 역사』49, 부경역사연구소.

박영민, 2020, 「완주 배매산성의 축성과 백제의 만경강유역 진출 과정 검토」, 『호남고고학보』64, 호남고고학회.

박종욱, 2021, 「椵岑城의 지리적 환경과 7세기 전반 百濟·新羅의 攻防」, 『한국사학보』84, 고려사학회.

박종욱, 2019, 「660년 백제의 영역과 加耶故地」, 『백제학보』29, 백제학회.

서정석, 2017, 「통일신라기 주(州) 치소성(治所城)의 구조와 물자유통-전주 동고산성을 중심으로-」, 『백제문화』56, 공주대학교 백제문화연구소.

송미진, 2015, 「호남지역 백제시대 평기와」, 『한국기와학회 제12회 학술대회 발표자료집』, 한국기와학회.

송영근, 2021, 「5~6세기 전북 동부지역의 가야제국과 대산성 전투」, 『지역과 역사』49, 부경역사연구소.

이다운, 2007, 「인각와를 통해 본 익산의 기와에 대한 연구」, 『고문화』70, 한국대학박물관협회.

이문형, 2016, 「익산지역 고대 성곽의 분포현황과 특징」, 『마한백제문화』28, 원광대학교 마한백제문화연구소.

이문형, 2021, 「백제 무왕시기 익산지역의 방어체계」, 『중앙고고연구』34, 중앙문화재연구원.

이판섭, 2015, 『백제 교통로의 고고학적 연구』, 충남대학교 박사학위논문.

이혁희, 2014, 「鎭安 臥亭土城의 構造와 性格 再檢討」, 『호서고고학』31, 호서고고학회.

정재윤, 2008, 「백제의 섬진강 유역 진출에 대한 고찰」, 『백제와 섬진강』, 서경문화사.

정재윤, 2014, 「후백제 도성 동고산성의 보존과 활용」, 『한국고대사연구』74, 한국고대사학회.

장창은, 2019, 「7세기 전반 중반 백제·신라의 각축과 국경 변천」, 『한국고대사탐구』33, 한국고대사탐구학회.

지원구, 2022, 『百濟 五方城 硏究』, 고려대학교 박사학위논문.

지원구, 2018, 「백제 서방성의 위치와 성격」, 『백제문화』58, 공주대학교 백제문화연구소.

최미경, 2020, 「사비시기 백제의 영산강유역 지배와 南方城」, 『한국고대사탐구』34, 한국고대사탐구학회.

최인선, 2014, 「호남지방의 백제산성」, 『한국성곽학보』26, 한국성곽학회.

최병화, 2015, 「百濟 石築山城의 城門構造와 變遷過程」, 『야외고고학』23, 한국문화유산협회.

최병화, 2018, 「백제성곽 내 우물의 등장과 조성과정에 대한 연구」, 『선사와 고대』55, 한국고대학회.

최병현, 2022, 「고고학으로 본 신라의 전북지방 진출과정」, 『전북학연구』5, 전북연구원.

군산대학교 가야문화연구소, 2021, 『문헌과 고고학으로 본 남원 아막성의 가치와 의미』.

군산대학교 가야문화연구소, 2021, 『임실 월평리 산성의 역사적 가치와 의미』.

후백제학회, 2020, 『장수 침령산성 성격과 가치』.

전북의 고대 성곽
古代 城郭

국립익산박물관 특별전
Special Exhibition

Ancient Fortresses of Jeollabuk-do

전시

기획	이진우 최홍선
진행	송현경 원승현 우은선 장중량 정유라 구선아
보존·전시환경	김민재
교육	강지원 조성혁 김현지
홍보	김호성 유지효

도록

원고	이진우
칼럼 가나다순	강원종 고은별 박영민 박현수 송현경 이진우
논고	박영민 조명일
사진촬영	한정엽 한국문화재사진연구소
감수	나혜선 전남대학교 국어문화원
편집·교정	이진우 원승현 우은선 장중량
북디자인	그래픽네트 송인혜 원종미
인쇄	(주)조은피앤피
발행일	2022년 12월 28일
ISBN	978-89-92788-07-6 93910
정가	30,000원

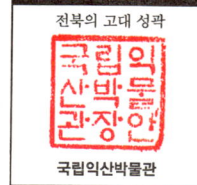